복수노조시대의
노사관계전략

복수노조시대의
노사관계전략

공인노무사
경영학박사 **윤찬성** 지음

사용자 주도의 노사관계 만들기
$$sER = f(I,\ C,\ A,\ M)$$

한국학술정보㈜

무노조 경영을 원하는가?
복수노조를 예방하고 싶은가?
노조는 있지만, 경영에 협조적인 노사관계를 원하는가?

그렇다면 노사관계를 주도하라!

이 책은 이러한 의문에 대한 답을 제시하고자 쓴 것이다. 저자는 대학 시절 공인노무사라는 제도를 접하여 4학년 때 시험에 합격한 이후 20여 년간 노사업무를 하고 있다. 기업에서 노동조합을 상대하는 노사업무를 담당하였고 공인노무사무소를 개업하여 많은 기업에 노사관계에 대한 자문과 단체교섭에 대한 지도 및 대리를 하였다. 또한 이러한 실무적 경험과정 중에도 대학원에 진학하여 노사관계를 이론적으로 연구하는 기회를 갖기도 하였다. 이처럼 20여 년간 노사계 분야에 대한 이론적 연구와 실무적 경험을 통해서 기업의 노사관계에 대한 고민에 해답을 찾았고, 본서는 그러한 해답을 제시하고자 한 것이다.

본서는, 저자의 이론적 연구와 철저한 실무적 경험의 산물이다. 대학원에서 노사관계에 관한 이론적 연구의 바탕 위에서 하이닉스반도체 사내하청노사분규 당시에 담당부서장으로서 2년 6개월간 해당 노사분규를 해결하는 과정 속에서, 오비맥주 노사팀장 시절 매각반대파업을 해결하는 과정 속에서 그리고 노무사 업무를 수행하면서 많은 회사의 단체교섭을 대리하고 또한 노사갈등에 대한 대응방안을 제시하면서 터득한 실무적 경험을 바탕으로 본 모델을 제시한 것이다.

회사가 노사관계를 주도해야만 경영전략과 연계시킬 수 있는 것이며 노사협조를 이끌어 내어 기업경쟁력 제고와 근로자의 삶의 질(QWL) 향상이라는 노사관계의 목표를 달성할 수 있는 것이다. 따라서 회사가 주도하는 노사관계, 즉 강한 노사관계 모델이 필요한 것인데, 이를 수식으로 간략히 표현하면 $sER = f(I, C, A, M)$과 같다.

이는 회사가 주도하는 강한 노사관계(sER)는 노사관계인프라(I)를 갖추고 관리자의 역량을 개발(C)시켜 관리자가 적극적으로 부하직원을 노무관리(A)함으로써 임직원의 마인드(M)를 건전화시켜야 한다는 것을 의미한다.

따라서 이 같은 목적을 위해 본서는 다음과 같은 체계로 구성하였다.

제1장에서는 새로운 노사관계의 환경인 복수노조에 대하여 기술하였다. 복수노조의 창구 단일화 절차와 복수노조 관련 쟁점이슈에 대해 자세히 기술하여 기업의 노사담당자는 물론 노조간부에게도 실무적인 도움을 주고자 했다. 특히, 복수노조 창구 단일화 절차가 매우 복잡하여 창구 단일화 과정에서 노노 간 및 노사 간 분쟁이 발생할 가능성이 많은데, 이 경우 노동위원회에 각종 이의신청, 시정신청, 교섭단위분리신청 등 다양한 법률적 분쟁이 발생할 수 있는바, 노동조합과 기업의 실무담당자에게 실무적인 도움을 주고자 노동위원회에 신청하는 각종 신청서의 작성 시 주의점과 실제 작성 예를 제시하였고, 또한 이러한 신청에 대하여 상대방인 사용자의 답변서 작성에 도움을 주기 위하여 답변서 작성 예를 제시하였다.

제2장에서는 노사관계전략 모형을 제시하였는데, 노사관계의 목표로 노사 간의 공동의 목표를 설정하였고 사용자의 목표는 기업경쟁력 제고를, 노동조합이나 근로자 측면의 목표로는 근로자의 삶의 질(QWL) 향상이라는 목표를 설정하였다. 이유는 공동의 목표설정 없이 노조의 협조를 이끌어 낼 수 없기 때문이다. 이 같은 목표를 달성하기 위한 노사관계전략으로 국내외 학자들의 노사관계전략 유형을 소개하였다.

제3장에서는 노사관계의 목표를 달성하기 위한 사용자의 노사관계전략으로 강

한 노사관계모델을 소개하고 '사용자가 주도하는 강한 노사관계를 만들기'의 변수인 노사관계인프라(I), 관리자의 역량강화(C), 적극적인 노무관리(A), 임직원의 마인드변화(M)를 자세히 설명하고, 이를 구축하기 위해서는 어떻게 해야 하는지를 이론과 사례를 통해 설명하였다.

본서의 출판을 눈앞에 두니 기쁘기도 하지만, 실무적 사례를 많이 소개하고자 했던 욕심을 채우지 못한 점에 있어서 아쉬움이 남는다. 미진한 부분은 앞으로 지속적으로 수정 보완해 나갈 것을 약속드린다.

본서가 완성되기까지 나의 옆에서 항상 격려해 주고 지지해 준 나의 영원한 동반자 사랑하는 나의 아내 김향숙에게 감사를 드리며, 아울러 본서의 출판을 허락해 주신 한국학술정보(주)의 채종준 대표이사님과 이주은 선생님께도 감사드린다.

2012. 4. 13.
여의도 광장노무법인에서
윤찬성

제2장 노사관계 전략 모형

제1장

새로운 노사관계 환경:
복수노조시대

교섭창구 단일화에 따른 우려 현실화

한진중공업의 기존노조인 '금속노조 한진중공업지회'가 신규노조인 '한진중공업 노동조합' 소속 조합원이 낸 탈퇴서를 거부함에 따라 복수노조 간의 '노노갈등'이 현실화되고 있다. 1일 산별 노조인 금속노조 한진중공업지회(이하 금속노조)는 지난 21일 한진중공업 노동조합(이하 한진노조)이 제출한 금속노조 소속 조합원 487명의 노조 탈퇴서를 반려하기로 결정했다고 밝혔다. 금속노조 관계자는 "금속노조 규약에 따르면 노조 가입은 개별가입과 집단가입이 모두 허용되지만, 탈퇴의 경우는 집단탈퇴가 불가능하다"고 말했다. 이에 한진노조는 이번 노조 탈퇴서 제출은 집단탈퇴가 아니며 개별적 탈퇴를 함께한 것이라고 반발하고 나섰다. 한진노조는 설립된 지 일주일 만에 전체 조합원 703명 중 430명이 가입해 과반수를 넘기며 노동계의 주목을 받았다. 이들은 투쟁 일변도보다 회사의 위기 극복을 우선시하며 사측과의 상생을 추구하고 있다. 이에 금속노조는 "한진노조는 어용노조일 뿐"이라며 "향후 사측의 정리해고 등으로 인해 투쟁이 필요할 때 금속노조로 다시 복귀할 수밖에 없을 것"이라고 노노갈등의 불을 지폈다. 이들의 갈등은 사측과의 임금과 단체협상에서 정점에 달할 것으로 보인다. 복수노조 설립 허용을 골자로 하는 노동조합 및 노동관계조정법에서 사용자와 단체교섭을 하기 전에 복수노조 간의 교섭창구 단일화를 선행하라고 규정했기 때문이다. 금속노조는 사측과의 교섭권이 오는 7월 22일까지는 법적으로 금속노조에 있다고 주장하고, 한진노조는 조합원의 3분의 2가 한진노조에 가입한 만큼 금속노조가 교섭권을 양보해야만 한다고 맞서고 있다. 한진중공업은 지난 2009년부터 2011년까지의 임단협을 아직까지도 체결하지 못하고 있다. 이명규 한국노동사회연구소 연구원은 "복수노조 제도는 노조의 자율권이 우선시돼야 하는데, 교섭의 효율성을 우선해 교섭창구 단일화 과정을 거치도록 한 것이 근본적인 문제"라며 "복수노조 설립 허용의 전면적인 시행 전부터 끊임없이 제기돼 왔던 문제가 실제 표출되고 있는 것으로 보인다"고 말했다.

(아시아투데이 양정우 기자 2012.02.01)

노동조합을 보는 시각

　　노동조합 및 노동관계조정법(이하에서는 "노조법"이라고 표현하기도 한다) 제2
조에서 '노동조합이란 근로자가 주체가 되어 자주적으로 단결하여 근로조건의 유
지·개선 기타 경제적·사회적 지위향상을 도모함을 목적으로 조직된 단체'라고
규정하고 있다. 그러나 노동운동사에 있어서 '노동해방'이니 '노동자가 주인 되는
세상 건설'을 외치기도 했으며, 1945년 해방 무렵에는 노동조합은 근로조건의 향
상이라는 경제적 기능보다는 좌우익 세력의 전위부대 역할 수행 등 정치적 기능
에 몰두하였다. 그렇다면 과연 노동조합이란 무엇인지 노동조합을 보는 관점에
대하여 몇 가지만 알아보자.

1. 혁명적 조합주의

　　노동조합은 자본주의 체제를 전복하고 계급 없는 사회, 즉 공산주의를 건설하
는 전위부대라고 보는 관점이다. 마르크스에 의하면 자본주의의 발전은 부르주아
지(유산자계급)와 프롤레타리아(무산자계급) 간의 갈등을 초래하여 프롤레타리아
로 하여금 계급의식을 잉태하게 하였고, 자본가는 노동자의 잉여가치를 착취하
며, 노동자들은 이 같은 억압적 근로조건에 대항하기 위하여 노조를 결성한다는
것이다. 노조의 역할은 열악한 근로조건으로부터 근로자를 보호하는 것이며, 이
를 위해서는 노동자를 착취하는 자본주의를 타도하고 계급 없는 공산주의 사회를
건설하여야 하는데 노동조합이 바로 공산주의의 학교로서 공산주의 혁명을 준
비·주도하는 혁명을 위한 전위부대라는 것이다.

해방 이후 설립된 조선노동조합전국평의회(약칭 '전평')는 좌익세력의 전위부대로서 역할을 하면서 남한 내 공산주의 정권수립에 앞장을 섰는데, 전평의 이같은 운동노선은 혁명적 조합주의라 할 것이다. 당시 전평은 박헌영,[1] 김일성, 중국 공산당 당수 마오쩌둥을 명예의장으로 선출하기도 하였다. 이러한 전평의 노선은 남한 내에 자본주의체제를 수립하려고 하였던 미군정과 갈등을 겪을 수밖에 없었으며 결국 미군정의 탄압 속에 1947년 미군정에 의해 불법화된 이후 지하로 잠입하거나 소멸하였다.

소련 등 공산정권이 붕괴되고 자본주의제도가 발달한 현대에 이 같은 혁명적 조합주의 노선을 찾아보기는 어려우나, 노동해방을 외치며 노동자가 주인 되는 세상 건설을 위해 자본가를 몰아내고 노동자 스스로 회사의 주인이 되어 회사를 운영하겠다고 주장하는 노동자 자주관리 운동노선은 이 같은 혁명적 노동조합주의 사상을 계승한 것이라 생각된다. 우리나라의 경우 시내버스회사 등에서 근로자 자주관리기업의 예를 볼 수 있는데, 우리나라에서 운영되고 있는 자주관리기업은 노동해방이니 노동자가 주인 되는 세상의 건설 등과 같은 이념적인 투쟁의 결과라기보다는 극심한 노사분규 과정에서 근로자들이 사업주로부터 회사의 지분을 인수하거나 시민사회 등이 인수한 후 노조가 회사를 경영하는 형태로 충북 청주의 시내버스회사인 우진교통의 경우에 체불임금 등으로 조합원인 근로자들이 회사를 인수한 후에 민주노총 노조간부가 우진교통의 대표이사가 되어 회사를 경영하고 있다.

---

1) 1925년 조선공산당을 창립하고 해방 후인 1946년에는 남조선 노동당을 조직하였으며, 1950년에는 북한 노동당 중앙위원회 부위원장까지 지내다가 김일성에 의해 숙청된 인물

노동자가 관리하는 자주관리기업이 탄생했다. 체불임금 지급 등을 요구하며 촉발된 우진교통(주)의 노동조합 장기파업사태가 사업면허 취소 기한 마지막날인 10일 극적으로 타결되며 근로자가 스스로 경영을 하는 자주관리기업으로 탄생된다. 파업에 돌입한 지난해 7월24일부터 171일 만이다. 우진교통 노사는 이날 ▶대주주와 대표이사의 이사직 사임 및 우진교통(주) 주식의 50%를 노조에서 지명하는 자에게 무상양도 ▶총 5명의 이사 중 대표이사 및 이사 2명 등 총 3명을 노조에서 선임 ▶회사 부채 전액 인수 및 연대보증인 교체 ▶파업이탈자 17명 전원 계속고용보장 및 관리사원 선별고용 ▶노사간 민형사상 고소 고발 등 취하 등 7개항의 합의안에 서명했다. 이에 따라 우진교통 노조는 김재수 민주노총 충북본부 사무처장을 대표이사로 선임하고 민노총 대외협력부장과 우진교통조합원을 이사로 선임했다. '노동자 자주관리기업'이란 노동자들이 경영과 이익배분에까지 참여하는 것을 의미한다. 우진교통 경영진들은 회사 정상화때까지 무임금으로 근무를 하게 되며, 근로자들도 경영정상화를 위해 40~50만원가량의 임금을 삭감키로 한 것으로 전해졌다. 결국 우진교통은 노조가 회사를 경영하게 됐다. 이에 따른 노조의 부담도 상당히 큰 실정이다. 노조가 앞으로 우진교통을 경영함에 있어 그동안의 갈등을 해소하고 회사가 정상화 될 경우 노조의 투명경영이 긍정적인 평가를 받게 되지만, 반대로 경영이 악화된다면 노조가 받는 타격과 앞으로 지역 노동조합의 향후 투쟁에도 큰 영향을 미칠 것으로 예상되기 때문이다.

한편, 부도가 난 대구소재 시내버스회사인 달구벌버스도 자주관리기업으로 출범했다. 달구벌버스는 영남대 백승대 교수, 김가수 전 민주노동장 대구시당 위원장, 김경태 목사, 이명윤 회계사 등 4명이 주식25%씩 소유하고, 경영권은 이정훈 전 전국민주버스노조 초대위원장이 대표이사를 맡아 직원 5명과 함께 회사를 운영한다. 이외에도 경남 진주의 삼성교통도 노동자 자주관리기업으로 운영되고 있다.

(중부매일신문, 2005.01.10, 한겨레신문 2006.12.13.기사를 바탕으로 재작성함)

2. 해약한 독점기구

근로자가 제공하는 노동력도 상품이다. 따라서 근로자는 자신의 노동력을 팔아 임금이라는 수입을 올린다. 즉 노동력이라는 상품의 가격이 임금인 것이다. 노동력도 상품인 이상 그 상품에 대한 가격은 시장의 수요와 공급에 의하여 결정되는 것이다. 그러나 노동조합은 노동력이라는 상품을 독점하므로 인해서 정상적인 시장임금에 비하여 높게 팔게 되는데 이는 노동조합이 노동력을 독점하기 때문이라는 것이다. 시카고 대학의 경제학 교수였던 Henry Simons 등이 주장하는 견해로서 노동조합의 노동력에 대한 독점적 기능은 자본주의 시장질서를 교란시키는 해악한 것으로 보고 있는 것이다. 오른쪽의 <그림 1-1>에서와 같이 완전경쟁시장하에서는 노동수요곡선 D와 노동공급곡선 S가 만나는 점 a에서 고용량 N과 임금 W가 결정되나 노동조합이 노동공급을 독점함으로써 b점인 W1

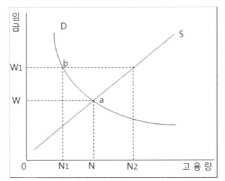

〈그림 1-1〉 노동조합의 임금결정

자료: 이학용. 미시경제이론. 다산출판사. 1988.

에서 임금이 결정되게 되고 이로 인해 고용량은 N→N1으로 감소하게 되는 것이다. 물론, 완전경쟁하의 시장임금인 W보다 높은 W1으로 임금을 인상시킨다 하더라도 기업이 즉시 고용량을 (N→N1)만큼 줄이는 것은 아니나, 장기적으로 볼 때 신규채용을 줄인다든가의 방법으로 고용이 감소하게 되는 것이다. 이는 결국 노조의 임금인상은 고용감소를 초래하게 된다. 이처럼 노동조합은 자본주의 시장질서를 교란시키는 독점체라는 것이다.

노조가 존재하는 공기업이나 대기업이 노동조합이 없는 중소기업에 비하여 근로조건이 대단히 높은 점이나 많은 연구에서 노동조합의 임금효과를 인정하고 있는 점[2]을 볼 때 이 같은 주장은 일면 타당하다 할 것이다.

3. 경제적 조합주의

자본주의 사회에서 노동운동을 설명하는 가장 일반적인 견해로 노동조합은 조합원의 고용을 보장하고 근로조건을 개선하는 기능을 한다는 것이다. 미국의 커몬즈(Commons, John R.)나 펄먼(Perlman, Selig)이 대표적인 학자로 노동조합이 갈등

---

2) 조성재·조준모·조동훈·이종현·황선웅(2007)의 연구결과, 조합원이 비조합원에 비하여 시간당 임금수준이 8% 정도 높게 나타났으며 이는 통계적으로 유의하며, 사업규모별로 볼 때 300인 미만의 경우에는 11%, 300인 이상의 경우에는 6% 정도 노조원의 임금수준이 높은 것으로 나타났다.

을 효과적으로 해결할 수 있는 장을 제공하며, 노동자계급을 자본주의 사회에 통합하는 역할을 한다고 주장한다. 즉, 노동조합은 단체교섭이라는 수단을 통해서 그들의 권익(근로조건)을 향상시키는 데 주안점을 둔다는 것이다. 우리나라 노동조합 및 노동관계조정법 제2조에서 노동조합의 정의를 "근로자가 주체가 되어 자주적으로 단결하여 근로조건의 유지·개선 기타 근로자의 경제적·사회적 지위의 향상을 도모함을 목적으로 조직하는 단체 또는 연합단체를 말한다"고 규정한 것도 이러한 경제적 조합주의 관점에 입각한 것이라 할 수 있다.

우리나라의 경우 임금교섭은 1년, 단체교섭은 매 2년마다 시행하는 것이 일반적인데, 이는 노동조합의 가장 중요한 업무이며, 단체교섭(임금 및 근로조건)이 결렬되면 노동조합은 파업에 돌입하는 등 경제적 조합주의 노동운동에 치중하고 있다.

복수노조의 의의

1. 복수노조의 개념

2010년 1월 1일 복수노조 허용과 교섭창구 단일화 등에 대한 노동조합 및 노동관계조정법이 국회를 통과하였다. 또한 시행령이 2010년 2월 12일에 공포되었다. 이로써 1997년 3월 13일 제정되면서 시행을 유예해 왔던 복수노조 설립이 마침내 2011년 7월부터 허용된 것이다.

헌법 제33조 제1항에서 "근로자는 근로조건의 향상을 위하여 자주적인 단결권, 단체교섭권 및 단체행동권을 가진다"고 규정하고 있고, 노동조합 및 노동관계조정법 제5조에서는 "근로자는 자유로이 노동조합을 조직하거나 이에 가입할 수 있다"고 규정하여 근로자이면 누구나 노동조합을 설립하거나 노동조합에 가입할 수 있지만, 구 노동조합 및 노동관계조정법 부칙 제7조에서 "하나의 사업 또는 사업장에 노동조합이 조직되어 있는 경우에는 제5조에도 불구하고 2011년 6월 30일까지는 그 노동조합과 조직대상을 같이하는 새로운 노동조합을 설립할 수 없다"는 경과조치를 두어 기업단위에서 조직대상을 같이하는 제2, 제3의 노동조합 설립을 금지시키고 있었다. 이에 따라 기업단위에서 조직대상을 같이하는 노동조합의 설립이 불가하였던 것인데,[3] 2010년 1월 1일 노동조합 및 노동관계조정법 개정으로 기업단위에서도 복수노조설립이 가능해진 것이다. 이처럼 복수노조란 한 사업 또는 사업장 등에 기존에 설립된 노동조합이 있음에도 불구하고 새로이 설립되어 노동조합이 2개 이상 존재하는 경우를 말하는 것이다.

---

[3] 조직대상을 같이한다 하더라도 판례는 노동조합의 조직형태가 다른 경우(예로 기업별 노조가 존재하는 상태에서 신규로 산별노조나 지역별 노조가 설립된 경우 등)에는 조직대상이 같다고 보지 않아 복수노조 금지대상으로 보지 않고 있음.

<표 1-1> 복수노조 설립현황

(단위: 개수)

상급단체	한국노총	민주노총	혼재	미가입	무노조	총계
노조 수	171 (34.3%)	133 (26.7%)	58 (11.7%)	47 (9.5%)	89 (17.8%)	498 (100%)

자료: 고용노동부, 복수노조 창구단일화제도 시행 100일, 2011.

사업장 단위의 복수노조 설립이 허용된 이후 100일인 2011년 10월 10일 현재 복수노조 설립 현황은 <표 1-1>에서와 같이 총 498개 중 한국노총 소속 사업장에 설립된 노조는 171개인 반면 민주노총 소속 사업장에 설립된 노조는 133개로 나타났다.

<표 1-2> 설립신고 노조 중 상급단체 현황

(단위: 개수)

상급단체	한국노총	민주노총	미가입	총계
노조 수	51 (10.2%)	21 (4.2%)	426 (85.5%)	498 (100%)

자료: 고용노동부, 복수노조 창구단일화제도 시행 100일, 2011.

한편 복수노조제도 시행일 이후 설립된 노조 중에 특이할 만한 점은 대부분 상급단체를 선택하지 않았다는 점이다. <표 1-2> 설립신고 노조 상급단체 현황에서 알 수 있는 바와 같이 총 498개 노조 중 한국노총을 상급단체로 선택한 노조는 51개, 민주노총은 21개, 상급단체 미가입은 85.5%인 426개로 나타났다. 이는 기존 노동조합에 대한 불만이나 회사의 노조설립지원 등에 따른 친 기업적 노조의 결과라 할 것이다.

2. 복수노조의 형태

노조설립에 있어 자유설립주의를 택하고 있는 우리나라의 경우 사업장 단위의 복수노조가 허용됨에 따라 다양한 노동조합이 출현될 것으로 예상되는바 그 형태는 <표 1-3>과 같다.

〈표 1-3〉 복수노조의 유형

구분	사업장 노조	기업별 노조	산업별 노조	지역별 노조	직종별 노조
사업장 노조	A형				
기업별 노조	B형	F형			
산업별 노조	C형	G형	J형		
지역별 노조	D형	H형	K형	M형	
직종별 노조	E형	I형	L형	N형	O형

1) A형(사업장 노조 +사업장 노조)

하나의 기업 내에 사업장별로 노조가 설립되는 형태이다. 이는 사업장이 지역적으로 분리되어 있는 경우, 특히 사업장별로 사업의 종류가 다른 경우에 주로 나타나는 현상으로 사업장의 특성을 반영한 노사관계를 가져가기에 유리하다. 특히 A형은 구 노조법상의 기업단위의 복수노조 금지규정에 저촉되지 않는 이점이 있어 그 설립이 용이하였다. 즉 사업장단위의 노조를 설립하면 조직대상이 기존노조와 중복되지 않기에 구 노동조합 및 노동관계조정법 부칙 제7조에 해당되지 않기에 설립이 가능하였던 것이다. 예로, 삼양사의 경우 대전공장노조, 울산공장노조, 전주공장노조 등 공장단위로 설립된 경우가 그 예이며, 또한 현대모비스의 경우 창원공장노조, 울산공장노조 등이 사업장단위의 노조에 해당된다. A형의 경우 단체교섭에 있어서도 사업장 단위의 노조들과 개별적으로 교섭하거나 또는 공동으로 교섭할 수도 있었으나, 개정 노조법에서는 교섭창구를 단일화하도록 의무화하였기 때문에 사용자가 개별교섭에 동의하지 않는 한 교섭창구를 단일화하여야 한다. 그동안 사업장노조들은 규약상 조합원의 가입범위 및 신사협정에 따라 타 사업장에 대한 조직확대 노력을 하지 않았으나 복수노조시대에는 과반수 노조에게 교섭대표권을 부여하기 때문에 사업장으로의 가입 범위가 기업 전체로 확대될 것이고 이에 따라 치열한 조직확대경쟁에 직면할 운명에 처해지게 된다. 따라서 복수노조 체계하에서 A의 형태는 활성화되기 어려운 형태라 할 것이다.

2) F형(기업별 노조 + 기업별 노조)

기존의 기업별 노조가 존재하는 상태에서 새로이 기업별 노조가 설립된 형태이다. 기존의 노조에 반발한 세력이 기존노조에서 탈퇴하여 새로운 기업별 노조를 설립한다든가, 기존의 노조와 조직대상을 달리하는 새로운 기업별 노조가 설립되는 경우 등에서 나타나는 현상이다. 이는 기존의 생산직 노조 외에 추가로 제2의 생산직 노조나 사무직 노조 또는 전 직원을 포괄하는 노조가 설립되는 경우가 그 예이다. 주로 기업별 노동조합 형태를 이루고 있는 우리나라의 현실에서 가장 많은 형태이다. 하이닉스반도체에는 이천공장에 한국노총 소속의 하이닉스반도체노동조합이 있고, 청주공장에 한국노총 소속의 하이닉스노동조합이 있는데 이 같은 경우가 F형의 대표적인 형태이다. 복수노조 체제하에서 G형(산별 노조 + 기업별 노조)과 함께 가장 일반적이고 활성화될 것으로 보인다.

F형은 기업단위의 노조이므로 노조의 교섭대표가 해당기업 소속의 조합원으로 구성되므로 외부의 영향을 적게 받아 해당기업의 현실을 감안한 노사관계를 만들어 가는 데 이점이 있다는 특징이 있다.

3) J형(산별업 노조 + 산별업 노조)

기존에 산별 노조가 설립되어 있는 상태에서 신규로 산별 노조가 설립되는 형태이다. 산별 노조가 초기업단위의 노조이므로 기업현실보다는 산업의 특성이나 정치적 요소에 영향을 많이 받으므로 개별기업의 입장에서 가장 경계해야 할 형태라고 할 수 있다. 수만 내지는 수십만 명의 조합원을 가진 산별 노조[4]가 거대한 조직의 힘을 앞세워 개별기업과의 교섭에 나서게 되고 또한 교섭결렬 시 연대파업 등으로 개별기업을 강하게 압박하면 개별기업으로서는 대단히 어려움에 직면할 수밖에 없다. 더욱이 기존의 한국노총과 민주노총 외에 제3노총인 국민노총이 2011년 11월 출범하였다. 이들 노총 간에는 노동운동의 이념과 성향이 차이가 있는데, 한 기업 내에 상급단체가 다른 산별 노조가 다수 존재한다면 상급단체의 지

---

4) 2012년 1월 현재 민주노총 산하의 산별 노조인 전국금속노조는 조합원이 약 15만 명임.

도하에 치열한 조직경쟁이 발생할 것이고, 이러한 상황하에서 기업의 노사관계는 대단히 불안해질 수밖에 없다. 따라서 개별기업에서는 회사가 노사관계를 주도하지 못한다면 노사관계가 혼란해질 것이고 종국적으로 기업의 경쟁력이 하락될 것이다. 신선대컨테이너터미널의 경우 한국노총 소속의 산별 노조인 항운노조가 있고 신선대지부에 민주노총 소속의 전국운송하역노조가 존재하는 것이 J형의 예이다.

4) G형(산업별 노조 + 기업별 노조)

기존의 산별 노조에 새로이 기업별 노조가 설립되거나 또는 기존에 기업별 노조가 설립되어 있는 상태에서 새로이 산별 노조가 설립되는 형태이다. F형(기업별 노조 + 기업별 노조)과 함께 복수노조 체제하에서 가장 빈번한 형태로 예상되는 형태이다. 산별 노조로 인해서 F형에 비하여 노사관계가 불안해질 가능성이 높으며, 산별 노조가 다수노조로 교섭대표권을 가지게 되면 기업별 노조는 무기력해지게 되므로 기업의 입장에서도 기업별 노조를 다수노조가 되도록 지원할 가능성이 높은 형태이다. 각 노조 간의 치열한 조직확대 경쟁 또한 예상되므로 기업입장에서는 확실하게 회사주도의 노사관계를 구축하지 않으면 노사관계가 혼란해지고 노노 간에도 갈등이 높아질 가능성이 높은 형태이다.

5) B형(기업별 노조 + 사업장 노조)

기존에 기업별 노조가 존재하는데 신규로 사업장 단위의 노조가 출현하는 경우이다. 또는 반대로 기존에 사업장별 노조가 존재하는 상태에서 신규로 기업별 노조가 설립되는 형태이다. 기업단위의 복수노조 금지하에서는 조직대상의 중복으로 설립이 용이치 않아 주로 한 기업이 다른 기업을 흡수 합병하는 경우에 이 같은 형태의 복수노조가 나타나게 되었다. 예로, 기업별 노조인 LG화학 노조가 있는 상태에서 LG화학이 한국종합화학, 대산유화 등을 인수함에 따라 LG화학 울산공장 노조, 여수공장 노조, 나주공장 노조가 설립된 경우가 그 예이다. 복수노조 시대에는 창구단일화로 인해서 사업장 노조는 조합원 수 모집에 한계가 있기

때문에 조직대상을 기업 전체로 확대할 수밖에 없기에 B형의 형태는 활성화되기 어려운 형태라 할 것이다

6) 기타

그 외에도 O형(직종별 노조 + 직종별 노조)의 형태로 복수노조가 탄생할 수도 있다. 즉 현재의 생산직 노조가 존재하는데 신규로 관리직 노조, 영업직 노조, 또는 연구직 노조 등이 출현하는 경우가 이에 해당된다.

또한 E형(직종별 노조 + 사업장 노조), L형(직종별 노조 + 기업별 노조), I형(직종별 노조 + 산업별 노조) 등 다양한 형태로 노조설립은 가능하다 할 것이다.

3. 복수노조의 설립 원인

1) 기존 노조에 대한 불만

복수노조의 설립 원인으로 가장 대표적인 원인이 기존 노조에 대한 불만, 즉 노노 간의 갈등이다. 노동조합이라는 조직의 정치집단화 경향으로 인해 기존집행부의 노선에 반대하는 반대파가 있기 마련이고, 특히 노동조합 대표자 선거에서 경쟁하다가 경쟁에서 밀린 반집행부는 선거결과에 승복하지 않고 현행 노조를 탈퇴하여 독자적인 노동조합을 설립할 수 있는 것이다.

또, 기존의 강성노선에 반대하는 세력이 이탈하여 독자적으로 노동조합을 설립
한다든가 또는 기존노조의 어용성을 비판하는 세력이 독자적으로 노동조합을 만
드는 경우이다. 복수노조시대를 맞이하여 가장 많이 나타나는 유형으로 예상할
수 있으며, 복수노조 설립허용에 따라 제2, 제3의 노동조합이 출현 가능하다. 예
컨대, 현대자동차의 경우 약 10여 개의 계파(민노투, 민투위, 노연투 등)가 존재하
는 것으로 알려져 있는데 이들이 현재의 노동조합을 이탈하여 독자적인 노동조합
을 설립할 수 있는 것이다.

또한 생산직 위주의 노동조합 운동에 불만을 갖고 있는 사무관리직이나 연구
직 근로자들이 별도의 노동조합을 조직하거나 정규직 중심의 노동조합 운동에 불

만을 갖고 있는 비정규직(단시간근로자나 계약직 근로자 등)이 별도로 노동조합을 구성할 수 있다.

2011년 11월 기존의 한국노총과 민주노총의 운동노선에 반발하여 출범한 제3노총인 국민노총이 설립된 것이나, 복수노조 허용 이후 100일간 설립된 498개 노동조합 중 기존의 노조에서 분화한 노조가 72.7%인 362개로 나타나고 있는 점 등은 기존 노조에 대한 불만으로 신규노조가 설립되었음을 반증하는 것이라 하겠다.

2) 회사에 대한 불만

노동조합은 근로조건의 유지·개선을 목적으로 하는 근로자의 단체이므로 회사의 독단적인 경영이라든가 열악한 근로조건, 고용불안, 고충처리 불만, 의사소통 부족, 구성원들 간의 차별대우나 상대적 박탈감/소외감 등의 원인으로 복수노조가 설립될 수 있다. 현재 우리나라 노동운동의 주류가 생산직 노조 위주이므로 그동안 상대적으로 목소리를 내지 못했던 사무직이나 정규직에 비하여 근로조건이 열악하여 소외감을 느끼고 있는 비정규직(단시간, 계약직 등)에서 복수노조가 출현할 가능성이 높을 것으로 예상된다.

3) 외부세력의 개입

외부세력의 개입에 의한 복수노조가 설립된다. 기존의 한국노총과 민주노총 등 양대 노총 체제 외에 제3노총인 국민노동이 출범되었기에 이들 노총 간의 조직확대 경쟁을 충분히 예상할 수 있다. 외부세력에 의한 복수노조의 설립은 사업장의 노사관계를 대단히 혼란스럽게 할 위험성이 있는데, 이는 외부세력에 의해 설립되는 노동조합이 기존의 노동조합과 소속을 달리하는 것이 일반적이기 때문이라고 할 것이다. 이는 사업장 내 노노갈등을 불러일으키고 이에 따라 조직확대 경쟁 유발 등으로 개별사업장 내 노사관계가 혼란스러워진다고 할 수 있다. 이 같은 예는 부일교통의 부산민주택시노조와 부산지역택시노조, 구 홍익회의 한국노총 소속 홍익회노조와 민주노총 공공연맹 철도노조 소속의 홍익매점지부 등에서 그 예를 찾아볼 수 있다.

4) 기타

회사가 타 기업을 인수합병하거나 현재의 강성노조에 대한 관리적 관점에서 전략적으로 우호적 노동조합을 설립 유도할 수 있다. 현재 인수합병에 따른 복수노조는 한국에 다수 존재하고 있는바, 1999년 현대전자가 LG반도체를 인수 합병함에 따라 기존의 현대전자노동조합과 LG반도체노동조합이 존재하고 있으며, OB맥주가 1999년 카스맥주를 인수함에 따라 기존 OB맥주노동조합과 카스맥주노동조합이 존재하여 복수노조가 존재하게 되었다. 불확실한 경영환경 속에서 향후에도 기업에 대한 인수합병은 지속될 것으로 예상되므로 기업인수합병에 따른 복수노조 설립현상은 지속될 것으로 예상된다.

한편 기업이 전략적으로 제2, 제3노조 설립을 유도할 수도 있다. 특히 기존의 노동조합이 전투적인 노동조합이라면 회사는 전략적으로 온건한 노동조합 설립을 유도할 수 있을 것이고, 이러한 노동조합을 통해서 기존의 전투적 노동조합을 약화시킬 수 있다. 친 기업적 노동조합에 다양한 혜택을 부여함으로써 전투적 노동조합의 조합원 탈퇴를 유도할 수 있고, 또한 친 기업적 노동조합을 통해서 기존 노조를 공격하므로 인해서 기존 노동조합을 약화시킬 수 있기 때문이다. <표 1-2>에서와 같이, 복수노조 허용 이후 100일 동안 설립된 498개의 노동조합 중 85.5%인 426개의 노조가 상급단체에 미가입하고 있는 것으로 나타나고 있는데, 이러한 요인은 기존노동운동에 대한 불만(기존 노조에 대한 불만)인 이유도 있겠으나 기존의 노사관계에서 어려움을 느끼고 있는 기업이 전략적으로 복수노조 설립을 유도한 결과라고 해석할 수도 있다.

4. 복수노조의 문제점

이같이 복수노조가 생기면 어떠한 문제점이 나타날까? 아래에서는 복수노조로 인해서 나타나는 회사의 문제점에 대해 알아보고자 한다.

JAL 추락시킨 복수노조, 8개 노조 압박에 日 구조조정 최대 골칫거리로

무려 8개 노조가 존재하며 경영진의 발목을 잡는 회사. 퇴직자들도 막강한 영향력을 행사하며 기업연금 부담이 늘어나는 회사. 여객기 조종사들이 관리직으로 규정돼 운항시간과 상관없이 높은 임금을 받는 회사. 일본 하토야마 유키오 내각에서 첫 공적자금 투입회사로 결정되며 '골칫덩어리'로 전락한 일본항공(JAL)에 대한 얘기다. 하토야마 내각은 일본항공에 공적자금

3,000억 엔을 투입하는 대가로 3년 이내 국내외 비수익 항공 노선 50개 폐지, 회사 직원 1만 3,000명 감원 등 강도 높은 구조조정을 요구한 상태다.

일본항공에 대한 정부 측 긴급 융자는 2001년 9·11테러와 2003년 사스(SARS) 쇼크 이후 이번이 세 번째다. 하지만 일본항공이 글로벌 경쟁력을 갖춘 회사로 재탄생할 가능성에 대해서는 회의적인 시각이 우세하다. 일본항공 사내에 직능별로 무려 8개 노동조합이 존재하며 중요한 고비 때마다 효율경영의 발목을 잡아 왔기 때문이다.

현재 일본항공 사내에는 조합원 1만 1,000명을 보유 중인 최대 규모의 'JAL노조'를 비롯해 JAL기장조합, 일본항공노조, JAL승무원조합, 일본항공유니언, JAL기관사조합 등 무려 8개 노조가 활동하고 있다. 이 가운데는 JAL재팬조합 등 2002년 일본에어시스템(JAS)과 경영을 통합할 때 승계받은 노조도 포함돼 있다.

경제주간 닛케이비즈니스는 "채권은행으로부터 고비용 경영구조에 대한 문제점이 지적돼 왔지만 노조의 영향력 때문에 좀처럼 시정되지 않고 있다"며 "일본항공이 자칫 미국의 제너럴모터스(GM)처럼 몰락하는 시나리오도 배제할 수 없다"고 지적했다. 실제로 일본항공은 연료 소모량이 많은 점보 여객기를 다량 보유하고 있지만 복잡한 의사결정 구조 때문에 신기종 여객기 도입도 경쟁사들에 비해 지연되고 있다.

또 실제 비행시간과는 상관없이 조종사들에게 일정한 수준의 높은 임금을 지급해 왔다. JAL기장조합 등 노조들이 막강한 영향력을 행사하면서 조종사 전원을 관리직으로 규정해 놓았기 때문이다. 비행시간에 따라 임금 수준이 결정되는 다른 글로벌 항공회사들과는 큰 차이를 보이는 대목이다. 최근에는 하토야마 새 내각의 요구에 따라 일본항공 경영진이 기업연금을 단계적으로 줄여 나가겠다고 발표했지만 일본항공 출신 퇴직자들로 구성된 'JAL 기업연금 모임' 소속 회원들이 반발 성명을 내기도 했다. 정부는 일단 경영 정상화에 장애물이 되고 있는 퇴직자 연금 3,300억 엔에 대해 이르면 내년 초 특별법을 제정해 총 지급 규모를 1,000억 엔대로 삭감할 방침이라고 밝혔다.

(매경 2009.11.02)

1) 노사관계 불안

복수노조로 인한 문제점으로 기업이 가장 걱정하는 것은 노사관계가 불안해진 다는 것이다. 노노 간의 갈등과 직원 간의 갈등 및 회사와 노동조합 간의 갈등이 야기되고, 이에 따라 직원의 근무분위기가 저해되고, 품질이 하락하며 종국적으로는 생산성 향상에 저해된다. 노노 간의 갈등으로 불필요한 파업에 돌입하게 되고, 이에 따라 기업이미지가 훼손되며, 파업기간 중에 제품에 대한 고객의 신인도 하락으로 매출이 떨어지게 된다.

개정 노조법 제29조의2 제1항에서는 하나의 사업장에 노동조합이 2개 이상 있는 경우 노동조합은 교섭대표노동조합을 정하여 사용자에게 교섭 요구하도록 하는 소위 교섭창구 단일화제도를 의무화하고 있고, 동법 제29조의2 제2항과 제3항에서는 과반수 노조에게 교섭대표권을 부여하고 있다. 즉 전체 조합원 과반수를 확보한 노동조합이 독점적으로 교섭권을 행사할 수 있는 구조다. 이는 과반수를 확보하지 못한 소수 노동조합은 사실상 교섭권과 쟁의권을 행사할 수 없음을 의미하고 이러한 점은 노동조합으로서의 주 기능인 사용자와의 교섭권과 쟁의권을 행사하지 못함에 따라 사실상 식물노조로 전락하게 된다는 것을 의미한다. 따라서 교섭권과 쟁의권 확보를 위한 노조 간의 치열한 조직확대 경쟁이 나타날 수밖에 없으며 이에 따라 개별 사업장의 노사관계는 혼란스러울 수밖에 없게 된다.

2) 노무관리비용의 증가

복수노조로 인해서 노사관계가 불안해지므로 노사관계를 안정화시키기 위해서는 노무관리비용이 증가할 수밖에 없다. 복수노조를 관리하기 위해서 조직과 인력이 증가하게 되며, 노조 간의 의견조율과 설득을 위해서도 시간과 비용이 단수노조 당시에 비하여 늘어날 수밖에 없다. 노조사무실 제공, 조합운영비 지원 및 근무시간 중 조합활동 등에 있어서도 기존노조에 준하여 지원해 달라고 요구할 것이므로 이에 따른 비용도 증가하게 된다. 더더욱 중요한 것은 기업이 노사관계 안정화를 위해서 임직원의 건전마인드 조성을 위한 교육비용 등이 증대될 것이며 또한 관리자의 부하직원에 대한 노무관리 비용이 증가하게 되는 것이다.

실제로 많은 기업에서 노조 수에 따라 이에 대한 대응조직이 생겨나는 현상을 쉽게 볼 수 있다. 예로 이천사업장과 청주사업장에 각각 노동조합이 존재하는 하이닉스반도체의 경우에 이천 노경팀과 청주 노경팀 2개의 노무관련 조직이 있으며, 한국노총 소속의 기업별 노조와 민주노총 소속의 산별 노조인 화학섬유노조가 설립되어 있는 오비맥주의 경우에도 2개의 노무팀이 존재하고 있다. 따라서 양 노조 존재에 따른 노무관리비용의 증가는 필연적이라 할 것이다.

3) 교섭기간 장기화

복수노조 시에는 교섭기간이 장기화된다. 여러 개의 노동조합이 존재하다 보면 각 노동조합마다 이해관계가 다르기 때문이다. 복수노조가 허용되면서 교섭창구를 단일화하였지만, 1개의 노동조합이 과반수가 되지 못하는 한 자율적 단일화든 공동교섭대표단이든 다수의 노동조합이 함께 공동 교섭대표단을 구성하게 되는 경우가 발생할 수밖에 없으며, 이 경우 각각의 노동조합 교섭위원들 간에 이해가 다르기 때문에 교섭창구 단일화에 참여한 교섭단 간의 의견일치도 어렵게 되고, 또한 사용자와의 교섭과정에 있어서도 공동교섭단 교섭위원 간의 선명성 경쟁과 이익확보경쟁으로 인해 교섭기간의 장기화가 예상된다 할 것이다.

4) 노동분쟁 증가

복수노조가 설립되면 노동분쟁이 증가한다. 우선 조직확대 경쟁에서 나타나는 노동분쟁을 들 수 있다. 과반수 노조가 독점적으로 교섭권을 확보할 수 있는 구조이므로 치열한 조직 간의 경쟁이 발생할 것으로 예상된다. 비노조원을 대상으로 조합가입 유치활동은 물론 상대방 조합원을 상대로 조합가입 유치활동을 할 것이고, 이 과정에서 노노 간의 분쟁이 발생할 수밖에 없다. 그 같은 양상은 상대방 조합원 간의 폭행, 명예훼손 및 모욕, 상대방 노조사무실의 기물파손이나 절도와 같은 형사적 사건으로 나타날 수 있다. 또한 회사를 상대로 소수노조는 선명성을 강화하기 위해 근로시간 위반과 같은 사소한 이슈에 대해서 관계기관에 고소하거나 진정하며 회사를 압박할 수 있다.

둘째, 교섭창구 단일화를 둘러싼 분쟁을 들 수 있다. 법에서 규정한 교섭창구 단일화 절차가 복잡하고 그 과정에서 수많은 갈등이 나타날 가능성이 상존하고 있다. 예로 교섭 요구사실에 대한 공고가 잘못되었다거나 교섭요구노조 확정공고가 잘못되었다며 노동위원회에 시정신청을 한다거나, 과반수 노조가 잘못되었다며 이의신청하는 등 교섭창구 단일화를 둘러싸고 분쟁이 발생할 수 있다.

셋째로 부당노동행위를 둘러싼 분쟁을 들 수 있다. 노조법 제81조는 근로자의 노동3권을 침해하는 행위를 부당노동행위로 규정하여 이를 금지하고 있다. 특히, 복수노조와 관련한 부당노동행위로는 불이익취급과 지배개입 및 경비원조 등이 대표적인데, 불이익 취급의 예로는 회사에 우호적인 노조의 조합원에 대하여 인사고과에 있어서 특혜를 준다거나 또는 승진이나 승급에 있어서 혜택을 주거나 징계에 있어서도 관대한 처분을 해 주고 회사와 대립적인 노조의 조합원에 대해서는 불이익을 주는 경우를 들 수 있다. 이러한 노조에 대한 차별에 따라서 노동조합은 회사를 상대로 부당노동행위라고 주장하며 노동관서에 부당노동행위구제신청이나 부당노동행위 고소·고발을 하게 되는 등 노동분쟁이 증가가 예상된다.

넷째로 공정대표의무 위반을 둘러싸고 분쟁이 발생할 수 있다. 개정 노조법 제29조의4 제1항에서 "교섭대표노동조합과 사용자는 교섭창구 단일화 절차에 참여한 노동조합 또는 그 조합원 간에 합리적인 이유 없이 차별하여서는 아니 된다"고 규정하고 있으며, 동조 제2항에서는 이에 대한 시정신청을 노동위원회에 할 수 있도록 규정하고 있다. 그런데 합리적 이유에 대한 명확한 기준이 없기에 노조 간 또는 조합원 간의 근로조건 등에 대한 차이를 이유로 분쟁이 발생할 수 있다. 공정대표의무와 관련하여 교섭 전, 교섭 과정, 교섭 결과 및 교섭 타결 이후의 과정에서 공정대표의무 위반으로 분쟁이 발생할 가능성이 있는데, 교섭대표 노조가 소수노조의 의견수렴 절차를 거치지도 않고 독자적으로 교섭안을 만들었다거나, 사용자와의 교섭과정에서도 교섭대표의 지위를 남용하였거나 단협타결 내용에 있어서도 노조 간의 근로조건 차이나 근무 중 조합활동의 차이, 교섭타결 이후의 노조행사 지원에 있어서의 차이 등과 같은 행위에 있어서 공정대표의무 위반을 주장할 가능성도 있는 것이다. 특히, 교섭대표단에 소수로 참여한 노조나 조합원 수 비율이 낮아 교섭단에 참여하지 못한 노조의 경우에는 교섭대표노동조합이 사용자와 체결한 단체협약의 각 항목을 차별의 관점에서 검토해 볼 것이고 이에 따라 교섭대표노동조합과 사용자를 상대로 공정대표의무 위반의 문제를 제기할 수 있다.

복수노조 입법 내용

1. 복수노조 주요 입법 내용

1) 사업장 단위 복수노조 허용

사업장 단위의 복수노조 설립이 금지되던 것이 2010년 1월 1일 노동조합 및 노동관계조정법 개정을 통해 2011년 7월부터 허용되었다. 이는 그동안 우리나라 노사관계 현실을 감안하여 13년 동안이나 유예되었던 복수노조 입법과제를 해결하였다는 점에서 의미 있는 점이라 할 수 있다. 또한 1963년 "기존 노동조합의 정상적인 운영을 방해하는 것을 목적으로 하는 경우"에 노동조합의 자격을 부인하는 복수노조 금지규정이 신설된 이후 근 50년간 유지되어 오던 후진적 제도를 폐지하여 노동조합설립의 자유를 보장했다는 점에서 의미가 있다.

2011년 6월 30일까지는 경과조치를 두어 사업장 단위의 복수노조 설립이 금지되므로 기존노조와 조직대상을 같이하는 노동조합설립신고는 반려된다. 그러나 사업장 단위라고 하더라도 기존 노동조합과 조직대상이 중복되지 않으면 이는 복수노조 금지규정에 저촉되지 않아 설립이 허용된다.

2) 교섭창구 단일화

사업장 단위의 복수노조 설립을 허용하면 노동조합의 난립에 따른 노사관계가
불안해질 수 있기 때문에 이를 방지하기 위하여 복수노조를 허용하되 교섭창구는
단일화하도록 규정하였다. 즉 하나의 사업 또는 사업장에서 조직형태에 관계없이
노동조합이 2개 이상인 경우에는 교섭대표노동조합을 정하여 사용자에게 교섭을
요구하도록 규정하고 있다. 즉 1사 1교섭주의를 채택하고 있는 것이다. 다만, 일
정기한 내에 사용자의 동의를 통해서 노동조합별 개별교섭이 가능하도록 예외규
정을 두고 있다. 교섭창구 단일화의 절차 등은 후에 상세히 설명하고자 한다.

3) 교섭단위 분리

(1) 교섭단위의 개념

교섭단위란 교섭창구 단일화를 해야 하는 단위를 말하는 것으로, 복수노조 시의 교섭단위는 사업 또는 사업장을 원칙으로 한다. 따라서 기업별 노조건 산업별·직종별 노조(지부·분회)건 조직형태에 관계없이 모든 노동조합이 단일화 대상에 포함된다. 그러나 현격한 근로조건의 차이, 고용형태, 교섭 관행 등을 종합적으로 고려하여 교섭단위 분리할 수 있는데, 이 경우에는 노사관계 당사자의 양쪽 또는 어느 당사자가 노동위원회에 교섭단위 분리신청을 통해서 가능하다. 즉 교섭단위 분리권한은 노동위원회의 전권이다. 따라서 노사 당사자 간 자유로이 교섭단위를 분리하는 것은 허용되지 않는다.

(2) 교섭단위 분리 요건

교섭단위 분리의 요건은 형식적 요건과 실질적 요건으로 구분할 수 있다. 형식적 요건은 노사관계 당사자의 신청과 이러한 신청에 따라 노동위원회의 교섭단위 분리결정이다. 따라서 노동위원회의 교섭단위 분리결정 없이 당사자 간의 합의에 따라 교섭단위를 분리하는 것은 허용되지 않는다.

실질적 요건은 노동위원회가 교섭단위 분리결정을 하는 데 있어서 판단의 기준이라고 할 수 있다. 노조법 제29조의3 제2항에서 "현격한 근로조건의 차이, 교섭형태, 교섭관행 등을 고려하여 교섭단위를 분리할 필요성이 인정되는 경우"라고 규정하고 있기에 현격한 근로조건의 차이나 고용형태 및 교섭관행 등으로 봤을 때 '교섭단위를 분리할 필요성'이 있느냐가 그 실질적 요건이라 할 것이다. 이를 좀 더 자세히 설명하면 첫째, 근로조건의 차이는 근로조건에 있어서의 명확하고 현격한 차이가 있는 것을 말하는 것이다. 교섭단위의 분리는 교섭창구 단일화의 예외이므로 보수적으로 판단할 수밖에 없다고 할 것이므로 현격한 차이가 아닌 일부의 차이는 교섭단위 분리요건에 해당되지 않는다. 또한 학력, 경력, 근속연수, 숙련도 등 개인적인 속성의 차이는 현격한 근로조건의 차이로 인정될 수 없다.

실제로 3개 노조가 존재하는 D사가 신청한 교섭단위 분리결정신청사건(경남 2011단위1, 2011.8.8.)에서 경남지방노동위원회는 '이 사건 사용자의 전자BG와 모트롤BG 간에는 근로조건의 현격한 차이가 있고 호봉체계가 상이함을 확인할 수 있으며, 퇴직금 지급기준이 전자BG는 법정퇴직금제인 반면 모트롤BG는 누진제를 채택하고 있을 뿐만 아니라, 근로형태에 있어서 전자BG 현장근로자는 3교대 근무를 하는 반면, 모트롤BG 근로자는 주간근무를 하며, 이외에도 상여금 지급률에서 차이가 있는 등 근로조건에 있어 현격한 차이가 있음이 확인된다. <중략> D전자사업부노조는 2010.12.3.에 단체협약을 체결하는 등 3개의 노동조합은 BG 단위로 개별교섭을 해 왔다는 점 등으로 볼 때 교섭관행의 차이가 있다고 보인다. 아울러 각 사업부문별로 별도로 사업자 등록이 되어 있으며, 생산제품과 업종이 이질적인 점, 각 사업부문별로 별도의 취업규칙, 급여규정 등 각종 규정을 제정하여 운영하고 있는 점, 각 BG별로 근로자 채용 등 인사노무 업무를 분리하여 사업부문별로 자율적으로 운영되는 점, 각 사업부별 경영실적을 임금인상 등 근로조건을 정하는 근거로 삼는 점 등으로 볼 때 각 BG별로 현격한 근로조건의 차이나 자율적인 근로조건 결정사항 등을 하나로 통합하여 근로조건의 통일성을 기하는 것이 어려울 것으로 보인다. 이상에서 살펴본 바와 같이, D사의 전자BG와 모트롤 BG는 근로조건의 현격한 차이나 자율적인 근로조건 결정사항 등에 있어 근로조건의 통일성을 기하기 어려우며, 그간 BG별로 노사 간 교섭을 해 온 관행이 성립되어 있는 등 교섭단위 분리의 객관적인 요소가 존재한다고 판단된다'라고 교섭단위분리신청을 인정한 바 있다.

한편 기관통합으로 2개의 노조가 존재하는 D공단의 A노조가 신청한 교섭단위 분리신청 사건(인천2011단위1, 2011.7.25.)에서 인천지방노동위원회는 '두 노조는 출신기관 직원별로 근로조건의 차이가 일부 존재하기는 하지만 이 같은 차이는 기관통합에 따른 일시적 상황에 기인한 것으로 출신기관 직원 간의 업무의 상이성 또는 이에 따른 생산성 등에 기초한 본질적인 차이에서 비롯된 것이 아니라는 점, 기관통합 이후 예전의 구 공사 및 구 공단의 취업규정, 직제규정, 인사규정, 보수규정 등을 단일화하여 통합적으로 운영하고 있는 점 등으로 볼 때 노동조합 구성원 간에 현격하고 본질적인 근로조건의 차이가 있다고 볼 수 없고, 출신기관과 관계없이 모두 정규직이고 또한 일반직, 기능직 등으로 구분된 단일 직군체계의 적용을 받고 있는 등 고용형태에서도 차이가 없다'라며 기각하였다. 또 청소용역 업무를 주업으로 하면서 청주의 C병원, 부산의 B병원, 대구의 D지하철과 청소용역도급을 수행하고 있는 T사의 교섭단위분리신청 사건(충북2011단위1, 2011.8.10.)에서도 충북지방노동위원회는 '이 사건 사용자의 각 도급수행 사업장별 근로자에 대한 임금, 근로시간, 근로형태 등 근로조건의 차이가 일부 존재하나, 청소용역을 수행하는 작업내용 등 근로형태가 유사하며, 임금이나 근로시간 등에 있어 차이는 사업장별로 청소용역을 수행하여야 할 시간대 및 근로시간의 길이가 달라 비롯된 것으로 사업장별로 교섭단위를 분리하여 교섭할 만한 근로조건의 현격한 차이가 있는 것으로 보기 어렵고, 발주처와의 용역계약에 따라 근로계약을 1년 또는 용역계약기간을 고려하여 갱신하는 기간제 근로자로서 고용형태가 동일하고, 교섭관행에 있어서도 각 노동조합이 개별적으로 단체교섭을 진행한 사실이 있으나, 이는 이 사건 사용자가 도급수행 전 내지는 교섭창구 단일화 절차가 시행되기 전의 교섭형태로 당시 사업주는 노동조합의 교섭 요구에 당연히 응해야 할 의무를 부담하고 있었던 것이므로 교섭단위를 분리한 관행이 형성되었던 것으로 인정할 수 없다'며 기각하였다. 따라서 교섭단위 분리를 위해서는 현격한 근로조건의 차이나 교섭형태 및 교섭관행 등이 필요한 것이므로 다소간 근로조건의 차이가 있고 교섭을 분리하였다는 사정 등으로는 교섭단위 분리를 인정받기 어렵다 할 것이다.

둘째, 고용형태란 급여체계나 계약기간 등에 있어서의 차이를 말하는 것으로 임금과 관련하여서는 월급제인지 아니면 일급제인지, 고정급제인지 아니면 성과급제인지, 호봉제인지 아니면 연봉제인지 등을 말하는 것이고, 계약기간과 관련하여서는 무기계약직인지 아니면 유기계약직인지, 정규직인지 아니면 비정규직(단시간 근로자나 계약직 등)인지 등을 말하는 것이다.

셋째, 교섭관행이란 그동안 교섭을 분리하여 왔던 관행을 말하는 것이다. 복수노조 시행 전에 기업의 합병 등의 원인으로 복수노조가 존재한 사업장에서 조직대상의 차이 및 근로조건의 차이 등으로 개별교섭을 해 왔다면 이러한 교섭관행은 교섭단위 분리결정에 있어서 긍정적 요인이 되는 것이다.

마지막으로 이러한 차이들로 인해서 사실상 '교섭단위를 분리해야 할 필요성이 인정'되어야 하는 것이다. 근로조건이나 고용관행 및 교섭관행 등에 있어서 현격한 차이가 있다고 하더라고 사용자가 그러한 차이를 없애고 근로조건의 통일성을 도모하고자 추진하고 있는 상태라면 교섭단위 분리의 필요성은 인정되기 어려운 것이다. 특히 합병 등으로 인해 하나의 사업에 수 개의 사업장이 생긴 경우 피합병회사의 사업장과 근로조건, 고용형태, 교섭관행 등이 다른 경우가 일반적이므로 이 같은 상황만으로 당연히 교섭단위의 분리의 필요성이 있다고 볼 수 없고, 합병의 배경, 합병 이후의 변화, 합병회사의 조직통합운영 의사 등을 살펴야 하는 것이다(경남지방노동위원회2011단위1, 2011.8.8.). 교섭단위 분리의 실질적 기준을 예시하면 <표 1-4>와 같다.

〈표 1-4〉 현격한 근로조건 등의 차이 (예시)

구분		A노조	B노조
근로조건	임금수준	월 200만 원	월 250만 원
	임금체계	평가에 의한 연봉제	평가제도 없음, 호봉제
	수당종류	기준급+업적급	기본급+면허·생산·교대·가족수당
	근무형태	통상근무(09:00~18:00)	4조 3교대(야간, 오전, 오후)
	유급휴일	공휴일에 관한 규정 휴일	좌동+노조창립일, 신정·추석·설에 각 1일 추가
	유급휴가	연차+하기휴가 3일	연차+하기휴가 5일
	승진체계	사원, 대리, 과장, 차장, 부장	사원, 기사, 기좌, 기장, 기정
	상여금	없음, 업적급으로 존재	연 800%
	퇴직금	누진제	단수제
	정년	57세	60세
고용형태	계약기간	무기계약직	유기계약직
		정규직	단시간근로자
	임금체계	고정급제	성과급제
		연봉제	호봉제
교섭관행		사용자와 개별교섭	사용자와 개별교섭
기타	조직대상	사무직과 영업직	생산직
	소속사업장	A사의 본사	A사의 B공장
	노조형태	H노총 소속 기업별노조	M노총 소속 산별 노조

(3) 교섭단위 분리신청 자격

교섭단위 분리를 신청할 수 있는 자격은 노사관계 당사자이므로 노동조합뿐만 아니라 사용자도 교섭단위 분리 신청이 가능하다. 또한 노사가 공동으로 신청하는 것도 가능하며, 여러 노조가 공동으로 교섭단위 분리 신청을 하는 것도 가능하다. 따라서 노사당사자는 전략적인 판단에 따라 교섭단위분리를 활용할 수 있는 것이다. 즉 사업 또는 사업장에 2개 이상의 노조가 존재하고 교섭단위 분리요건에 해당될 경우 강성노조가 과반수 노조라고 한다면 교섭창구 단일화할 경우에는 우호적인 소수 노조의 교섭권이 사실상 박탈되므로 회사나 소수 노조는 교섭단위 분리신청을 통해서 소수노조의 교섭권을 확보할 수 있는 것이다.

한편 노조의 경우 단체협약 체결능력이 있는 노조만이 교섭단위 분리신청 자격이 있는 것이므로 노조의 내부 기관에 지나지 않는 초기업단위 노조의 지부나 분회는 교섭단위 분리신청 자격이 없다. 그러나 초기업단위 노조의 지부나 분회라 하더라도 별도로 노조설립신고를 하여 노조설립신고증을 교부받은 경우에는 교섭단위 분리신청 자격이 있다.

(4) 교섭단위 분리신청 시기

교섭단위 분리 신청 시기는 ▲사용자의 교섭 요구사실 공고 전 또는 ▲교섭대표 노동조합 결정 이후에 신청할 수 있도록 노조법 시행령 제14조의11에서 규정하고 있다. 복수노조하에서 교섭 요구는 단체협약이 만료일 이전 3개월이 되는 날부터 가능하지만, 교섭단위 분리신청은 사용자의 교섭 요구사실 공고 전이라면 언제든지 가능하다.

한편 2009.12.31. 현재 복수노조 사업장인 경우에 복수노조의 창구단일화 절차는 2012.7.1.부터 적용되므로 분리신청은 2012.7.1. 전까지는 개별교섭을 진행하고 2012.7.1.부터는 교섭창구를 단일하든지 교섭단위 분리신청을 통해 분리하든지 선택할 수 있는 것이다.

교섭단위 분리결정 신청 시 노동조합이 사용자에게 교섭을 요구한 때에는 노동위원회 결정이 있을 때까지 교섭창구 단일화 절차의 진행은 정지된다. 따라서 사용자는 노동위원회의 교섭단위 분리결정이 있을 때까지 교섭 요구사실 공고 등 교섭창구 단일화를 위한 절차를 진행하여서는 아니 된다.

(5) 노동위위원회의 조사와 통지

교섭단위 분리신청을 접수받은 노동위원회는 그 사실을 해당 사업(장)의 모든 노동조합과 사용자에게 통지하고, 노동조합과 사용자는 노동위원회가 지정하는 기간까지 의견을 제출할 수 있다. 노동위원회는 교섭단위 분리 신청을 접수받은 날로부터 30일 이내에 교섭단위 분리에 관한 결정을 하고 해당사업 또는 사업장의 모든 노동조합과 사용자에게 통지하여야 한다.

(6) 분리결정의 효과

노동위원회의 교섭단위 분리 결정 통보를 받은 노동조합이 사용자와 단체교섭을 하기 위해서는 각각의 교섭단위별로 교섭창구 단일화 절차를 진행하여야 하며, 이 경우 교섭단위 분리 결정 이후 최초로 도래하는 단체협약의 유효기간 만료일 이전 3개월이 되는 날부터 사용자에게 교섭을 요구할 수 있다.

한편 노동위원회의 교섭단위 분리 결정에 대한 불복은 노조법 제29조의 3 제2항에 의거 중재재정의 불복 절차를 준용하도록 규정되어 있으므로 노동위원회의 중재재정이 위법이거나 월권인 경우에 한하여 10일 이내에 중앙노동원회에 재심을 신청할 수 있고, 노동위원회의 결정이나 재심결정이 확정된 경우에는 당사자는 이에 따라야 하며, 이를 위반할 시에는 노조법 제90조에 의거 2년 이하의 징역 또는 2천만 원 이하의 벌금에 처해진다.

대법원 판례(2008두8024, 2005두12992)도 "중재재정은 그 절차가 위법하거나 그 내용이 근로기준법 위반 등으로 위법한 경우 또는 당사자 사이에 분쟁의 대상이 되어 있지 않은 사항이나 정당한 이유 없이 당사자의 분쟁범위를 벗어나는 부분에 대하여 월권으로 중재재정을 한 경우와 같이 위법이나 월권에 의한 것임을 이유로 하는 때에 한하여 불복할 수 있고, 중재재정이 단순히 노사 어느 일방에게 불리한 내용이라는 사유만으로는 불복이 허용되지 않는다"라고 판시하고 있다. 따라서 위법·월권이 아님에도 단지 해당 노동조합에 불리하다는 내용만으로 중앙노동위원회에 신청한 재심은 신청의 요건을 갖추지 못한 것으로 "각하"된다.

법 제29조의3(교섭단위 결정)

① 제29조의2에 따라 교섭대표노동조합을 결정하여야 하는 단위(이하 "교섭단위"라 한다)는 하나의 사업 또는 사업장으로 한다.

② 제1항에도 불구하고 하나의 사업 또는 사업장에서 현격한 근로조건의 차이, 고용형태, 교섭 관행 등을 고려하여 교섭단위를 분리할 필요가 있다고 인정되는 경우에 노동위원회는 노동관계 당사자의 양쪽 또는 어느 한쪽의 신청을 받아 교섭단위를 분리하는 결정을 할 수 있다.

③ 제2항에 따른 노동위원회의 결정에 대한 불복 절차 및 효력은 제69조와 제70조 제2항을 준용한다.

④ 교섭단위 분리 신청 및 노동위원회의 결정 기준·절차 등에 관하여 필요한 사항은 대통령령으로 정한다.

(7) 교섭단위 분리결정 신청서 작성 시 주의사항 및 작성 예

교섭대표 분리결정 신청서는 <별지 제7호의7 서식>에 의하여 작성하되, 신청 취지 및 이유를 별지로 작성하여 신청 취지에서 동 신청으로 인해서 결정을 받고자 하는 내용을 명확히 언급해야 하며, 근로조건이나 교섭관행 및 교섭형태에 있어서 현격한 차이가 있다는 것을 신청 이유에서 명확히 밝히고 이를 증거로 입증하여야 한다. 본서에서는 기업이나 노동조합 관계자들이 쉽게 활용할 수 있도록 별지서식에 의하여 교섭단위 분리결정신청서 예를 작성하여 첨부하였다.

교섭단위 분리 결정 신청서			처리기간
			30일

신청인		☐ 노동조합	☐ 사용자	
노동조합	명칭	백상반도체 노동조합	조직형태	단위노조(기업, 지역, 전국), 연합단체, 단위노조의 산하조직
	대표자	홍길동	조합원 수	500명
	주된 사무소 소재지	서울시 영등포구 여의도동 35-2번지 (전화번호 02-785-0210)		
	설립일	2010.1.1.	조직대상	사무직
사용자	사업장명	백상반도체(주)	대표자	김사용
	주소	서울시 영등포구 여의도동 35-2번지		
	전화번호	02-785-0210	주된 업종	반도체 제조 및 판매
	사업장 수	3개	근로자 수	약 20,000명
다른 노동조합의 존재 유무		■ 있음(2개)	☐ 없음	
신청 취지 및 이유 (별지 기재 가능)		별지 기재와 같음		

「노동조합 및 노동관계조정법」 제29조의3 제2항, 같은 법 시행령 제14조의11 제1항 및 같은 법 시행규칙 제10조의8 제1항에 따라 위와 같이 교섭단위 분리 결정을 신청합니다.

2012년 1월 1일
신청인: 백상반도체노동조합 위원장 홍길동
위 대리인: 광장노무법인 공인노무사 윤찬성 (인)

서울지방노동위원회 위원장 귀하

첨부자료	현격한 근로조건의 차이, 고용형태, 교섭 관행 등 교섭단위를 분리할 필요가 있다는 사실을 증명할 수 있는 자료 ※ 노동조합이 2개 이상인 경우 별지에 작성하시기 바랍니다.

<별지> 신청 취지 및 이유서

신청 취지

신청인의 교섭단위 분리신청은 이를 인정한다는 결정을 구합니다.

신청 이유

I. 당사자

1. 신청 외 (주)백상반도체(이하 '이 사건 사용자'라 함)는 위 주소지에 주 사무소를 두고 서울과 청주에 사업장을 두고 있어 반도체 제조 및 판매업을 하고 있는 자입니다.

2. 신청인(이하 '신청노동조합'이라 함)은 이 사건 사용자의 서울사업장에 사무직과 영업직 근로자만으로 설립된 노동조합으로 조합원 수는 약 1,000명입니다. 반면 이 사건사용자의 청주사업장에는 청주사업장의 생산직 근로자를 대상으로 설립된 조합원 약 7,000명의 백상반도체노동조합B(이하 '신청 외 노동조합'이라 함)가 설립되어 있습니다.

[노 제1호증, 노동조합설립신고증]

[노 제2호증, 노동조합 규약]

II. 교섭단위를 분리해야 하는 이유

1. 관련법리

노동조합 및 노동관계조정법 제29조의3 제2항에서는 "하나의 사업 또는 사업장에서 현격한 근로조건의 차이, 고용형태, 교섭관행 등을 고려하여 교섭단위를 분리할 필요가 있다고 인정되는 경우에 노동위원회는 노동관계 당사자의 양쪽 또는 어느 한쪽의 신청을 받아 교섭단위를 분리하는 결정을 할 수 있다"고 규정하고 있는바, 교섭단위 분리의 결정기준은 현격한 근로조건의 차이, 고용형태, 교섭관행 등이라 할 것입니다.

2. 현격한 근로조건의 차이

신청 노동조합과 신청 외 노동조합의 조합원 간에는 근로조건에 있어서 현격한 차이가 있습니다. 아래의 <표>에서 알 수 있는 바와 같이, 첫째, 임금에 있어서 현격한 차이가 있습니다. 임금체계가 신청노동조합은 연봉제이나 신청 외 노동조합은 호봉제를 실시하고 있습니다. 또한 신청조합은 연봉의 구성이 '기준급+업적급'으로 구성되어 있지만, 신청 외 노동조합의 조합원은 '기본급+교대수당+야간수당+직책수당+자격수당+연 800% 상여금'으로 구성되어 있습니다. 또한 사무직과 영업직은 업적평가가 낮은 등급을 받은 경우 전년도 연봉에 비하여 연봉이 삭감되기도 하나, 신청 외 노동조합은 호봉제로 인해 임금이 삭감되는 경우는 없으며 최소한 호봉승급분(1호봉에 1만 원)만큼은 임금이 인상됩니다.

둘째, 승진제도에 있어서도 차이가 있습니다. 사무직과 영업직으로 구성된 신청조합은 역량평가와 업적평가를 실시하고 이에 따라 승진을 실시하고 있으며, 승진체계는 사원-대리-과장-차장-부장의 체계를 가지고 있으나, 신청 외 노동조합은 사원-기사-기좌-기장-기정으로 승진체계가 다릅니다.

셋째, 퇴직금제도에 있어서도 차이가 있습니다. 신청 노동조합은 이 사건 사용자와 단체협약으로 퇴직금 누진제를 유지하고 있습니다. 그러나 신청 외 노동조합은 퇴직금이 단수제 퇴직금입니다.

이처럼 신청 노동조합조합원과 신청 외 노동조합조합원 간에는 직종과
근무지역 및 근로조건과 승진체계 및 퇴직금 등에서 현격한 차이가 있습니다.

구분	신청 노동조합	신청 외 노동조합
설립일	1999.1.1.	1995.1.10.
조직대상	사무직과 영업직	생산직
임금체계	평가에 의한 연봉제	평가제도 없음, 호봉제
승진체계	사원, 대리, 과장, 차장, 부장	사원, 기사, 기좌, 기장, 기정
상여금	없음, 업적급으로 존재	연 800%
퇴직금	누진제	단수제

3. 고용형태

신청 노동조합과 신청 외 노동조합의 조합원 간에는 근로조건뿐 아니라
고용형태에서도 차이가 있습니다. 신청 조합원은 통상근무자로 월~금요일까지 주 40시간 근무(09:00~18:00)하지만, 신청 외 노동조합조합원은 반도체생산현장의 근무자로 24시간을 4조 3교대 방식으로 교대근무를 실시하고 있습니다(A조: 06:00~14:00, B조: 14:00~22:00, C조: 22:00~06:00).

4. 교섭관행

또한 신청 노동조합과 신청 외 노동조합은 신청 노동조합이 설립된 1999.1.1. 이후로 이 사건 사용자와 각각 개별적으로 교섭을 진행하여 각각 단체협약을 체결하여 오고 있습니다.

[노 제3호증, 단체협약]

이상과 같이 신청 노동조합과 신청 외 노동조합 간에는 조직대상이나 교섭관행, 조합원의 고용형태가 명백히 다르고, 또한 근로조건에 있어서 현격한 차이가 있다 할 것입니다. 그러므로 신청인

의 교섭단위 분리신청은 이를 인정한다는 결정을 구합니다.

입증 방법

1. 노 제1호증, 노동조합 설립신고증
2. 노 제2호증, 노동조합 규약
3. 노 제3호증, 단체협약

첨부 서류

1. 위임장 1부
2. 위 입증 방법 각 1통
3. 교섭단위 분리결정 신청서 부본 1부. 끝.

2012. 1. 1.

위 백상반도체 노동조합의 대리인

공인노무사 윤찬성(서명 또는 인)

210mm×297mm(신문용지60g/㎡(재활용품))

4) 공정대표의무

(1) 공정대표의무의 개념

공정대표의무란 교섭대표 노조가 교섭단위 내 관련된 노동조합과 조합원 이익을 합리적 이유 없이 차별하지 말고 공정하게 대표할 의무를 말하는 것으로, 노조법 제29조의4는 복수노조 시 교섭대표노동조합과 사용자에게는 공정대표의무를 부과하고 있다. 이는 다수노조만의 독점적인 특혜를 막기 위한 조치라고 할 수 있다. 공정대표의무는 근로조건 등에 관한 규범적 부분뿐만 아니라 회사와 노동조합 간의 채권채무관계를 규정한 채무적 부분에까지 공정대표의무를 부과하고 있는 것이다. 따라서 교섭대표노동조합과 사용자는 단체협약을 체결할 때 특정 노동조합에게 유리하거나 불리하게 하지 않게 하여야 한다. 또한 단체협약뿐만 아니라 고충처리, 단체협약의 적용 등 모든 조합활동에 있어서 공정대표의무를 부담하여야 한다.

(2) 공정대표의무의 주체

공정대표의무는 교섭대표노동조합과 사용자가 부담한다. 복수노조하에서 교섭대표노조가 교섭창구 단일화에 참여한 모든 노동조합을 대표하여 교섭에 임하므로 교섭대표노조는 위임한 노조와 노조원을 공정하게 대표할 의무를 지는 것은 당연하다. 따라서 특정노조나 특정노조의 조합원을 차별하면 안 된다.

한편 사용자에게도 특정노조에 대한 차별을 못 하도록 공정대표의무를 부과하고 있으므로 교섭과정에서 교섭대표노조와 단체교섭을 조속히 타결하기 위하여 특정노조에 특혜를 주거나 또는 특정노조를 불합리하게 차별하는 내용의 단체협약을 타결하면 안 된다.

(3) 공정대표의무의 범위

공정대표의무의 범위는 교섭과정, 교섭타결내용, 사후관리과정에서 공정대표의무를 부담하고 있다.

즉, 교섭과정에서 교섭대표노조는 교섭참여노조 전체를 공정하게 대표해야 하는바, 첫째, 교섭과정에서의 공정대표의무는 교섭대표노조가 교섭안을 만드는 과정에서 특정노조가 제시한 안을 합리적인 이유 없이 누락시킨다든가, 또는 과반수 노조임을 이유로 교섭참여노조에 대하여 교섭 요구안 확정과정에서 아무런 의견수렴 절차를 거치지 않는 것 등이 이에 포함된다. 사용자와의 단체교섭 과정에서도 교섭대표자의 지위를 남용하여 교섭대표단에 포함된 소수노조 소속 교섭위원의 발언권을 합리적 이유 없이 제한한다든가 소수노조 측 교섭위원의 의사를 묻지 않고 일방적으로 사용자와 합의를 하는 경우 등이 이에 해당될 수 있다.

둘째, 교섭타결 내용에 있어서도 합리적인 이유 없이 특정노조에게 유리하거나 불리한 차별을 하면 안 되는바, 이는 임금인상과 같은 근로조건에 있어서 합리적인 이유 없이 차이를 둔다든가, 근로시간 면제나 노조사무실 제공 등과 같은 조합활동과 관련하여 합리적인 이유 없이 차이를 두는 것을 말한다.

마지막으로, 단체협약 타결 이후 관리과정에서 교섭대표노조는 단체협약의 유효기간 동안 교섭대표자의 지위를 유지하고 있으므로, 타결 이후 과정에서도 공정하게 대표할 의무를 부담하는 것이다. 단체협약의 타결결과에 대하여 합리적인 이유 없이 소수노조에게 설명을 해 주지 않는다든가 심지어는 사용자와 별도의 합의를 해 놓고는 별도합의 사실을 공개하지 않고 숨기는 것 등이 이에 해당될 수 있다.

(4) 공정대표의무 위반에 대한 시정신청

창구단일화 절차에 참여한 노동조합은 교섭대표노동조합과 사용자가 공정대표의무를 위반하여 차별한 경우에는 그 행위가 있는 날(단체협약의 내용이 일부 또는 전부가 공정대표의무에 위반되는 경우에는 단체협약 체결일)부터 3개월 이내에 노동위원회에 그 시정을 요청할 수 있다(노조법 제29조의4 제2항).

공정대표의무를 위반할 경우 시정요구의 주체는 교섭창구 단일화 절차에 참가한 노동조합 중 교섭대표노동조합 이외의 노동조합이다. 즉 노동위원회에 공정대표의무 위반에 대한 시정을 신청할 수 있는 자격은 차별을 받은 개인이 아닌 노동조합인 것이다. 따라서 차별을 받았다고 느끼는 노조의 조합원은 해당노조를 통해서 그 위반을 시정 신청하여야 한다.

한편 교섭창구 단일화 절차에 참가하지 않은 노동조합은 공정대표의무 위반에 대한 시정신청을 할 수 없다.

공정대표의무 위반 시정신청을 받은 노동위원회는 지체 없이 필요한 조사와 관계 당사자에 대한 심문을 실시하여야 하며, 공정대표의무에 위반된다고 인정하는 경우 관계 당사자에게 불합리한 차별을 시정하는 데 필요한 조치를 명할 수 있다. 노동위원회의 구제명령에 대한 불복에 대해서는 부당노동행위의 구제명령에 대한 불복 절차 및 벌칙규정인 노조법 제85조 및 제86조를 준용하도록 하고 있으므로 10일 이내에 중앙노동위원회에 재심 신청할 수 있으며, 교섭대표노동조합이나 사용가가 공정대표의무를 위반하여 노동위원회의 구제명령이 확정된 경우에 이를 이행하지 않으면 노조법 제89조에 의거 3년 이하의 징역 또는 3천만 원 이하의 벌금형에 처해진다.

(5) 공정대표의무 판단기준

문제는 합리적 이유가 과연 무엇인지라 할 것인바, 헌법재판소는 이에 대하여 "헌법 제11조 제1항이 규정하고 있는 평등의 원칙은 '본질적으로 같은 것을 같게, 다른 것은 다르게' 취급해야 한다는 것을 의미한다. 그러나 이는 일체의 차별적 대우를 부정하는 절대적 평등을 의미하는 것이 아니라 법의 적용이나 입법에 있어서 불합리한 조건에 의한 차별을 하여서는 안 된다는 상대적·실질적 평등을 뜻하며, 합리적 근거 없이 차별하는 경우에 한하여 평등의 원칙에 위반할 뿐이다(헌재 1989.5.24, 89헌가37)", "평등의 원칙은 일체의 차별적 대우를 부정하는 절대적 평등을 의미하는 것이 아니라 입법과 법의 적용에 있어서 합리적 근거 없는 차별을 하여서는 아니 된다는 상대적 평등을 뜻하고 따라서 합리적 근거 있는 차별 내지 불평등은 평등의 원칙에 반하는 것이 아니다(헌재 1994.2.24, 92헌바43)" 라고 판시하고 있다. 따라서 규범적 부분이나 채무적 부분에 있어서 합리적인 이유가 있는 차이는 공정대표의무를 위반한 것으로 볼 수 없다.

중앙노동위원회는 복수노조 업무매뉴얼에서 공정대표의무 여부를 판단하는 기준을 제시하고 있는바, 그 기준은 <표 1-5>와 같다.

실제로, 새로이 설립된 노조에 대하여 회사와 기존노조가 근로시간면제시간을 부여하지 않은 사건(부산2011공정1, 2011.10.6.)에서 부산지방노동위원회는 '이 사건 사용자의 사업장에 노사 간 2011.6.29. 체결되어 시행 중인 근로시간 면제한도 합의는 2011.7.1.부터 2012.6.30.까지의 유효기간 중 조합원 수 변동 시 재조정한다

등 특별한 규정을 두지 않아 합의서 유효기간까지는 그 효력이 있고 노사 간에는 이를 준수해야 하는 것이 원칙이고, 무엇보다도 이 사건 신청인 노동조합이 재조정을 요구하는 근로시간 면제 한도는 노사 간 교섭 중인 사안이 아니고 이미 체결되어 이행 중인 단체협약에 관한 내용이므로 교섭대표노동조합과 이 사건 사용자가 신청인 노동조합의 요구를 받아들여 협의에 응하지 않았다 하여 이를 차별이 있는 것으로 보기 어렵다'고 판단하였다.

〈표 1-5〉 공정대표의무 위반의 판단기준

1. 일반적 판단기준
· 교섭대표 노조가 교섭진행과정 또는 단체협약의 이행과정에서 자의적·차별적 또는 불성실하게 교섭대표행위를 하였는지 여부
− 교섭대표 노조가 사전에 공정한 절차에 따라 조합 간 또는 조합원 간의 이해조정을 행하였는지 여부
· 사용자가 조합 간 및 조합원 간에 합리적인 이유 없이 차별하였는지 여부
· 교섭대표 노조 및 사용자가 ① 교섭과정에서 조합 간, 조합원 간의 이익조정을 적정하게 하여 합의하였는지 여부, ② 협약이행 과정에서 조합소속에 관계없이 공정하게 처우하였는지 여부

2. 차별의 존재 여부
· 공정대표의무 위반으로서의 차별은 조합 간 또는 조합원 간에 사실적인 차이가 존재하다는 의미로, 합리적 이유의 판단의 전 단계인 사실적인 차이의 존재 여부를 의미

3. 합리적 이유의 존재 여부
· 실체적 합리성
− 차별적인 상태가 초래하게 된 원인과 차별적인 상태가 지향하는 목적을 고려하여야 함.
− 교섭대표 노조의 교섭결과 임금 등에서 차별적인 대우가 발생하게 된 경우에는 그것이 노조 소속에서 주로 기인한 것인지 업무의 양 또는 질, 노동 강도, 업무의 범위, 업무내용 등 객관적인 이유에서 기인한 것인지를 고려
− 교섭대표 노조와 사용자의 행위에 따라 조합 간 또는 조합원 간의 형식적인 차별이 발생하고 있다고 하더라도 차별적 처우의 실질적 목적이 정당한지 등을 판단
※ 단체교섭에서 조합원이나 노조의 이해는 해당 노사관계의 성격, 사용자의 구체적인 대응방식이나 내용, 교섭대표의 교섭태도에 따라 달라질 수 있음.
▶ 노조 간 또는 조합원 간에 차별적인 상태가 발생하더라도 그러한 이익조정이 합리적 또는 교섭과정에서 불가피하게 이루어진 경우에는 공정대표의무 위반이라고 단정할 수는 없음.
· 절차적 합리성
− 교섭대표 노조가 교섭을 실시하기 전에 관련 노조와 그 조합원의 이해사항이 무엇인지를 사전에 파악하는 절차 여부를 검토
※ 공정한 교섭대표행위를 하였다고 인정하기 위해서는 교섭대표 노조가 사전에 각 노조의 교섭 요구사항을 진지하게 청취하고 교섭에 이를 반영하기 위하여 노력을 하였는지 여부를 검토
▶ 긴급성 등 특단의 사정이 없는 한, 교섭대표 노조는 사용자와 교섭을 구체적으로 진행하기 전에 각 노조에 대하여 교섭 요구사항을 집약하는 절차를 밟아야 함.
▶ 양보와 절충이라는 단체교섭의 상대적·유동적 성격을 고려하면 교섭대표 노조가 각 노조의 교섭 요구사항 전체를 교섭과정에서 사용자에게 요구할 필요는 없음.
− 교섭대표 노조가 교섭과정, 단협운영 과정에서 소수노조에 통지, 설명, 정보제공 등을 성실하게 수행하였는지 여부 등을 판단

> ※ 절차적 합리성 판단에 있어서 교섭과정에서 소수노조의 요구사항을 관철할 수 없었던 것에 대하여 충분한 설명을 하였는지 여부, 소수노조에 대하여 정확한 정보를 알리려고 노력하였는지 여부, 소수 노조에게 정보를 고의로 은닉하였는지 여부 등을 고려하여서 해야 함.
> · 공정대표의무는 절차적·실체적인 면 등을 종합하여 판단하여야 함.
> ※ 개별적인 사건의 판단은 해당 노사관계의 구체적인 제반 상황을 고려하여 종합적으로 판단
>
> **4. 입증책임**
> · 입증책임분배의 대원칙인 법률요건 분류설에 따라 차별의 존재사실에 대해서는 이를 주장하는 신청인 이, 합리적 이유의 존재사실에 대해서는 이를 주장하는 피신청인이 입증책임 부담

자료: 중앙노동위원회, 복수노조 업무 매뉴얼, 179~180면.

(6) 공정대표의무 위반 시정신청서 작성 시 주의사항 및 작성 예

공정대표의무 위반 시정신청서는 <별지 제7호의9 서식>에 의하여 작성하되, 신청 취지 및 이유를 별지로 작성하여 신청 취지에서 동 신청으로 인해서 시정을 받고자 하는 내용을 명확히 언급하는 것이 유리하다. 아래는 공정대표의무 위반 시정신청시 신청취지를 예시한 것이다.

> · 교섭대표노동조합(A노동조합)이 교섭과정에서 소수노조인 B노조의 요구의제 를 합리적인 이유 없이 교섭의제에 포함시키지 않는 경우
>
> → 1. 교섭대표 노조가 교섭과정에서 신청노동조합이 요구한 의제를 단체교섭 요 구의제에 포함시키지 않은 행위는 공정대표의무 위반이다.
> 　 2. 교섭대표 노조는 신청노동조합이 요구한 의제를 단체교섭 의제에 포함시켜라.
>
> · A사와 교섭대표노동조합(A노동조합)이 소수노조인 B노동조합에 비하여 임금 인상에 있어서 높은 임금인상률로 임금합의를 한 경우(교섭대표 노동조합은 생산직, B노동조합은 사무직일 때)
>
> → 1. 이 사건 사용자와 교섭대표 노조가 신청노동조합의 조합원에게 임금인상에 차이를 둔 것은 공정대표 의무 위반이다.
> 　 2. 이 사건 사용자와 교섭대표 노조는 즉시 차별을 시정하고, 이 사건 사용자 는 신청노동조합의 조합원들에게 차별이 없었더라면 지급받을 수 있었던 임금상당액을 즉시 지급하라.
>
> · A사와 교섭대표노동조합(A노동조합)이 합리적인 이유 없이 소수노조인 B노조 에게는 노조사무실을 제공하지 않는 단체협약을 체결한 경우
>
> → 1. 이 사건 사용자와 교섭대표 노조가 신청노동조합에게 조합사무실을 제공하

지 않는 단체협약을 체결한 것은 공정대표의무 위반이다.
2. 이 사건 사용자는 신청노동조합에게도 노동조합 사무실을 제공하라.

• A사와 교섭대표노동조합(A노동조합)이 소수노조인 B노동조합에 대하여 근로
시간면제 한도를 차별적으로 부여하는 합의를 한 경우

→ 1. 이 사건 사용자와 교섭대표 노조 간에 맺은 단체협약 제○조의 근로시간면
제규정은 공정대표 의무 위반이다.
2. 이 사건 사용자와 교섭대표노동조합은 조합원 수에 비례하여 근로시간면제
한도를 부여하도록 재교섭하라.

법 제29조의4(공정대표의무 등)

① 교섭대표노동조합과 사용자는 교섭창구 단일화 절차에 참여한 노동조합 또는 그 조합원 간에 합리적
이유 없이 차별을 하여서는 아니 된다.

② 노동조합은 교섭대표노동조합과 사용자가 제1항을 위반하여 차별한 경우에는 그 행위가 있은 날(단체
협약의 내용의 일부 또는 전부가 제1항에 위반되는 경우에는 단체협약 체결일을 말한다)부터 3개월
이내에 대통령령으로 정하는 방법과 절차에 따라 노동위원회에 그 시정을 요청할 수 있다.

③ 노동위원회는 제2항에 따른 신청에 대하여 합리적 이유 없이 차별하였다고 인정한 때에는 그 시정에
필요한 명령을 하여야 한다.

④ 제3항에 따른 노동위원회의 명령 또는 결정에 대한 불복 절차 등에 관하여는 제85조 및 제86조를 준
용한다.

한편 위와 같은 공정대표 의무 위반 시정신청서를 노동위원회에 제출함에 있
어서는 합리적인 이유 없이 사용자와 교섭대표 노동조합이 차별을 하였다는 내용
을 구체적으로 신청 이유에서 밝히고 그 증거를 첨부하여 입증하여야 한다. 본서
에서는 기업이나 노동조합 관계자들이 쉽게 활용할 수 있도록 별지서식에 의하여
간략한 작성 예를 <부록 1>로 첨부하였다.

2. 교섭창구 단일화 절차

복수노조 사업장에서 노동조합이 사용자와 단체교섭을 하기 위해서는 교섭창구

를 단일화하여야 한다. 이러한 교섭창구 단일화 절차는 노동조합의 교섭 요구 →
사용자의 교섭사실 공고 → 타 노조 참여 → 교섭참여노조 확정 → 자율적 단일
화 → 과반수 노조 대표권 취득 → 자율적 공동교섭단 구성 → 노동위원회의 공
동교섭단 결정 등의 과정을 거치면서 교섭창구를 단일화하게 된다. 이를 그림으
로 나타내면 <그림 1-2>와 같다.

<그림 1-2> 교섭창구 단일화 절차

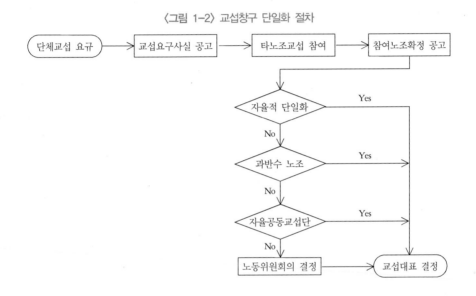

1) 노조의 단체교섭 요구

(1) 단체교섭 요구 시기

복수노조 사업장에서 교섭창구 단일화는 노조의 단체교섭 요구로부터 시작된
다. 단체교섭의 요구 시기는 단체협약 만료일 이전 3개월이 되는 날부터 가능하
다. 여기서 단체협약이란 임금협약, 단체협약 등 그 명칭을 불문하고 노조법상의
단체협약에 해당하는 것을 모두 포함하는 개념이며, 단체협약이 2개 이상 있는
경우에는 먼저 도래하는 단체협약의 만료일을 기준으로 한다.

〈그림 1-3〉

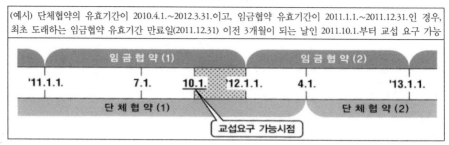

(예시) 단체협약의 유효기간이 2010.4.1.~2012.3.31.이고, 임금협약 유효기간이 2011.1.1.~2011.12.31.인 경우, 최초 도래하는 임금협약 유효기간 만료일(2011.12.31) 이전 3개월이 되는 날인 2011.10.1.부터 교섭 요구 가능

출처: 고용노동부, 사업(장) 단위 복수노조 매뉴얼, 10쪽, 2010.

따라서 복수노조 허용 이전인 2011년 6월 30일에 유효기간 2년으로 하는 단체협약(임금협약 포함)을 기존 노조와 체결하였다면 2011년 7월 1일 이후에 설립된 노조는 단협만료일인 2013년 6월 29일 이전 3개월인 2013년 3월 29일이 되어야만 사용자를 상대로 교섭 요구할 수 있는 것이다.

그러나 우리나라의 경우 임금협약은 1년, 단체협약은 2년을 유효기간으로 하고 있는 것이 대부분이므로 복수노조 시 유효기간이 빨리 도래하는 임금협약을 기준으로 교섭을 요구하는 것은 가능하지만, 이 경우에도 교섭을 요구할 수 있는 대상은 임금협약 만료에 따른 임금과 유효하게 적용되고 있는 기존 단체협약이 규정하고 있지 않는 근로조건 등의 규범적 부분이 의무적 교섭대상인 것이다. 예로 현재 유효하게 적용되고 있는 단체협약에서 근로시간이나 휴가 등에 대하여 규정하고 있다면 이에 대해서는 추가로 교섭대상으로 삼을 수 없는 것이나 단체협약에서 근로조건 중 자녀학자금이나 의료비에 대한 규정이 없다면 이에 대해서는 교섭대상을 삼을 수 있는 것이다.

(2) 단체교섭 요구 자격

교섭 요구는 어느 노조든지 가능하다. 따라서 해당 사업(장)의 근로자가 가입한 노동조합이라면 기업별 노동조합이건 산별·직종별·지역별 노동조합이건 조직형태에 관계없이 교섭을 요구할 수 있다. 다만, 초기업단위 노동조합의 경우에는 해당 사업(장)의 근로자가 조합원으로 가입한 것이 객관적으로 입증되어야 하는데, 해당 기업의 조합원이 초기업단위 노조에 가입한 것이 명백한 자료로는 ▲초기업단위 노조가 해당 기업의 조합원 명부를 첨부하는 경우, ▲근로자가 은행 등 공신력 있는 금융기관을 통하여 해당 노조에 조합비를 납부한 경우, ▲해당 노조와 사용자가 단체협약을 체결한 경우, ▲사용자가 해당 노조에 조합비를 공제해 주고 있는 경우 등이라 할 것이다. 초기업단위 노조(산별 노조나 지역별 노조 등)의 지부나 분회의 경우에는 초기업단위 노조의 지부나 분회가 행정관청에 노조설립신고를 따로 하지 않는 한 교섭 요구 자격이 없다. 따라서 이 경우에는 초기업단위 노조 명의로 사용자에게 교섭 요구하여야 한다.

삼성에버랜드, 복수노조 시행 직전 '노조 알박기?'

복수노조가 허용되기 직전인 지난달 말, 삼성그룹 계열사인 삼성에버랜드에 노조가 설립된 것으로 확인됐다. 노동계에서는 복수노조가 시행되면 무노조를 유지하기 어렵다고 판단한 삼성이 교섭창구 단일화 조항을 악용해 앞으로 2년 동안 이른바 '민주노조'의 활동을 막기 위해 회사 쪽과 가까운 노조 설립을 유도한 것 아니냐는 의혹이 나오고 있다. 7일 고용노동부와 삼성에버랜드의 말을 종합하면, 지난달 20일 삼성에버랜드 노조가 경기도 용인시청에 설립신고를 냈고 같은 달 23일 설립 필증을 받았다. 노조위원장은 단체급식사업부의 차장급 직원이 맡았으며, 조합원 수는 4명으로 파악됐다. 삼성에버랜드는 노동계가 복수노조가 허용되면 노조 깃발을 꽂겠다고 밝힌 '전략 사업장' 가운데 하나다. 민주노총 관계자는 "삼성이 노조 설립이 유력시되는 사업장에 사용자의 입김이 강하게 미치는 이른바 '어용 노조'를 만든 뒤 교섭창구 단일화 절차 규정에 따라 교섭대표권을 선점하는 전략을 구사하는 것 같다"고 말했다. 복수노조 관련 규정을 담고 있는 노동조합 및 노사관계조정법에는 교섭 요구 공고기간(7일)에 교섭참가를 희망하는 다른 노조가 없을 경우 기존 노조가 교섭대표 노조가 되고, 2013년까지 2년간 교섭권을 독점적으로 행사할 수 있도록 돼 있다. 2년 동안 새로운 노조가 만들어져도 단체교섭은 물론 파업도 할 수 없게 되는 것이다. 이런 법 규정에 따라 삼성에버랜드 노조가 회사에 교섭 요구를 했다면 교섭대표 노조 지위를 확보할 가능성이 높다. 에버랜드 관계자는 "새로 생긴 노조가 지난달 말 단체교섭을 요청했다"며 "노조원들의 성향으로 볼 때 회사와 대립적 관계는 아닌 것으로 판단된다"고 말했다. 현재 삼성그룹 계열사에는 약 9곳에 노조가 설립돼 있지만, 노동계는 대부분 '유령 노조(조직은 있지만 활동을 하지 않는 노조)'로 보고 있다. 에버랜드와 마찬가지로 만일 이들 노조가 교섭을 요구했다면 교섭창구 단일화 과정에서 교섭대표 노조가 될 가능성이 높다. 이렇게 되면 앞으로 이들 사업장에 새로운 노조가 생겨도 2년 동안은 사실상 활동이 어렵게 된다. 고용부 자료를 보면, 지난 1일 복수노조가 시행된 뒤 144곳의 사업장에서 노조 설립 신고를 했는데, 이 가운데 삼성 계열사가 포함됐을 가능성도 없지 않다. 민주노총 관계자는 "삼성에서는 노조 설립보다는 회사의 개입에 맞서 제대로 활동할 수 있는 힘 있는 노조를 만드는 것이 중요하다"며 "시간을 두고 노조 설립을 준비하고 있다"고 말했다.

(한겨레 김소연·김재섭 기자 2011.07.07)

한편 사용자가 교섭 요구할 수 있느냐가 문제가 될 수 있다. 단체교섭권 자체가 근로자에게 부여된 노동3권 중의 하나이며, 개정 노조법 제14조의2에서는 단협 만료 이전 3개월이 되는 날로부터 노동조합이 교섭 요구할 수 있도록 규정되어 있으며, 또한 동법 제81조에서 사용자의 단체교섭 거부만을 부당노동행위로 보아 처벌하고 있을 뿐이므로 사용자의 교섭 요구권은 없다. 다만, 복수노조 시행 이전에 대부분의 단체협약에서 노사 양측이 교섭을 요구할 수 있도록 규정을 두고 있으므로 이에 근거하여 노조에게 교섭을 요청하고 이에 노조가 교섭 요구함에 따라 교섭창구 단일화 절차를 진행하면 될 것이다. 물론, 사용자의 교섭 요구에도 불구하고 노조가 단체협약 자동연장조항 등을 이유로 교섭 요구를 하지 않을 것으로 예상된다면 노조법 제32조 제3항에 의거 6개월 전에 단협해지통보를 통해서 기존 단체협약을 해지할 수 있는 것이다. 이 경우 단협해지통보는 사용자와 단체협약을 체결한 교섭대표노동조합에 하면 된다.

(3) 교섭 요구 방법

노동조합이 사용자에게 교섭 요구를 하는 경우에는 노조법 시행령 제14조의2 제2항 및 노조법 시행규칙 제10조의2에 의거 반드시 서면으로 하여야 하며, 서면에는 ▲노동조합의 명칭, ▲대표자의 성명, ▲주된 사무소의 소재지(있는 경우에 한함), ▲교섭을 요구한 날 현재의 조합원 수를 기록하여야 한다.

시행령 제14조의2(노동조합의 교섭 요구 시기 및 방법)

① 노동조합은 해당 사업 또는 사업장에 단체협약이 있는 경우에는 법 제29조 제1항 또는 제29조의2 제1항에 따라 그 유효기간 만료일 이전 3개월이 되는 날부터 사용자에게 교섭을 요구할 수 있다. 다만, 단체협약이 2개 이상 있는 경우에는 먼저 도래하는 단체협약의 유효기간 만료일 이전 3개월이 되는 날부터 사용자에게 교섭을 요구할 수 있다.

② 노동조합은 제1항에 따라 사용자에게 교섭을 요구하는 때에는 노동조합의 명칭, 그 교섭을 요구한 날 현재의 조합원 수 등 노동부령으로 정하는 사항을 적은 서면으로 하여야 한다.

따라서 노동조합이 구두로 교섭 요구를 한다든가, 서면기재사항 중의 일부를 누락했다면 이는 정당한 단체교섭 요구방법이 아니므로 사용자가 노조의 교섭사

실을 공고하지 않는다 하여 법 위반이라 할 수 없다. 노조가 교섭을 요구하되 서면기재사상을 일부 누락했다면 사용자는 보정을 요구한 후 보정이 완료되면 교섭 요구사실을 공고하는 것이 바람직하다.

2) 교섭 요구사실 공고

(1) 공고기간

사용자는 노동조합으로부터 교섭 요구를 받으면 노조법 시행령 제14조의3 및 동법 시행규칙 제10조의3 제1항에 의거 교섭을 요구받은 날로부터 7일간 공고하여야 한다. 공고기간을 산정함에 있어서는 초일을 산입하지 않는 것이 원칙이므로 2012.1.1.에 공고하였다면 2012.1.8.까지 공고하여야 하는 것이다.

> 민법 제157조(기간의 기산점) 기간을 일, 주, 월 또는 년으로 정한 때에는 기간의 초일은 산입하지 아니한다. 그러나 그 기간이 오전 영시부터 시작하는 때에는 그러하지 아니하다.

사용자는 당해 사업장에 하나의 노동조합이 있다고 생각되더라도, 산별 노조 등에 가입한 근로자가 있을 수 있으므로 반드시 교섭 요구사실을 공고하여 교섭 창구 단일화 절차를 거쳐 교섭대표노동조합이 결정되도록 하는 것이 바람직하다. 그러나 해당 사업장에 복수노조가 존재하지 않는 경우에는 노조로부터 교섭 요구 받은 사실의 공고와 같은 창구단일화 절차를 거치지 않고 기존 노조와 교섭을 단행하고 단체협약을 타결하더라도 아무런 문제가 되지 않는다. 이유는 이 같은 창구단일화 절차는 하나의 사업 또는 사업장에 2개 이상의 노동조합이 존재할 경우에 창구단일화 절차를 거치도록 규정한 것이기 때문이다. 그러나 사용자가 모르는 상태에서 제2, 제3의 노동조합이 설립되었을 가능성이 있기에 기존 노조로부터 교섭 요구를 받았다면 교섭 요구사실을 공고함으로써 창구단일화 절차를 거치도록 조치를 취하는 것이 향후 분쟁을 예방하는 길이라 할 것이다.

(2) 공고내용

공고 시에는 노조법 시행령 제14조의3 제1항 및 노조법 시행규칙 제10조의3 제1항에 의거, ▲교섭을 요구한 노동조합의 명칭, ▲대표자 성명, ▲교섭 요구 일자, ▲교섭을 요구하려는 다른 노동조합이 교섭을 요구할 수 있는 기한을 공고하여야 한다.

(3) 공고방법

공고의 방법은 해당 사업장의 모든 근로자들이 볼 수 있는 게시판이 일반적이라 할 것이지만 다른 노동조합이나 근로자가 알 수 있는 방법이라면 사내 전자게시판도 가능하다 할 것이다. 따라서 다수의 사업장이 존재하는 상태에서 일부 사업장에만 노동조합의 교섭 요구사실을 공고하였다면 이는 적법한 공고방법이라고 할 수 없다.

(4) 공고에 대한 시정신청

노동조합은 ▲사용자가 교섭 요구사실을 공고하지 아니하거나, ▲사실과 다르게 공고한 경우에는 노동위원회에 시정을 요청할 수 있으며, 노동위원회는 10일 이내에 결정을 하게 된다. 노조가 교섭을 요구하면서 교섭 시기 및 교섭 장소 등을 명시하지 않았다는 이유로 교섭 요구사실을 공고하지 않은 교섭 요구사실의 공고에 대한 시정 신청한 사건(경남2011교섭13, 2011.10.13)에서 경남지방노동위원회는 '이 사건 노동조합은 이 사건 사용자에게 교섭 요구 시 관련법령에서 정한 필요적 기재사항을 모두 기재하여 교섭 요구하였고, 교섭창구 단일화 절차에 의한 교섭대표노동조합[5]을 결정하기 전에는 교섭 시기, 교섭 장소 등을 명시하여 교섭 요구할 수 없다'는 이유로 시정신청을 이유 있다고 판단한 바 있다.

교섭 요구사실 공고에 대한 시정신청을 할 수 있는 자격은 최초로 사용자에게 교섭을 요구한 노동조합이다.[6]

한편 노동조합의 교섭 요구에 대하여 사용자가 교섭 요구사실 공고를 하지 않

---

5) 노조의 교섭 요구에 대하여 사용자가 교섭 시기나 교섭 장소, 교섭 대상을 명시하지 않았다며 교섭 요구사실을 공고하지 않았던 사건임.

6) 충남2011교섭9~13병합, 2011.11.17.

아 노동조합이 노동위원회에 "교섭 요구사실의 공고에 대한 시정신청"을 하자 뒤늦게 사용자가 수정 공고한 경우에는 '신청의 이익이 없음'을 이유로 각하된다.[7]

또한 사용자는 교섭 요구를 받은 날로부터 7일 동안 공고를 하고 다른 노동조합에 교섭참여 기회를 부여하여야 하는데, 사용자가 공고하면서 '다른 노동조합이 교섭 요구할 수 있는 기한'을 잘못 기재하였다 하여 노동위원회에 시정 신청한 사건(충남2011교섭14, 2011.11.30.)에서 충남지방노동위원회는 '다른 노동조합이 교섭을 요구할 수 있는 기간의 문제는 노동조합이 시정을 요구할 수 있는 사항이 아니다'라며 기각한 바 있다.

노동위원회의 결정이 위법이거나 월권인 경우에 한해 중앙노동위원회에 재심신청이 가능하며, 재심신청기간은 결정서를 받은 날로부터 10일 이내이다. 노동조합이 노동위원회에 교섭 요구사실 공고에 대한 시정신청을 하였다 하더라도 이 기간 동안 사용자는 자율적으로 사실관계를 파악하여 사실이 잘못된 것이 발견되면 수정공고를 할 수 있다.

노동위원회의 결정이 확정된 경우 당사자는 이를 이행하여야 하며 이를 이행하지 않으면 노조법 제90조에 의거 2년 이하의 징역 또는 2천만 원 이하의 벌금에 처해진다.

시행령 제14조의3(노동조합의 교섭 요구사실의 공고)

① 사용자는 노동조합으로부터 제14조의2에 따라 교섭 요구를 받은 때에는 그 요구를 받은 날부터 7일간 그 교섭을 요구한 노동조합의 명칭 등 노동부령으로 정하는 사항을 해당 사업 또는 사업장의 게시판 등에 공고하여 다른 노동조합과 근로자가 알 수 있도록 하여야 한다.

② 노동조합은 사용자가 제1항에 따른 교섭 요구사실의 공고를 하지 아니하거나 다르게 공고하는 경우에는 노동부령으로 정하는 바에 따라 노동위원회에 시정을 요청할 수 있다.

③ 노동위원회는 제2항에 따라 시정 요청을 받은 때에는 그 요청을 받은 날부터 10일 이내에 그에 대한 결정을 하여야 한다.

---

(5) 교섭 요구사실에 대한 시정신청서 작성 시 주의사항 및 작성 예

교섭 요구사실에 대한 시정신청서는 <별지 제7호의2 서식>에 의하여 작성하

---

7) 전남2011교섭4, 2011.10.10.; 경북2011교섭6, 2011.11.18.

되, 신청 취지 및 이유를 별지로 작성하여 신청 취지에서 동 신청으로 인해서 결정을 받고자 하는 내용을 명확히 언급하는 것이 유리하며, 신청 이유에서 사용자에게 교섭 요구를 하였는데도 불구하고 교섭 요구사실을 공지하지 않았다는 내용을 명확히 적시하고 이를 입증하여야 한다. 이를 입증하기 위해서는 최초로 유효기간 만기가 도래하는 단체협약을 첨부하고, 협약만료일 이전 3개월이 되는 날 이후에 교섭을 요구하였음을 증명하는 '교섭 요구 공문'을 첨부하여야 하며, 교섭 요구공문에 필요적 기재사항[▲노동조합의 명칭, ▲대표자의 성명, ▲주된 사무소의 소재지(있는 경우에 한함), ▲교섭을 요구한 날 현재의 조합원 수]이 명확히 기재되었는지를 확인하여야 한다. 또한 사실과 다르게 사용자가 공지한 경우에는 사실과 다른 내용을 적시하고 이를 입증하여야 한다. 본서에서는 기업이나 노동조합 관계자들이 쉽게 활용할 수 있도록 별지서식에 의하여 교섭 요구사실에 대한 시정신청서를 예로 작성하여 첨부하였다.

[별지 제7호의2 서식] 〈신설 2010.8.9.〉

교섭 요구사실의 공고에 대한 시정신청서				처리기간
				10일

신청인	노동조합명칭	백상반도체 노동조합	대표자	홍길동
	소재지	서울시 영등포구 여의도동 35-2번지 (전화번호 02-785-0211)		

피신청인	사업장명	백상반도체(주)	대표자	김사용
	소재지	서울시 영등포구 여의도동 35-2번지 (전화번호 02-785-0210)		

교섭 요구일	2012.1.1.	공고일	미공고

신청 취지 및 이유	별지 기재와 같음

사용자가 「노동조합 및 노동관계조정법 시행령」 제14조의3 제1항에 따른 교섭 요구사실의 공고를 하지 아니하거나 다르게 공고하여 「노동조합 및 노동관계조정법 시행령」 제14조의3 제2항 및 「노동조합 및 노동관계조정법 시행규칙」 제10조의3 제2항에 따라 시정하여 줄 것을 요청합니다.

2012년 1월 2일
신청인: 백상반도체노동조합 위원장 홍길동
위 대리인: 광장노무법인 공인노무사 윤찬성 (인)

서울지방노동위원회 위원장 귀하

첨부자료	1. 사용자에게 교섭을 요구한 서면 사본 2. 사용자가 해당 노동조합이 신청한 내용과 다르게 공고하였다는 사실을 증명할 수 있는 자료

210mm×297mm(신문용지60g/㎡(재활용품))

<별지> 신청 취지 및 이유서

신청 취지

1. 신청인의 2011.1.1. 교섭 요구에도 불구하고 피신청인이 이를 공고하지 아니한 사실을 인정한다.

2. 3피신청인은 이 사건 결정서를 송달받은 날로부터 7일간 신청인이 2011.1.1. 자 교섭을 요구한 사실을 공고하라는 결정을 구합니다.

신청 이유

1. 이 사건 사용자 (주)광장반도체(이하 '피신청인'이라 함)는 서울시 영등포구 여의도동 35-2번지에 주사무소를 두고 이천과 청주에 공장을 두고 있으며, 신청인(이하 '신청노조'라 함)은 피신청인 서울 본사 사무직원을 조직대상으로 2011.7.1. 설립된 조합원 500명의 기업별 노동조합입니다.

2. 피신청인의 사업장에는 신청노조 외에도 이천 공장의 생산직직원을 대상으로 한 약 6,000명 조합원의 이천 노조와 청주 공장의 생산직 직원들을 대상으로 한 약 5,000명 조합원의 청주 노조가 존재하고 있습니다.

[노 제1호증, 노조설립신고증]

3. 신청인은 피신청인에게 피신청인 사업장에 존재하는 노조와 체결한 단체협약 중 2012.3.31.에 협약이 만료되는 단체협약을 기준으로 2012.1.1.에 단체교섭 요구를 하였으나, 피신청인은 아무런 이유 없이 교섭 요구사실을 공고하지 않았습니다.

[노 제2호증, 단체협약 사본]

[노 제3호증, 단체협약 요구 공문]

4. 노동조합 및 노동관계조정법 시행령 제14조의2 제1항에는 하나의 사업장에 유효기간 만료일 이전 3개월이 되는 날부터 사용자에게 교섭 요구할 수 있다고 규정하고 있는바, <노 제2호증> 단체협약에서 확인되는 바와 같이 단체협약의 만료일이 2012.3.31.이므로 협약만료일 이전 3개월이 되는 날은 2012.1.1.이므로 2012.1.1. 신청인의 교섭 요구는 정당하다 할 것입니다.

5. 한편 교섭을 요구함에 있어서는 동 시행령 제14조의2항 및 시행규칙 제10조의2에 의거 교섭을 요구한 노동조합의 명칭 및 대표자의 성명, 주된 사무소의 소재지, 조합을 요구한 날 현재의 조합원 수를 기록한 서면으로 하도록 규정하고 있는바, 당 노조가 요구한 <노 제3호증> 교섭 요구한 공문에서 확인되는 바와 같이 교섭 요구하면서 노동조합의 명칭, 대표자의 성명 및 사무소의 소재지를 기록하였음은 물론 교섭을 요구한 2012.1.1. 현재 500명의 조합원임을 기록한 서면으로 교섭 요구하였으므로 법령이 요구하는 필요적 기재사항도 모두 기재하였습니다.

그렇다면 피신청인은 즉시 교섭 요구사실을 공고하여야 함에도 이를 공고하지 아니하였음이 명백하므로 신청 취지와 같은 결정을 구합니다.

입증 방법

1. 노 제1호증, 노동조합 설립신고증
1. 노 제2호증, 단체협약 사본
1. 노 제3호증, 교섭 요구공문

첨부 서류

1. 위 입증 방법 각 1부
2. 위임장 사본
3. 이의신청서 부분 1부

2012. 1. 2.

위 백상방도체 노동조합의 대리인

공인노무사 윤찬성 (서명 또는 인)

3) 타 노조의 교섭 참여

(1) 타 노조의 교섭참여 시기

사용자가 교섭 요구사실을 공고하면, 해당 사용자와 교섭하려는 다른 노동조합은 공고기간 내에 사용자에게 교섭을 요구하여야 한다. 교섭 요구의 시기는 공고기간 내(공고일로부터 7일 이내)이어야 하며, 해당 공고기간 동안 교섭을 요구하지 않는 경우에는 교섭창구 단일화 절차에 참여할 수 없다. 따라서 사용자와 교섭하고자 하는 노동조합은 사용자의 교섭 요구사실 공고기간에 교섭 요구하여야 한다.

시행령 제14조의4(다른 노동조합의 교섭 요구 시기 및 방법)

　노동조합으로부터 제14조의2에 따라 사용자에게 교섭을 요구한 노동조합이 있는 경우에 사용자와 교섭하려는 다른 노동조합은 제14조의3 제1항에 따른 공고기간 내에 제14조의2 제2항에 따른 사항을 적은 서면으로 사용자에게 교섭을 요구하여야 한다.

---

(2) 타 노조의 교섭참여 방법

다른 노조도 창구단일화 절차에 참여하기 위해서는 노조법 시행령 제14조의4 및 노조법 시행규칙 제10조의2에 의거 ▲노동조합의 명칭, ▲대표자의 성명, ▲주된 사무소의 소재지(사무소가 있는 경우에 한함), ▲교섭 요구한 날 현재의 조합원 수를 기재한 서면으로 교섭요구 하여야 한다.

이 같은 내용은 필요적 사항이므로 서면으로 교섭 요구를 하지 않는다든가 기재사항을 누락하였다면 정당한 교섭 요구로 인정되지 아니한다.

4) 교섭 요구 노조 확정 공고

사용자는 교섭 요구사실에 대한 공고기간 동안 창구단일화 절차에 참여한 노동조합을 확정한 후 이를 공고하여야 한다. 교섭 요구 노동조합의 확정은 공고기간 동안에 교섭 요구한 적법한 노동조합만을 대상으로 하는 것이다. 따라서 노동조합이라는 명칭을 쓰되 설립신고증을 교부받지 못한 노동조합은 교섭 요구 노동조합 확정대상에서 배제된다. 한편 산별 노조나 지역노조의 지부나 분회가 교섭요구를 한 경우에는 교섭권한은 해당 노조에게 있기에 지부나 분회가 교섭권을 위임받거나 별도의 설립신고를 하지 않는 한 교섭 요구 노동조합 확정대상에서 배제된다.

(1) 공고기간

확정공고기간은 노조법 시행령 제14조의5 제1항에 의거 교섭 요구사실에 대한 공고기간이 끝난 다음 날부터 5일간 공고하여야 한다. 따라서 2012.1.8.로 교섭 요구사실 공고가 끝났다면 2012.1.9.부터 2012.1.14.까지 공고하여야 한다.

〈그림 1-4〉 교섭 요구노조 확정 공고문 (예시)

교섭요구 노동조합의 확정 공고문

「노동조합 및 노동관계조정법 시행령」 제14조의5 제1항의 규정에 따라 2011. 10. 1.~10. 8. 교섭요구 사실에 대한 공고기간 중 우리 회사에 교섭을 요구한 노동조합에 대하여 아래와 같이 공고합니다.

－아래－

○ 공고기간: 2011. 10. 9.~2011. 10. 14.

○ 교섭 요구 노동조합

교섭 요구 노동조합의 명칭	○○사 노동조합	○○노조 ○○사 지회	○○지역노조 ○○사 지부
교섭요구 노동조합 대표자	△△△	○○○	◇◇◇
교섭을 요구한 일자	2011. 10. 1.	2011. 10. 6.	2011. 10. 7.
조합원수(교섭요구일 현재)	170명	80명	50명

○ 공고내용이 노동조합이 제출한 내용과 다르게 공고되거나 공고되지 않은 경우에는 공고기간 중에 회사(참조: 노사협력팀)로 이의을 신청하여 주시기 바랍니다.

2011. 10. 9.

○○사 대표이사 ◇◇◇

자료: 고용노동부, 사업(장) 단위 복수노조 매뉴얼, 15면, 2010.

(2) 공고내용 및 공고방법

공고 시에는 노조법 시행규칙 제10조의4 제1항에 의거 ▲교섭 요구 노동조합의 명칭과 대표자 성명, ▲각각 교섭을 요구한 날짜, ▲교섭을 요구한 날 현재의 조합원 수, ▲공고내용이 노동조합이 제출한 내용과 다르게 공고되거나 공고되지 아니한 경우에 공고기간 중에 사용자에게 이의를 신청할 수 있다는 사실 등의 내용을 포함하여 공고하여야 하며, 공고방법은 교섭 요구사실에 대한 공고와 같이 사업장 내 전 근로자나 노조가 볼 수 있는 게시판이나 사내 인트라넷에 공고하면 된다. 참고로 교섭 요구 노동조합의 확정공고문을 예시하면 <그림 1-4>와 같다.

(3) 확정공고에 대한 시정신청

사용자의 교섭 요구 노조 확정공고에 대해 이의가 있는 노동조합은 공고기간 중에 이의를 제기할 수 있다(노조법 시행령 제14조의5 제2항). 이의제기는 자신이 제출한 내용(노동조합의 명칭, 대표자의 성명, 소재지, 조합원 수)이 다르게 공고되거나 공고되지 아니한 경우에 제기할 수 있는 것이고, 다른 노조의 공고내용이 사실과 다르게 공고된 경우에는 이의신청을 할 수 없다.

사용자는 노동조합의 이의신청이 타당하다고 인정되는 경우에 확정공고일이 끝난 날부터 5일간 수정내용을 공고하고, 이의를 제기한 노동조합에 그 사실을 통지하여야 한다(노조법 시행령 제14조의5 제3항).

사용자에 대한 이의신청에도 불구하고 사용자가 그에 따른 조치를 하지 않는 경우(▲사용자가 이의 신청내용을 공고하지 않는 경우, ▲사용자가 해당 노동조합이 신청한 내용과 다르게 공고를 한 경우)에 노조법 시행령 제14조의5 제4항에 의거 해당 노동조합은 노동위원회에 시정을 요청할 수 있다. 노동위원회에 시정신청할 수 있는 기간은 공고기간이 끝난 날로부터 5일 이내이다. 따라서 교섭 요구사실에 대한 확정공고에 대하여 사용자에게 이의신청을 하지 않은 경우에 노동위원회에 시정 신청을 할 수 없는 것이다.

전북지방노동위원회는 전북택시일반노동조합이 A교통을 상대로 교섭 요구 노동조합 확정공고에 대한 시정신청 사건(전북2011교섭3, 2011.7.29.)에서 전북택시일반노동조합이 A교통에 교섭 요구를 하였음에도 불구하고 전북택시일반노동조합을 확정공고에서 배제하고 회사 내 존재하는 D노조만 교섭 요구노조로 확정공고한 것에 대하여 신청노동조합의 주장을 인정하여 회사 측에 5일간 확정공고하라고 결정한 바 있다. 한편 서울지노위는 설립신고증을 교부받기 전의 노동조합은 교섭창구 단일화 절차에 참여할 자격이 없다는 이유로 교섭 요구 노동조합 확정공고대상에서 배제한 것은 정당하다고 결정한 바 있다(서울2011교섭1, 2011.7.26.).

노동위원회에 확정공고에 대한 시정신청을 하는 경우에는 별지 시정신청서에 나와 있는 바와 같이 ▲사용자에게 이의를 신청한 서류 사본, ▲사용자가 해당 노동조합이 신청한 내용과 다르게 공고했다는 사실을 증명할 수 있는 자료를 첨부하여야 한다.

시정을 요청받은 노동위원회는 시정요청을 받은 날로부터 10일 이내에 사실관계를 조사하여 교섭 요구 노동조합에 대한 확정 결정을 하여야 한다. 노동위원회의 결정에 이의가 있는 경우에 해당 노동조합은 지방노동위원회의 결정서를 송달받은 날로부터 10일 이내에 중앙노동위원회에 재심을 신청할 수 있으며, 중앙노동위원회의 재심결정서를 송달받은 날로부터 15일 이내에 행정소송을 제기할 수 있다. 그러나 노동위원회의 결정에 이의제기할 수 있는 경우는 노조법 제29조의2 제7항에 의거 중재재정의 불복 절차에 관한 규정을 준용하도록 규정되어 있기에 노동위원회의 결정이 "위법이거나 월권"인 경우에 한한다. 노동위원회의 결정이나 재심결정이 확정된 경우에는 당사자는 이에 따라야 하며, 이를 위반할 시에는 노조법 제90조에 의거 2년 이하의 징역 또는 2천만 원 이하의 벌금에 처해진다.

교섭 요구 노동조합의 확정에 대한 지방노동위원회의 결정이나 중앙노동위원회의 재심결정은 그에 대한 불복에도 불구하고 재심 절차 또는 행정소송에서 취소되지 않는 한 노조법 제29조의2 제7항, 제70조 제2항에 의거 효력이 인정된다. 따라서 노사당사자는 상급심에서 취소되기 전까지 교섭창구 단일화 절차를 진행하여야 한다.

교섭 요구 노동조합의 확정에 따라 확정된 노동조합만이 교섭창구 단일화 절차에 참여할 수 있으며(노조법 제29조의2), 교섭대표노동조합이 사용자와 체결한 단체협약의 적용을 받을 수 있다(노조법 제29조 제2항). 또한 쟁의행위 시에도 확정된 교섭 요구 노동조합 전체 조합원 과반수의 찬성으로 쟁의행위를 의결하여야 하며(노조법 제41조 제1항), 공정대표 의무 위반의 시정신청을 할 수 있다(노조법 제29조의4). 따라서 교섭창구 단일화 절차에 참여하지 않은 노동조합은 사용자와 단체협약 체결하는 것이 허용되지 않으며, 노동위원회에 조정신청이나 쟁의행위를 할 수 없는 등 교섭권과 쟁의권에 제약을 받게 된다.

(4) 시정신청서 작성 시 주의사항 및 작성 예

노동위원회에 시정신청서는 <별지 제7호의3 서식>에 의하여 작성하되, 신청 취지 및 이유를 별지로 작성하여 신청 취지에서 동 신청으로 인해서 결정을 받고

자 하는 내용을 명확히 언급하는 것이 유리하며, 신청 이유에서 사용자의 교섭 요
구사실에 대한 확정공고에 대하여 이의신청을 했다는 사실을 적시하고 이의신청
했던 서면을 증거로 첨부하여야 한다. 특히 사용자가 노동조합의 확정공고에 대
한 이의신청에도 불구하고 이를 수정하여 공고하지 않거나 다르게 공고를 한 경
우에는 공고내용이 사실과 다르다는 내용을 주장하고 이를 증거로 입증하여야 한
다. 조합원 수가 사실과 다르다면 확정공고일 현재의 조합원명부나 조합가입원서
또는 회사로부터 조합비 체크오프 명단 등을 교부받아 첨부하는 것이 좋다. 본서
에서는 기업이나 노동조합 관계자들이 쉽게 활용할 수 있도록 별지서식에 의하여
시정신청서를 예로 작성하여 <부록 2>에 첨부하였다.

5) 자율적 단일화

(1) 자율적 단일화 방법

교섭 요구 노동조합이 확정이 되면, 확정된 교섭 요구 노동조합이 복수일 경우
에 교섭창구를 단일화하여야 한다. 즉 확정된 교섭 요구 노동조합들이 자율적으
로 교섭대표단을 정하여 사용자에게 교섭 요구를 하여야 한다. 자율적으로 교섭
대표단을 구성하도록 규정되어 있으므로 조합원 수에 따른 비율로 구성하건 다수
의 조합원을 가진 노동조합을 교섭대표단으로 정하건 이에 대한 제한이 없다.

또한 교섭위원 수에 대한 제한이 없기 때문에 노사 간에 교섭위원 수의 균형을
맞추기 위해서는 사전에 노사 간 교섭위원 수에 대한 합의를 하는 것이 필요하다.
그렇지 않을 경우 극단적으로 볼 때 사용자 측 교섭위원은 10명임에도 근로자 측
교섭위위원은 30명인 경우도 발생할 수 있는 것이다.

법 제29조의2(교섭창구 단일화 절차)

② 교섭대표노동조합 결정 절차(이하 "교섭창구 단일화 절차"라 한다)에 참여한 모든 노동조합은 대통령령으로 정하는 기한 내에 자율적으로 교섭대표노동조합을 정한다.

시행령 제14조의6(자율적 교섭대표 노동조합의 결정 등)

① 제14조의5에 따라 교섭을 요구한 노동조합으로 확정 또는 결정된 노동조합은 법 제29조의2 제2항에 따라 자율적으로 교섭대표노동조합을 정하려는 경우에는 제14조의5에 따라 확정 또는 결정된 날부터 14일이 되는 날을 기한으로 하여 그 교섭대표노동조합의 대표자, 교섭위원 등을 연명으로 서명 또는 날인하여 사용자에게 통지하여야 한다.

② 사용자에게 제1항에 따른 교섭대표노동조합의 통지가 있은 이후에는 그 교섭대표노동조합의 결정 절차에 참여한 노동조합 중 일부 노동조합이 그 이후의 절차에 참여하지 않더라도 법 제29조 제2항에 따른 교섭대표노동조합의 지위는 유지된다.

교섭대표노동조합을 자율적으로 결정하기로 하였다면, 창구단일화에 참여한 모든 노동조합은 교섭대표노동조합의 대표자, 교섭위원 등을 연명으로 서명 또는 날인하여 사용자에게 통지함으로써 교섭대표노동조합이 확정된다. 따라서 A, B, C 3개 노조에 1,000명의 조합원을 가진 회사에서 A, B노조가 자율적 교섭창구 단일화에 합의를 했음에도 불구하고 10명의 조합원을 가진 C노조가 자율적 교섭창구 단일화에 반대한다면 자율적 교섭창구 단일화는 불가능하게 되는 것이다.

(2) 자율적 단일화 기간

자율적으로 교섭대표노동조합을 결정할 수 있는 기간은 교섭 요구 노동조합이 확정된 후 14일 이내이다.

(3) 자율적 단일화의 효과

자율적 단일화 이후에 일부 노동조합이 탈퇴하거나 불참하더라도 교섭대표노동조합의 지위는 그대로 유지되므로(노조법 시행령 제14조의6 제2항), 이탈한 노동조합에 대해서도 교섭대표노동조합이 체결한 단체협약이 적용되며, 쟁의행위 찬반투표 시에도 이탈한 노동조합의 조합원 수를 포함한 교섭창구 단일화 절차에 참여한 전체조합원의 과반수로 결정되어야 한다. 한편 교섭대표노동조합 결정 이후에 이탈한 노조는 사용자에게 교섭을 요구할 수 없으며, 또한 독자적으로 쟁의 행위를 할 수도 없다.

6) 과반수 노조에게 대표권 부여

(1) 과반수 노조의 의미

자율적 창구단일화에 실패하면 다음 단계로 과반수 노동조합에게 대표권이 부여된다. 과반수 노동조합이란 해당 사업(장) 전체 근로자의 과반수로 조직된 노동조합을 의미하는 것이 하니라, 창구단일화 절차에 참여한 노동조합 전체 조합원 수의 과반수를 의미하는 것이다(노조법 시행령 제14조의7 제1항). 교섭단위를 사업장으로 분리했을 경우에는 교섭단위가 분리된 해당 사업장에서 창구단일화 절차를 거쳐야 하므로 분리된 사업장의 교섭창구 단일화 절차에 참여한 노동조합 전체 조합원 수의 과반수를 의미하는 것이다. 따라서 현행 노조법상 과반수 노조가 존재할 경우 소수 노조의 교섭권은 심각하게 제한[8]되는 결과를 초래하여 조합원 수 확보를 위한 조직간 경쟁이 촉발될 수 있다.

해당 사업(장)에 과반수 노동조합이 없다면, 위임이나 연합의 방법으로 전체 조합원의 과반수가 되는 경우에도 과반수 노동조합으로 인정된다. 여기서 위임이란 노조법 제29조 제3항에 의거 특정노동조합에게 교섭권을 위임하는 것을 의미하며, 연합이란 2개 이상의 노동조합이 교섭대표권을 획득하기 위해 하나의 노동조합인 것으로 의제하기 위한 노동조합 간의 계약을 의미하는 것이다. 복수노조 시에 소수 노조가 다수 노조와 위임·연합 등의 방법으로 과반수 노조의 지위를 인정받거나 적어도 교섭위원을 참여할 수 있다는 점에서 빈번히 활용될 것으로 예상된다.

---

[8] 따라서 이 점을 이유로 헌법상 보장된 노동3권에 대한 침해라며 위헌을 주장하기도 한다.

<그림 1-5> 과반수 노조에 대한 공고문 (예시)

과반수 노동조합에 대한 공고문

2011.10.15. ○○노동조합이 과반수 노동조합임을 통지하였는 바 「노동조합 및 노동관계조정법 시행령」 제14조의 7 제2항에 따라 그 사실을 아래와 같이 공고합니다.

○ 과반수 노동조합: ○○ 노동조합
○ 대표자: 노조위원장 △△△
○ 확정된 교섭요구 노동조합의 전체 조합원 수: 300명
○ ○○ 노동조합의 조합원 수: 170명
○ 공고기간: 2011.10.15~2011.10.20.

이 공고에 대하여 이의가 있는 노동조합은 공고기간(2011.10.15~2011.10.20.)내에 노동위원회에 이의를 신청할 수 있으며, 같은 기간 내에 이의를 신청하는 노동조합이 없는 경우에는 관련법에 의거 ○○사 노동조합이 과반수 노동조합으로서 교섭대표 노동조합으로 확정됨을 알려드립니다.

2011. 10. 15.

○○사 대표이사 ◇◇◇

출처: 고용노동부, 사업(장) 단위 복수노조 매뉴얼, 23쪽, 2010.

(2) 과반수 노조의 통지

과반수 노동조합 또는 위임·연합 등의 방법으로 과반수 노동조합의 지위에 있는 노동조합은 자율적 단일화 기일이 만료되는 날로부터 5일 이내에 이를 사용자에게 통지하여야 하며, 통지 시에는 노조법 시행령 제14조의7 제1항에 의거 ▲노동조합의 명칭, ▲노동조합의 대표자, ▲과반수 노동조합이라는 사실 등을 통지하여야 한다.

(3) 과반수 노조 공고 및 교섭대표 노조 확정

과반수 노동조합임을 통지받은 사용자는 그 통지를 받은 날로부터 노조법 시행령 제14조의7 제2항에 의거 그 내용을 5일간 공고하여 다른 노동조합과 근로자가 알 수 있도록 하여야 한다. 과반수 노동조합의 공고 예시는 <그림 1-5>와 같다.

이 같은 사용자의 공고에 대하여 이의가 없는 경우에는 공고된 노동조합이 교섭대표 노조로 확정된다.

과반수 노조가 교섭대표노동조합으로 확정된 이후 노동조합의 탈퇴 등으로 과반수에 미달하더라도 교섭대표 노조의 지위는 유지된다.

법 제29조의2(교섭창구 단일화 절차)

③ 제2항에 따른 기한 내에 교섭대표노동조합을 정하지 못하고 제1항 단서에 따른 사용자의 동의를 얻지 못한 경우에는 교섭창구 단일화 절차에 참여한 노동조합의 전체 조합원 과반수로 조직된 노동조합(2개 이상의 노동조합이 위임 또는 연합 등의 방법으로 교섭창구 단일화 절차에 참여한 노동조합 전체 조합원의 과반수가 되는 경우를 포함한다)이 교섭대표노동조합이 된다.

---

(4) 과반수 노조 공고에 대한 이의신청

과반수 노동조합 공고에 이의가 있는 노동조합은 노조법 시행령 제14조의7 제3항에 의거 공고기간 내에 노동위원회에 이의를 제기할 수 있으며, 이의 신청을 받은 노동위원회는 교섭창구 단일화 절차에 참여한 모든 노동조합과 사용자에게 이의신청 사실을 통지하고 조합원 수 등을 조사하여야 한다. 과반수 노동조합에 대한 이견이 있다는 이유 등으로 사용자가 공고 자체를 하지 않는 경우에도 노동조합은 노동위원회에 이의신청을 할 수 있으며, 사용자가 교섭을 거부·해태할 목적으로 공고를 하지 않은 경우에는 단체교섭 거부의 부당노동행위에 해당될 수 있다.

〈표 1-6〉 과반수 노조에 대한 이의 신청 시 첨부해야 할 서류

노조에게 요구하는 서류	사용자에게 요구하는 서류
· 조합원 명부(조합원 서명 또는 날인이 있는 것으로 한정한다) 또는 노동조합 가입원서 · 조합비 납부 증명서 · 노동조합 규약 사본 · 단체협약이 있는 경우에는 단체협약 사본 · 그 밖에 해당 노동조합의 조합원임을 증명할 수 있는 서류	· 근로자 명부 · 조합비를 임금에서 공제하는 경우에 공제대상 근로자 명단과 해당 노동조합의 명칭 · 단체협약이 있는 경우에는 단체협약 사본 · 그 밖에 해당 교섭단위에 소속된 근로자임을 증명할 수 있는 서류

이의신청은 노조법 시행규칙 <별지 제7호의4 서식>에 의한 "과반수 노동조합에 대한 이의 신청서"를 작성하여 노동위원회에 제출하면 되고, 노동위원회는 접수받은 날로부터 10일 이내에 과반수 여부를 조사/결정하여 노동조합과 사용자에게 통지하여야 한다.

시행령 제14조의7(과반수 노동조합의 교섭대표 노동조합 확정 등)

① 법 제29조의2 제2항 및 이 영 제14조의6에 따른 교섭대표노동조합이 결정되지 못한 경우에는, 법 제29조의2 제2항에 따른 교섭창구 단일화 절차에 참여한 모든 노동조합의 전체 조합원 과반수로 조직된 노동조합(2개 이상의 노동조합이 위임 또는 연합 등의 방법으로 교섭창구 단일화 절차에 참여하는 노동조합 전체 조합원의 과반수가 되는 경우를 포함한다. 이하 "과반수 노동조합"이라 한다)은 제14조의6 제1항에 따른 기한이 만료된 날부터 5일 이내에 사용자에게 노동조합의 명칭, 대표자 및 과반수 노동조합이라는 사실 등을 통지하여야 한다.

② 사용자가 제1항에 따라 과반수 노동조합임을 통지받은 때에는 그 통지를 받은 날부터 5일간 그 내용을 공고하여 다른 노동조합과 근로자가 알 수 있도록 하여야 한다.

③ 제2항에 따라 공고된 과반수 노동조합에 대하여 그 과반수 여부에 대한 이의를 제기하려는 노동조합은 제2항에 따른 공고기간 내에 노동부령으로 정하는 바에 따라 노동위원회에 이의 신청을 하여야 하며, 이의 신청이 없는 경우에는 그 과반수 노동조합이 교섭대표노동조합으로 확정된다.

④ 노동위원회는 제3항에 따른 이의 신청을 받은 때에는 교섭창구 단일화 절차에 참여한 모든 노동조합과 사용자에게 통지하고, 조합원 명부(조합원의 서명 또는 날인이 있는 것으로 한정한다) 등 노동부령으로 정하는 서류를 제출하게 하거나 출석하게 하는 등의 방법으로 조합원 수에 대하여 조사·확인하여야 한다.

⑤ 제4항에 따라 조합원 수를 확인하는 경우의 기준일은 제14조의5 제1항에 따라 교섭을 요구한 노동조합의 명칭 등을 공고한 날로 한다.

과반수 노동조합 공고에 대한 이의신청이 노동위원회에 접수되었을 때, 과연 과반수 노동조합이 맞는지를 판단하여야 하는데, 이때 조합원 수의 산정기준일은 교섭 요구 노동조합 확정 공고일을 기준으로 한다(노조법 시행령 제14조의7 제5항). 이는 노조가 교섭 요구할 경우 교섭 요구하는 날 현재의 조합원 수를 기록하도록 규정되어 있어 교섭 요구 노조 확정공고일 현재의 조합원 수와 차이가 발생할 수 있다. 즉, 교섭 요구 노조 확정공고문상의 조합원 수는 개별노조가 교섭창구 단일화 과정에 참여하기 위하여 사용자에게 교섭 요구 신청하는 날 현재의 조

합원 수이다. 따라서 교섭창구 단일화 과정에 교섭참여 신청한 이후에 적극적인 조직 확대를 통해 조합원의 추가확보가 가능하므로 조합원 수에 대한 다툼 발생 소지를 높여 주는 규정이다. 따라서 본 규정은 최초 교섭 요구 노동조합이 교섭 요구한 날을 기준으로 개정되는 것이 바람직하다 할 것이다.

복수노조가 설립되면서 기존노조에서 탈퇴하면서 신규노조에 가입하는 경우 기존노조가 탈퇴서를 수리하지 않는 경우 조합원 수 계산에 다툼이 있을 수 있다. 이 경우 조합원이 탈퇴서를 노동조합에 제출한 때(우편발송 등인 경우에는 노조에 탈퇴서가 도달한 때)에 탈퇴의 효력이 발생한다(노조 68207-806, 2001.7.19.; 노조 01254-43, 1999.9.27.).

노동위원회는 과반수 노조 공고에 대한 이의신청사건을 처리하면서 조합원을 확인할 수 있는 서류를 요구하는바, 노동위원회가 요구하는 서류는 노조법 시행 규칙 제10조의5 제2항에 의거 <표 1-6>과 같다.

또한 조합원이 2개 이상의 노동조합에 중복 가입한 경우에는 가입 조합 수에 비례하여 산정하되, 이에 대한 자세한 내용은 본 절 3.2) 중복가입의 문제에서 상술하기로 한다.

한편 노동위원회의 과반수 노동조합 결정에 대한 불복은 중재재정의 불복 절차를 준용한다. 따라서 위법하거나 월권인 경우에 한하여 재심신청이나 행정소송을 제기할 수 있다. 노동위원회의 결정이 확정된 경우 당사자는 이를 이행하여야 하며 이를 이행하지 않으면 노조법 제90조에 의거 2년 이하의 징역 또는 2천만 원 이하의 벌금에 처해진다.

(5) 과반수 노조에 대한 이의신청서 작성 시 주의사항 및 작성 예

과반수노조에 대한 이의신청서는 <별지 제7호의4 서식>에 의하여 작성하되, 신청 취지 및 이유를 별지로 작성하여 신청 취지에서 동 신청으로 인해서 결정을 받고자 하는 내용을 명확히 언급하는 것이 유리하며, 신청 이유에서 사용자의 과반수노조에 대한 공고가 사실과 다르다는 내용을 적시하고 이를 증거로 입증하여야 한다. 특히, 이의신청서를 노동위원회에 제출함에 있어서는 노조법 시행규칙 제10조의5 제2항에서 요구하는 서류를 첨부하여야 한다. 본 서에서는 기업이나 노동조합 관계자들이 쉽게 활용할 수 있도록 별지서식에 의하여 이의신청서를 예로 작성하여 첨부하였다.

과반수 노동조합에 대한 이의신청서				처리기간
				10일

신청인	노동조합명칭	백상반도체 노동조합	대표자	홍길동
	소재지	서울시 영등포구 여의도동 35-2번지 (전화번호 02-785-0211)		

사용자	사업장명	백상반도체(주)	대표자	김사용
	소재지	서울시 영등포구 여의도동 35-2번지 (전화번호 02-785-021◑)		

이의제기 대상 과반수 노동조합	명칭	량장반도체노동조합1	조합원 수	2,500명

신청 취지 및 이유	벽지 기재와 같음

사용자가 「노동조합 및 노동관계조정법 시행령」 제14조의7 제2항에 따라 공고한 과반수 노동조합에 대하여 「노동조합 및 노동관계조정법」 제29조의2 제6항, 같은 법 시행령 제14조의7 제3항 및 같은 법 시행규칙 제10조의5에 따라 위와 같이 이의를 신청합니다.

2012년 1월 20일
신청인: 백상반도체노동조합 위원장 홍길동
위 대리인: 량장노무법인 공인노무사 윤찬성(인)

서울지방 노동위원회 위원장 귀하

첨부자료	과반수 노동조합에 대한 이의신청 내용을 증명할 수 있는 자료

210mm×297mm(신문용지60g/㎡(재활용품))

<별지> 신청 취지 및 이유서

신청 취지

1. 이 사건 사용자가 광장반도체노동조합1을 과반수 노조로 공고한 것은 부당하다.

2. 이 사건 사용자는 과반수 노조 공고를 취소하라는 결정을 구합니다.

신청 이유

1. 이 사건 당사자 기록 및 다른 노조 존재 사실 기록

    <생략>

2. 신청인은 피신청인의 교섭 요구사실공고에 따라 2012. 2. 1. <노 제1호증>과 같이 교섭 요구하였고, 피신청인은 2012. 2. 10. <노 제2호증>과 같이 교섭 요구노조 확정공고를 하였습니다.

<피신청인의 확정공고내용>

구분	신청인 노조	광장반도체노조1	광장반도체노조2
대표자	홍길동	임꺽정	장길산
교섭 요구 날짜	2012.1.1.	2012.1.4.	2012.1.5.
조합원 수	400명	2,500명	2,000명

[노 제1호증, 단체협약 요구 공문]

[노 제2호증, 교섭 요구노조 확정 공고문]

4. 이에 신청인은 신청 외 노조1과 신청 외 노조2에게 피신청인과 교섭할 교섭대표단을 구성하자고 제의하였으나, 신청 외 노조1은 이러한 요구를 거절한 후 자율적 단일화 기일이 만료된 후에 과반수 노조임을 통지하자 피신청인은 2012. 2. 25. 신청 외 노조 1을 과반수 노조로 확정공고하였습니다.

[노 제3호증, 과반수 노조 확정 공고문]

5. 그러나 피신청인의 이 같은 공고는 사실관계를 제대로 파악하지 않은 부당한 조치입니다. 그 이유는 아래와 같습니다.

1) 신청인이 피신청인에게 교섭 요구를 낳인 2012. 1. 1. 현재의 조합원은 400명이었으나, 피신청인인 교섭 요구노조를 확정한 낳인 2012. 1. 9. 현재는 <노 제4호증> 조합원 명부 및 <노 제5호증> 조합가입원서에서 알 수 있는 바와 같이 조합원이 증가하여 500명입니다.

[노 제4호증, 조합원명부]

[노 제5호증, 조합가입원서]

2) 2012. 1. 2. 이후 신규로 신청인 노조에 가입한 조합원들의 가입 전 소속 노조를 확인해 본 결과 신청 외 노조1에서 70명, 신청 외 노조2에서 20명, 무소속이 10명으로 나타났습니다. 즉 신청인 노조에 가입한 신규조합원 대다수인 70명이 신청 외 노조1에 소속되었던 조합원들입니다. 따라서 신청 외 노조1에 추가로 가입한 노조원이 없다면 신청 외 노조1의 조합원은 적어도 2,500명보다 70명이 적은 2,430이라고 판단할 수 있습니다.

3) 신청 외 노조1에서 탈퇴서를 수리하지 않았다고 주장할 수도 있으나, 〈노 제6호증〉 탈퇴내용증명우편에서 확인되는 바와 같이 신청인 노조에 가입한 70명은 내용증명으로 탈퇴서를 신청 외 노조1에 접수하였으며, 탈퇴의 효력은 노조의 수리 여부와 관계없이 탈퇴서가 노조에 도달한 날에 효력이 미친다는 해석(노조 68207-806, 2000. 7. 19.)을 볼 때 중복가입을 주장할 수도 없는 것입니다.

[노 제6호증, 탈퇴내용증명우편]

6. 이와 같이 피신청인의 교섭 요구노조 확정공고일 현재의 총 조합원 4,910(신규 10명 추가)명 중 신청 외 노조1이 약 2,430명, 신청 외 노조2가 1,980명, 신청노조가 500명이므로 신청 외 노조1의 조합원 수 비율은 49.49%로 과반수 노조에 해당되지 않습니다.

따라서 피신청인의 과반수 노조 확정공고를 취소하는 결정을 구합니다.

입증 방법 및 첨부 서류(생략)

위 백상반도체 노동조합의 대리인

공인노무사 윤찬성(서명 또는 인)

210mm×297mm(신문용지60g/㎡(재활용품))

7) 자율적 공동 교섭대표단 구성

(1) 자율적 공동 교섭대표단 참여 자격

과반수의 노동조합이 없는 경우에 공동 교섭대표단을 구성하여야 한다. 공동교섭대표단은 우선 자율적으로 구성토록 하되, 자율적으로 공동교섭대표단을 구성치 못한 경우에 노동위원회가 공동교섭대표단을 구성한다.

공동교섭대표단에 참여할 수 있는 노동조합은 조합원 수 10% 이상인 노동조합이므로 10% 미만의 소수노조는 공동교섭대표단이 될 수 없다.

법 제29조의2(교섭창구 단일화 절차)

④ 제2항과 제3항에 따라 교섭대표노동조합을 결정하지 못한 경우에는 교섭창구 단일화 절차에 참여한 모든 노동조합은 공동으로 교섭대표단(이하 이 조에서 "공동교섭대표단"이라 한다)을 구성하여 사용자와 교섭하여야 한다. 이때 공동교섭대표단에 참여할 수 있는 노동조합은 그 조합원 수가 교섭창구 단일화 절차에 참여한 노동조합의 전체 조합원 100분의 10 이상인 노동조합으로 한다.

시행령 제14조의8(자율적 공동교섭대표단 구성 및 통지)

① 법 제29조의2 제2항 및 제3항에 따라 교섭대표노동조합이 결정되지 못한 경우에, 같은 조 제4항에 따라 공동교섭대표단에 참여할 수 있는 노동조합은 사용자와 교섭하기 위하여 다음 각 호의 구분에 따른 기간 이내에 공동교섭대표단의 대표자, 교섭위원 등 공동교섭대표단을 구성하여 연명으로 서명 또는 날인하여 사용자에게 통지하여야 한다.

  1. 과반수 노동조합이 없어서 제14조의7 제1항에 따른 통지 및 같은 조 제2항에 따른 공고가 없는 경우: 제14조의6 제1항에 따른 기한이 만료된 날부터 10일간

  2. 제14조의7 제8항에 따라 과반수 노동조합이 없다고 노동위원회가 결정하는 경우: 제14조의7 제8항에 따른 노동위원회 결정의 통지가 있은 날부터 5일간

② 사용자에게 제1항에 따른 공동교섭대표단의 통지가 있은 이후에는 그 공동교섭대표단 결정 절차에 참여한 노동조합 중 일부 노동조합이 그 이후의 절차에 참여하지 않더라도 법 제29조 제2항에 따른 교섭대표노동조합의 지위는 유지된다.

---

(2) 자율적 공동 교섭단 구성방식 및 통지

자율적 공동교섭대표단의 결정방식에 대한 제한은 없으므로 교섭창구 단일화

참여노동조합의 자율적인 방식으로 공동교섭대표단을 결정하고 공동교섭대표단의 대표자, 교섭위원 등을 구성한 후, 이 사실을 연명으로 서명 또는 날인하여 사용자에게 통지하면 된다. 이 경우 10% 이상의 조합원을 확보하고 있는 노동조합이 자율적 공동교섭대표단에 참여할 수 있는 자격이 있는 것이므로, 공동교섭단 구성에 합의는 10% 이상의 조합원을 가진 모든 노동조합이 되는 것이며, 10% 이상의 조합원을 가진 모든 조합의 대표자들이 공동교섭단 구성에 합의하고 연명으로 서명 또는 날인하여야 하는 것이다. 따라서 10% 이상의 조합원을 가진 조합 중 하나의 조합이라도 자율적 공동교섭단 구성에 합의하지 못한다면 자율적 공동교섭단 구성은 불가능한 것이다. 그러므로 10%이상의 조합원을 확보하고 있는 노동조합 간 자유롭게 공동교섭대표단을 결정하되, 조합원 수 비례에 따라 결정하는 것이 일반적이라 할 것이다.

(3) 자율적 공동 교섭단 구성 기간

자율적 공동교섭대표단을 결정할 수 있는 기간은 과반수 노동조합에 대한 통지·공고가 없는 경우에는 자율적 단일화 결정 기일이 만료되는 날로부터 10일 이내, 노동위원회가 과반수 노동조합이 없음을 결정한 때에는 그날로부터 5일 이내에 하여야 한다(노조법 시행령 제14조의8 제1항).

자율적 공동 교섭대표단 구성 및 통지 이후 일부 노동조합이 이후 절차에 참여하지 않더라도 교섭대표 노동조합의 지위는 유지된다.

8) 노동위원회의 공동 교섭대표단 결정

(1) 신청자격

자율적 공동교섭대표단 구성에 실패한 경우에 노동위원회가 공동교섭대표단을 결정한다. 노동위원회의 공동교섭대표단 결정은 공동교섭대표단에 참여할 수 있는 노동조합의 일부 또는 전부의 신청으로 개시된다. 그러나 조합원 수가 10% 이상인 노동조합만 노동위원회에 공동 교섭대표단 결정신청을 할 수 있다. 그러므로 사용자의 교섭 요구노조 확정공고문상에 10% 이상이라고 표기되어 있다 하더라도, 노동위원회에 공동교섭단 결정신청에 따라 노동위원회가 조합원 수를 확인한 결과 조합원 수가 10% 미만으로 확인되면 이는 신청자격이 없는 것으로 '각하'된다.

(2) 신청기간

노동위원회에 공동교섭대표단 결정신청을 할 수 있는 기간은 아래와 같다.

· 교섭창구 단일화 절차에 참여한 노조 중 과반수 노동조합의 통지가 없어서 사용자가 과반수 노조 공고가 없는 경우

→ 과반수 노조가 사용자에게 통지할 수 있는 날로부터 10일이 지난 후

· 노동위원회가 과반수 노조가 없다고 결정하는 경우

→ 노동위원회 결정의 통지가 있는 날로부터 5일이 지난 후

(3) 노동위원회의 조사와 결정

공동교섭대표단 구성에 관한 신청을 받은 노동위원회는 그 신청을 받은 날로부터 10일 이내에 총 10명 이내의 공동교섭대표단을 결정하여 신청노동조합과 사용자에게 통지하여야 한다. 다만 10일 이내에 결정하기가 어려운 경우에는 10일의 범위 내에서 한차례 연장할 수 있다(노조법 시행령 제14조의9 제3항).

노동위원회가 공동교섭대표단을 결정함에 있어서는 공동교섭대표단에 참여할 수 있는 모든 노동조합이 제출한 조합원 수에 따른 비율을 기준으로 하며, 이중 가입 한 경우에는 노조법 시행령 제14조의7 제4항부터 제7항까지의 규정을 준용하여 조합비를 납부하는 노동조합이 2개인 경우 해당조합의 조합원 수에 각각 0.5를 더하는 방식으로 조합원 수를 계산한다.

공동 교섭대표단에 참여하는 노동조합은 사용자와 교섭하기 위하여 노동위원회가 결정한 인원수에 해당하는 교섭위원을 선정하여 사용자에게 통지하여야 하며, 이때 공동 교섭대표단의 대표자는 노동조합의 합의에 의하여 정하되, 합의가 되지 않을 경우에는 노동조합원 수가 가장 많은 노동조합의 대표자가 공동 교섭대표단의 대표자가 된다(노조법 시행령 제14조의9 제5항).

10명 이내의 공동교섭단을 결정하도록 노조법 시행령 제14조의9에서 규정하고 있으므로 기존에 10명을 초과하여 노사가 각각 교섭위원을 구성하여 교섭을 진행하였다 하더라도 노동위원회는 10명을 초과하는 공동교섭대표단을 결정할 수 없

다. 한편 노동위원회는 공동교섭단을 결정함에 있어서 교섭함에 있어서 조합별 인원배정 기준을 참고사항으로 예시하고 있는데 이는 <표 1-7>과 같다.

과반수라고 주장하는 노조가 없는 상태에서 노동위원회에 공동교섭단 결정 신청하였으나, 노동위원회의 조합원 수 조사결과 과반수 노조가 존재한다고 인정될 경우에는 노조법 제29조의2 제3항에 의거 노동위위원회는 그 노동조합을 과반수 노조임을 인정하는 내용으로 결정하여 통보하게 되고[9] 따라서 해당 노동조합은 교섭대표노동합이 되는 것이다.

〈표 1-7〉 공동교섭대표단 구성 결정 시 참고사항 (예시)

· 1단계: 전체 조합원 규모별 공동교섭대표단 교섭위원 수 배정 결정

전체 조합원 규모	교섭위원 수
500명 미만	5명 이내
500~999명	6명
1,000~2,999명	7명
3,000~4,999명	8명
5,000~9,999명	9명
10,000명 이상	10명

· 2단계: 교섭위원 수를 기준으로 각 노조별 조합원 비율을 산정
→정수가 있는 노조 중 정수 해당 인원을 먼저 배정
· 3단계: 정수가 없는 노조 중 소수점 이하가 큰 노조부터 1명씩 배정, 다만 2단계, 3단계를 거친 결과 1단계 교섭위원 수를 초과한 경우 최고 10명 한도 내에서 조정 가능
· 4단계: 배정할 인원이 남을 경우
→정수가 있는 노조 중 소수점 이하가 큰 노조 순으로 1명씩 추가 배정

자료: 중앙노동위원회, 전게서, 128쪽.

노동위원회의 공동 교섭대표단 결정에 대한 불복 절차는 중재재정의 불복 절차를 준용하도록 하고 있다. 노동위원회의 결정이 확정된 경우 당사자는 이를 이행하여야 하며 이를 이행하지 않으면 노조법 제90조에 의거 2년 이하의 징역 또는 2천만 원 이하의 벌금에 처해진다.

---

9) 중앙노동위원회, 전게서, 117쪽.

(4) 공동 교섭단 구성 결정 신청서 작성 시 주의사항 및 작성 예

공동 교섭단 구성 결정신청서는 <별지 제7호의5 서식>에 의하여 작성하되, 신청 취지 및 이유를 별지로 작성하여 신청 취지에서 동 신청으로 인해서 결정을 받고자 하는 내용을 명확히 언급하는 것이 유리하며, 신청이유에서 그동안 창구 단일화 과정의 경위 등을 적시하고, 10% 이상임을 나타낼 수 있는 증거를 첨부하여 노동위원회에 제출하여야 한다. 본서에서는 기업이나 노동조합 관계자들이 쉽게 활용할 수 있도록 별지서식에 의하여 공동교섭대표단 구성 결정신청서를 예로 작성하여 <부록 3>으로 첨부하였다.

법 제29조의2(교섭창구 단일화 절차)

⑤ 제4항에 따른 공동교섭대표단의 구성에 합의하지 못할 경우에 노동위원회는 해당 노동조합의 신청에 따라 조합원 비율을 고려하여 이를 결정할 수 있다.

시행령 제14조의9(노동위원회의 결정에 의한 공동 교섭대표단 구성)

① 법 제29조의2 제4항 및 이 영 제14조의8 제1항에 따른 공동교섭대표단의 구성에 합의하지 못한 경우에 공동교섭대표단 구성에 참여할 수 있는 노동조합의 일부 또는 전부는 노동위원회에 법 제29조의2 제5항에 따라 공동교섭대표단 구성에 관한 결정 신청을 하여야 한다.

② 노동위원회는 제1항에 따른 공동교섭대표단 구성에 관한 결정 신청을 받은 때에는 그 신청을 받은 날부터 10일 이내에 총 10명 이내에서 각 노동조합의 조합원 수에 따른 비율을 고려하여 노동조합별 공동교섭대표단에 참여하는 인원수를 결정하여 그 노동조합과 사용자에게 통지하여야 한다. 다만 그 기간 이내에 결정하기 어려운 경우에는 한 차례에 한정하여 10일의 범위에서 그 기간을 연장할 수 있다.

③ 제2항에 따른 공동교섭대표단 결정은 공동교섭대표단에 참여할 수 있는 모든 노동조합이 제출한 조합원 수에 따른 비율을 기준으로 하며, 조합원 수 및 비율에 대하여 그 노동조합 중 일부 또는 전부가 이의를 제기하는 경우에는 제14조의7 제4항부터 제7항까지의 규정을 준용한다.

④ 공동교섭대표단 구성에 참여하는 노동조합은 사용자와 교섭하기 위하여 제2항에 따라 노동위원회가 결정한 인원수에 해당하는 교섭위원을 각각 선정하여 사용자에게 통지하여야 한다.

⑤ 제4항에 따라 공동교섭대표단을 구성할 때에 그 공동교섭대표단의 대표자는 공동교섭대표단에 참여하는 노동조합이 합의하여 정한다. 다만 합의가 되지 않을 경우에는 조합원 수가 가장 많은 노동조합의 대표자로 한다.

이상의 절차를 정리하면 <표 1-8>과 같다.

<표 1-8> 창구단일화 절차 기일 (예시)

구분	내용	기일
교섭 요구	단협 만료일(2012.12.31.) 이전 3개월이 되는 날	2012.10.1.
교섭 요구사실 공고	교섭 요구를 받은 날로부터 7일간	2012.10.1.~8.
타 노조 교섭 요구	공고기간	2012.10.1.~8.
교섭 요구노조 확정 공고	공고기간 만료일 다음 날부터 5일간	2012.10.9.~14.
자율적 단일화	교섭참여 노동조합이 확정된 날로부터 14일 이내	2012.10.9.~23.
과반수 노조임을 통보	자율적 단일화 기일이 만료되는 날로부터 5일 이내	2012.10.24.~29.
과반수 노조 공고	과반수 노조임을 통지받은 날로부터 5일간	2012.10.29.~11.3.
자율적 공동교섭단 구성	자율적 단일화 결정기한이 만료된 날로부터 10일 이내	2012.10.23.~11.2.
	노동위원회가 과반수 노조 없음 결정한 날로부터 5일 이내	NLRC결정+5일
공동교섭대표단 결정신청	시기 제한 없음.	2011. 11. 2. 이후

주 1) 일요일 및 공휴일은 감안하지 않았음.
　　2) NLRC는 National Labor Relations Commission로 노동위원회를 말하는 것임.

9) 사용자의 답변서 및 노동위원회 결정문(예)

　　노동조합에서 창구단일화과정에서 이의신청 내지는 공정대표의무 위반 등으로 노동위원회에 시정신청을 하면, 사용자는 피신청인으로서 이에 대한 대응을 하여야 한다. 따라서 노동조합의 시정·이의신청서 등의 부본이 사용자에게 전달되면 해당기일까지 답변서를 제출하고, 심문기일에 출석하여 적극적으로 주장하는 절차를 거치게 된다. 한편 노동위원회는 심문을 종결하고 신청사건에 대하여 신청인의 주장을 받아들이면 이를 "인용"하고, 신청인의 주장이 이유 없을 때에는 "기각"한다. 한편 신청인의 신청자격이 부인된다가 신청기간이 도과된 경우에는 신청사건의 본안심리 전에 해당 신청사건을 "각하"하게 된다. 아래에서는 독자들의 실무적 활용도를 높이기 위하여 <답변서>와 <결정서>를 작성하여 <부록 4>와 <부록 5>로 첨부하였다.

3. 복수노조 주요 쟁점

1) 시행시기 문제

(1) 문제의 소재

2011.1.1. 전임자에 대한 임금지급 금지 및 사업장 단위의 복수노조 설립허용을 주요 내용으로 하는 노조법이 개정되면서, 사업장 단위의 복수노조 설립은 부칙 제1조에 의거 2011.7.1.부터 시행토록 규정하였다. 또한 노조법 제29조의2 제1항 으로 "하나의 사업 또는 사업장에서 조직형태에 관계없이 근로자가 설립하거나 가입한 노동조합이 2개 이상인 경우 노동조합은 교섭대표노동조합(2개 이상의 노동조합 조합원을 구성원으로 하는 교섭대표기구를 포함한다)을 정하여 교섭을 요구하여야 한다"고 규정하여 노조에게 창구단일화의 의무를 부과하면서 부칙 제6조에서는 '2009년 12월 31일 현재 하나의 사업 또는 사업장에 조직형태를 불문하고 근로자가 설립하거나 가입한 노동조합이 2개 이상 있는 경우에는 해당 사업 또는 사업장에 대하여 창구단일화 절차 규정은 2012.7.1.부터 적용한다'고 규정하고 있다. 한편 부칙 제4조에서는 "이 법 시행일 당시 단체교섭 중인 노동조합은 이법에 따른 교섭대표노동조합으로 본다"고 규정하였다. 이에 따라 2011.7.1. 현재 교섭 중인 노동조합이나 2012.7.1. 현재 교섭 중인 노동조합이 교섭대표노동조합의 지위를 가지고 있는지에 대하여 논란이 되고 있다.

(2) 노동부의 견해

이에 대하여 고용노동부는 '부칙 제1조에서 이 법은 2010년 1월 1일부터 시행한다고 규정되어 있으므로 부칙 제3조, 4조, 5조에서 말하는 시행일은 2010년 1월 1일이다'고 해석하고 있다.[10] 이러한 해석에 입각하여 노동위원회도 동일한 판단하고 있는바, 전남지방노동위원회는 과반수 노조에 대한 이의신청 사건(전남2011교섭1)에서 "노동조합 및 노동관계조정법 부칙 제4조에 이법 시행일 당시 단체교섭 중인 노동조합은 이 법에 따른 교섭대표노동조합으로 본다고 명시하고 있고,

---

10) 노동부, 복수노조 그 궁금증을 풀어드립니다, 2011, 14~15쪽.

이 법 시행일은 같은 부칙 제1조에 규정한 바와 같이 2010.1.1.이므로 이 법 시행일 당시 교섭 중에 있지 아니한 이 사건 노동조합은 교섭대표노동조합의 지위를 갖고 있다고 할 수 없다"라며 2011.7.1. 현재 교섭 중인 노동조합의 교섭대표노동조합의 지위를 부정하고 당시 과반수 노동조합에게 교섭대표노동조합의 지위를 인정한 바 있다.

(3) 법원의 견해

한편 법원(서울중앙지법2011카합1584, 2011.08.03.; 전주지법2011카합448, 2011.08.12.)은 이와는 반대의 해석을 하고 있는데, 전주지법판례(전주지법2011카합448, 2011.08.12.)의 요지는 아래와 같다.

▲노조법 부칙 제4조는 '이 법 시행일'이라는 표현을 쓰고 있는데, 이를 '이 법'의 시행일을 2010.1.1.로 정하고 있는 부칙 제1조 본문에 대응시키면 개정법의 원칙적인 시행일인 2010.1.1.을 의미하는 것으로 보이기도 하나, 한편 부칙 제4조는 '교섭대표노동조합'에 관한 규정이고, 교섭대표노동조합이라는 표현이 사용된 모든 관련 규정(위 법률 제29조 제2항, 제29조의2 내지 5, 제41조 제1항 후단)은 부칙 제1조 단서에 규정되어 있으며, 부칙 제1조가 '시행일'이라는 제목하에 본문에 법의 시행일을 정하면서 단서에 일부 개정규정들의 시행일도 함께 정하고 있으므로, 이러한 관계에 비추어 부칙 제4조에서 의미하는 '이 법 시행일'이 부칙 제1조의 단서 규정에 대응하여 2011.7.1.을 의미한다고 해석할 여지도 있고, 이러한 해석이 반드시 위 부칙 규정들의 문언에 배치된다고 보기는 어려움. 따라서 위 부칙 조항들의 문언, 체계상 부칙 제4조의 '이 법 시행일'의 의미가 명백하다고 단정할 수는 없음.

▲따라서 부칙 제4조의 의미는 규정의 입법 취지와 목적, 다른 규정과의 관계 등을 고려하여 살펴볼 필요가 있는바, 부칙 제4조는 개정된 노동조합법에서 복수노조를 합법화하면서 동시에 교섭대표노동조합에만 교섭 요구권을 부여하므로, 복수노조들 사이에 위 법 제29조의2에 따라 교섭창구 단일화 절차를 거쳐 교섭대표노동조합을 정하는 것을 원칙으로 삼으면서, 교섭 중인 노동조합이 교섭 요구권을 박탈당하는 불이익을 최소화하기 위한 경과조치로서 예외조항으로 규정된 것으로 해석됨.

▲그런데 복수노조를 합법화하면서 교섭창구 단일화를 요구하는 제 규정은 위에서 본 바와 같이 모두 2010.1.1.이 아닌 2011.7.1.에야 시행됨. 그럼에도 부칙 제4조에서 의미하는 '이 법 시행일'이 2010.1.1.이라고 보게 되면, 부칙 제4조는 원칙 규정의 효력이 발생하기도 전에 예외규정의 적용 시점을 앞당겨 정한 규정이 되고, 특히 교섭대표노동조합이 존재할 여지가 없는 2010.1.1.부터 2011.6.30.까지는 아무런 의미를 가지지 못하는 조항이 됨. 또한 복수노조가 합법화되는 시점인 2011.7.1. 당시 교섭 중인 노동조합들은 2010.1.1.부터 계속하여 단체교섭 중에 있었던 경우를 제외하고는 아무런 경과조치 없이 단체교섭권을 박탈당하게 되며, 사용자가 이를 악용하여 2011.7.1.까지 단체협약 체결을 해태하도록 조장할 우려도 없지 않으며, 그러한 노동조합들이 쟁의행위로 나아간 경우 그 전까지는 적법하였던 쟁의행위가 2011.7.1. 이후에는 위법한 것으로 판단될 여지가 발생함. 무엇보다 2010.1.1.에 단체교섭 중이었던 노동조합은 그 이후에 단체교섭에 임하지 아니하였더라도 2011.7.1.에 이르러 갑자기 교섭대표노동조합의 지위에 있게 되는데, 이는 2010.1.1.부터 2011.7.1. 사이의 사정을 반영하지 못하여 오히려 부당한 결과를 가져올 가능성도 있고, 과거의 특정 시점이라 할 수 있는 2010.1.1.에 단체교섭 중이었던 노동조합만을 이와 같이 특별히 보호할 근거도 찾기 어려움.

▲이러한 법률의 취지, 목적, 다른 조항과의 관계 등을 모두 종합하여 보면, 부칙 제4조에서 정하는 '이 법 시행일'이란, 부칙 제1조의 단서 조항에서 규정하는 2011.7.1.을 의미하는 것으로 해석하는 것이 타당함.

(4) 사견

법을 해석기준인 문언적, 입법체계적 해석원칙을 기준으로 하였을 경우에 부칙 제1조에서 규정한 2010.1.1.로 해석할 여지가 없는 것은 아니나, ▲교섭대표 노조란 복수노조가 설립된 이후 교섭창구 단일화 과정을 거쳐서 사용자와 교섭하는 대표노조를 말하는 것으로 사업장 단위 복수노조가 허용되기 전인 2010.1.1.~2011.6.30.까지의 기간 동안에는 복수노조를 전제로 한 교섭대표 노조가 존재할 수 없다는 점, ▲2011.7.1. 현재 교섭 중인 노동조합은 2010.1.1.부터 교섭을 실시하지 않는 한 아무런 경과조치 없이 단체교섭권을 박탈당할 수 있다는 점, ▲2011.7.1. 전까지는 정당하던 파업이 2011.7.1. 복수노조가 설립되면서 불법파업이 된다는 점,[11] ▲현실적으로 단체교섭이 3~4개월이면 끝나기에 최소 1년 6개월 이상(2010. 1.1.~2011.7.1.) 단체교섭 중인 노동조합에만 교섭대표노동조합의 지위를 부여하기 위해서 경과조치를 두었다고 이해하기 어려운 점 등을 볼 때 법원의 해석과 같이 부칙 제4조의 시행일은 2011.7.1.로 해석함이 옳다고 생각한다.

그러나 노동부와 노동위원회가 부칙 제4조의 시행일을 2010.1.1.로 해석하고 있는 상태에서 개별기업에서 법원의 해석에 따라서 창구단일화 절차를 진행하지 않는다면 단체교섭 거부나 각종 노동쟁송에 휘말릴 수 있어 노사관계가 혼란스러워질 수 있다. 따라서 실무적으로는 노동부의 해석이 바뀌기 전까지는 노동부의 해석에 따라 창구단일화 업무를 진행하는 것이 노사관계의 안정에 도움이 될 것이라 생각한다.

2) 중복가입 문제

복수노조를 허용하는 개정 노조법은 개별 근로자가 2개 이상의 노조에 가입하는 것을 허용하고 있다. 즉 노조법 시행령 제14조의7(과반수 노동조합의 교섭대표노동조합 확정 등) 제6항에서는 "노동위원회는 제4항에 따라 조합원 수를 확인하는 경우 2개 이상의 노동조합에 가입한 조합원에 대해서는 그 조합원 1명별로 다음 각 호의 구분에 따른 방법으로 조합원 수를 산정한다"고 규정하고 있다. 따라서 근로자는 회사에 2개 이상의 노조가 존재하는 경우 자신의 개인적인 성향에 따라서 1개의 노조에 가입하건 2개 이상의 노조에 가입하건 제한이 없는 것이다.

이 경우 조합원 수 산정방법은 아래와 같이 노조법 시행령 제14조의7 제6항에서 정한 기준에 따라 산정한다.

① 조합비를 납부하는 노동조합이 1개인 경우: 조합비를 납부하는 노동조합의 조합원 수에 숫자 1을 더할 것

② 조합비를 납부하는 노동조합이 2개 이상인 경우: 숫자 1을 조합비를 납부하는 노동조합의 수로 나눈 후에 그 산출된 숫자를 그 조합비를 납부하는 노

---

11) 예로 고용노동부의 견해대로 시행일을 2010.1.1.로 볼 경우, 2011.4.1.부터 교섭을 시작하여 수차 교섭에도 합의치 못하여 노동위원회의 조정과 쟁의행위 찬반투표를 거쳐 2011.6.1. 파업에 돌입한 경우, 2011.6.30.까지 정당하던 파업이 2011.7.1. 복수노조가 설립되면서 신설노조가 교섭을 요구하자 기존노조의 교섭과정(쟁의행위 포함)이 모두 무시되고 새로이 창구단일화 절차를 밟아야 하므로 이러한 절차를 거치지 않고 기존 노조가 파업을 지속한다면 파업은 불법파업이 됨.

동조합의 조합원 수에 각각 더할 것

③ 조합비를 납부하는 노동조합이 하나도 없는 경우: 숫자 1을 조합원이 가입한 노동조합의 수로 나눈 후에 그 산출된 숫자를 그 가입한 노동조합의 조합원 수에 각각 더할 것

위와 같이, 중복가입의 경우에 조합원 수 산정에 있어서는 조합비를 납부했느냐가 가장 중요한 판단의 기준이다. 이는 복수노조하에서 노동조합 간의 치열한 조직확대 과정에서 기존노조의 노조원이 기존노조를 탈퇴하고 신설노조에 가입하는 경우에 기존노조에 탈퇴서를 제출하더라도 기존노조가 수리를 해 주지 않을 가능성 등이 있기 때문이다. 물론, 기존노조가 수리를 하지 않는다 하더라도 탈퇴서가 노조에 도달된 날에 탈퇴의 효력이 발생하지만(노조 68207-806, 2001.7.19.; 노조 01254-43, 1999.9.27.), 내용증명으로 보내지 않는 한 이를 둘러싼 분쟁은 나타날 수밖에 없는 것이다. 따라서 기존 노조에서 탈퇴하고자 하는 조합원은 반드시 노조탈퇴서를 내용증명으로 보내고, 인사부서에도 탈퇴서와 조합비 공제중지를 요청하는 문서를 보내는 것이 필요하다.

조합에 이중 가입하였을 경우, 기존 노조에서 해당 조합원을 징계하거나 권리를 제한할 수 있는데, 이는 조합의 내부통제권의 일환이며, 규약으로 이중 가입 조합원에 대한 징계근거를 두는 것이 일반적이다.

시행령 제14조의7(과반수 노동조합의 교섭대표 노동조합 확정 등)

⑥ 노동위원회는 제4항에 따라 조합원 수를 확인하는 경우 2개 이상의 노동조합에 가입한 조합원에 대해서는 그 조합원 1명별로 다음 각 호의 구분에 따른 방법으로 조합원 수를 산정한다.

1. 조합비를 납부하는 노동조합이 1개인 경우: 조합비를 납부하는 노동조합의 조합원 수에 숫자 1을 더할 것

2. 조합비를 납부하는 노동조합이 2개 이상인 경우: 숫자 1을 조합비를 납부하는 노동조합의 수로 나눈 후에 그 산출된 숫자를 그 조합비를 납부하는 노동조합의 조합원 수에 각각 더할 것

3. 조합비를 납부하는 노동조합이 하나도 없는 경우: 숫자 1을 조합원이 가입한 노동조합의 수로 나눈 후에 그 산출된 숫자를 그 가입한 노동조합의 조합원 수에 각각 더할 것

3) 조합원 수 산정 문제

복수노조하에서 조합원 수는 노조의 실질적인 힘이다. 조합원 수가 적으나 많으냐에 따라서 독점적으로 사용자와 교섭할 수 있는 교섭대표노동조합의 지위를 확보하기도 하며(과반수 노조의 경우) 반대로, 사용자와 교섭할 기회조차 가지지 못할 수도 있다(10% 미만 노조의 경우).

조합원 수는 노조의 교섭 요구에 따라서 사용자가 교섭 요구노조를 확정공고하는 날의 조합원 수로 산정한다. 개정노조법은 중복가입을 허용하고 있으므로 중복가입의 경우에는 위의 본 절 3.2) 중복가입문제에서 언급한 방식으로 조합원 수를 산정한다.

조합비를 납부한 사실도 없으며 조합가입원서나 조합원명부에 본인 서명이나 날인이 없다면 조합원 수 산정에서 제외된다.

현재 휴직 중에 있는 조합원의 경우에도 조합원 수에는 포함된다. 다만 휴직 중인 조합원에 대하여 조합비를 받고 있지 않다면 조합원 수 산정방식은 노조법 시행령 제14조의7에 따라 산정하여야 한다.

조합비를 미납하였더라도 조합에 가입한 것이 인정되는 이상 조합원 수 산정에는 포함하여야 한다. 조합비를 미납한 것은 해당 조합 내부적인 문제일 뿐이기 때문이다. 단, 조합비를 미납한 근로자가 다른 노조에도 가입하여 그 노조에는 조합비를 납부하고 있다면 노조법 시행령 제14조의7 제6항 1호에 의거 조합비를 납부하는 노조의 조합원으로 계산하여야 한다. 이 경우 조합비를 미납으로 판단하는 기준은 조합원 수 산정기준일 이전 최근 1회의 조합비 미납(일부 미납도 포함)으로 노동위원회는 판단하고 있다.[12]

조합원 중 사용자의 지위에 있는 자의 경우에는 조합원 수에서 제외하여야 한다. 이는 노조법 제2조 4호 가목에서 "사용자 또는 항상 그의 이익을 대표하여 행동하는 자의 참가를 허용하는 경우"는 노조의 결격요건으로 보고 있기 때문이다. 여기서 사용자라 함은 "사업주, 사업의 경영담당자, 또는 그 사업의 근로자에 관한 사항에 대하여 사업주를 위하여 행동하는 자(노조법 제2조 2호)"를 말하는 것

---

12) 중앙노동위원회, 전게서, 97면.

이다. 노조의 자격과 관련하여 특히 문제가 되는 것이 사용자 중 '그 사업의 근로
자에 관한 사항에 대하여 사업주를 위하여 행동하는 자'와 '항상 사용자의 이익
을 대표하여 행동하는 자'이다. 항상 사용자의 이익을 대표하여 행동하는 자란
'통상 사용자에 전속되어 사용자의 업무를 보조하는 비서 · 전용운전사, 사용자의
지시를 받아 근로자에 관한 감시 · 감독적 지위에 있는 감사담당부서의 직원, 회
사의 재산보호 · 출입자 감시 · 순찰과 같은 경찰적 업무를 담당하는 자를 말하는
것[13]이며', '그 사업의 근로자에 관한 사항에 대하여 사업주를 위하여 행동하는
자'란 <표 1-9>와 같다.

〈표 1-9〉 사업주를 위하여 행동하는 자의 범위

> · 그 사업의 근로자에 관한 사항에 대하여 사업주를 위하여 행동하는 자
> - 고용 · 해고 · 승진 · 전보 등 인사관리를 담당하거나, 임금 · 근로시간 · 휴게시간 기타 근로조건의 결정과
>   노무관리의 기획 또는 집행에 관여하는 자, 노동관계에 관한 기밀사무를 담당하는 자를 의미
> - 일반적으로 기획 · 조정, 인사 · 노무급여, 예산, 경리 · 회계 등 담당부서의 근무자와 사업주로부터 소속 직
>   원에 대한 지휘명령, 근무명령, 인사관리에 관한 권한과 책임을 부여받은 관리감독자가 이에 해당
> - 다만, 사용자 개념을 판단함에 있어 각 사업체마다 조직 · 편재, 분장업무가 다르므로 부장 · 차장 등 외형
>   적인 직급명칭보다는 실제 담당업무의 내용(예로 위임전결사항의 범위, 근무평정 권한 여부, 소속 근로자
>   의 지휘명령관계 등)에 따라 구체적으로 판단하여야 함.

자료: 고용노동부, 집단적 노사관계업무매뉴얼, 24쪽, 2010.

그러나 이러한 사용자적 지위에 있는 자는 단순히 그 직위나 직급을 판단할 것
이 아니고 실제적인 업무와 권한 등으로 판단하여야 하므로 사용자가 친기업적
노조를 과반수 노조로 만들기 위하여 사용자적 지위에 있는 근로자를 조합에 가
입토록 하고 조합비를 납부케 하였다 하더라도 이들은 조합원 수 산정에 있어서
배제된다.

한편 사용자와 근로관계에 있지 않는 자나 해고된 조합원은 조합원 수 산정에
포함되지 않는다. 다만 해고된 자 중 노조법 제2조 4호 라목 단서, 즉 "해고된 자
가 노동위원회에 부당노동행위 구제신청을 한 경우에는 중앙노동위원회의 재
심판정이 있을 때까지는 근로자가 아닌 자로 해석하여서는 아니 된다"는 규정에
따라 조합원 수에 포함하여야 한다. 다만 부당노동행위구제신청이 아닌 부당해고
구제신청을 한 경우에는 조합원 수에 포함하지 아니한다.

---

13) 고용노동부, 집단적 노사관계 업무 매뉴얼, 24쪽, 2010.

4) 유일교섭조항 문제

유일교섭조항이란 회사가 '특정노동조합이 전 조합원을 대표하여 근로조건 등에 관하여 교섭하는 유일한 노동조합이다'라는 사실을 인정하는 내용의 단체교섭 조항을 말하는 것으로 근로조건 등에 대해서는 오로지 유일교섭조항을 맺은 특정 노조와만 교섭하겠다는 것이다.

그러나 복수노조하에서는 이러한 유일교섭조항은 노동3권을 규정한 헌법 제33조 제1항, 자유로운 노동조합 가입을 보장한 노조법 제5조 및 교섭창구 단일화를 의무화한 노조법 제29조의2에 위배되어 무효이다.

따라서 유일교섭조항을 이유로 창구단일화 절차를 거치지 않는다든가, 소수노조의 교섭 요구를 거부한다면 이는 단체교섭의 거부 및 해태를 규정한 노조법 제81조 제3호의 부당노동행위에 해당된다.

기존의 단일노조체제의 단체협약에는 위와 같은 유일교섭조항이 대부분 규정되어 있는데, 복수노조로 인해 그 같은 유일교섭조항은 더 이상 효력을 유지하기 어렵게 되었다. 따라서 유일교섭조항으로 인한 노사 간의 갈등요소를 제거하기 위해서라도 향후 교섭 시에는 동 조항을 삭제한다든가 적어도 "단, 복수노조 설립 시에는 노동조합 및 노동관계조정법 제29조의2에 따라 창구단일화절차를 거쳐야 한다"라고 단서를 추가하는 것이 바람직하다.

5) 유니온 숍 문제

(1) 유니온 숍의 개념

유니온 숍(Union Shop)이란 근로자를 채용하면서 특정노동조합에 가입할 것을 고용조건으로 하는 것이다. 이를 허용하게 되면 사용자가 근로자를 채용하면서 교섭상의 우위를 이용하여 특정노조의 조합원이 되도록 함으로써 근로자의 단결권을 침해할 수 있고, 특정노조의 자주성을 침해하여 어용화할 수 있는 등 문제점이 나타날 수 있다. 따라서 노조법 제81조 제2호에서는 원칙적으로 부당노동행위로 규정하여 이를 금지하면서도 예외적으로 제한적인 한도 내에서 유니온 숍을 허용하고 있다. 즉 "근로자가 어느 노동조합에 가입하지 아니할 것 또는 탈퇴할 것을 고용조건으로 하거나 특정한 노동조합의 조합원이 될 것을 고용조건으로 하는 행위"를 부당노동행위로 규정하면서도 "다만, 노동조합이 당해 사업장에 종사하는 근로자의 3분의 2 이상을 대표하고 있을 때에는 근로자가 그 노동조합의 조합원이 될 것을 고용조건으로 하는 단체협약의 체결은 예외로 하며, 이 경우 사용자는 근로자가 그 노동조합에서 제명된 것 또는 그 노동조합을 탈퇴하여 새로 노동조합을 조직하거나 다른 노동조합에 가입한 것을 이유로 근로자에게 신분상 불이익한 행위를 할 수 없다"라고 규정하고 있다. 따라서 유니온 숍 조항은 복수노조 하에서도 가능하다 할 것이다.

현재 이 같은 유니온 숍 협정은 공기업 등의 단체협약에서 주로 볼 수 있는데, 이러한 유니온 숍 협정의 체결 이유는 사용자의 노조어용화 목적이 아니라 오히려 강력한 교섭력을 가지고 있는 노조의 요구를 사용자가 수용한 결과라 할 것이다.

(2) 복수노조와 유니온 숍

복수노조하에서도 유니온 숍 협정은 가능하다. 즉 노조법 제81조 제2호 단서에서 규정한 요건에 따라 특정노조의 조합원이 "사업장에 종사하는 근로자의 3분의 2 이상을 대표하고 있을 때"에는 유니온 숍 협정을 체결하는 것이 가능한 것이다. 또한 기존에 유니온 숍 협정이 체결되어 있는 노조가 현재에도 근로자의 3분의 2 이상을 대표하고 있다면 해당 유니온 숍 조항은 유효한 것이다. 따라서 이 경우 신규 입사하는 근로자는 여러 개의 노조가 존재한다 하더라도 유니온 숍 협정을 체결한 노동조합에 가입하여야 한다.

(3) 노조탈퇴자에 대한 해고의무

이 같은 유니온 숍 조항이 있는 상태에서 근로자가 해당 노조에 가입하지 않는다거나 노조에서 탈퇴하면 사용자는 해당 근로자를 해고할 수 있는 것이다. 이 경우 단체협약에 해고의무조항이 있으면 노조 미가입자나 탈퇴자에 대한 해고의무가 발생하는 것이며, 만약 해고의무조항이 없다 하더라도 탈퇴한 근로자나 노조에 가입하지 아니한 근로자에 대한 사용자의 해고의무는 발생하지만, 사용자가 탈퇴하거나 노조에 가입하지 아니한 근로자에 대하여 해고를 하지 않는다 하더라도 부당노동행위가 되는 것은 아니며, 단지 채무불이행이 되는 것이라고 판례는 보고 있다(대법원 1998.3.24, 선고 96누16070 판결). 그러나 행정해석은 "임의로 노조에서 탈퇴한 자 등에 대하여 단체협약상 해고의무에 관한 명시적인 규정을 두고 있지 아니한 경우, 동 규정의 취지가 사용자로 하여금 임의탈퇴자에 대하여 해고 의무를 부여한 것이라는 해석에 대하여 노사 간 이견이 있거나 해고한 관행이 형성되어 있지 않다면, 해고의무가 당연히 발생하지는 않는 것으로 보아야 할 것임(2008.08.18., 노사관계법제과-88)"이라는 입장이다.

> 구 노동조합법(1996.12.31. 법률 제5244호로 폐지되기 이전의 것) 제39조 제2호 단서 소정의 조항, 이른바 유니언 숍(Union Shop) 협정은 노동조합의 단결력을 강화하기 위한 강제의 한 수단으로서 근로자가 대표성을 갖춘 노동조합의 조합원이 될 것을 '고용조건'으로 하고 있는 것이므로 단체협약에 유니언 숍 협정에 따라 근로자는 노동조합의 조합원이어야만 된다는 규정이 있는 경우에는 다른 명문의 규정이 없더라도 사용자는 노동조합에서 탈퇴한 근로자를 해고할 의무가 있다. 그러나 단체협약상의 유니언 숍 협정에 의하여 사용자가 노동조합을 탈퇴한 근로자를 해고할 의무는 단체협약상의 채무일 뿐이고, 이러한 채무의 불이행 자체가 바로 같은 법 제39조 제4호 소정 노동조합에 대한 지배·개입의 부당노동행위에 해당한다고 단정할 수는 없다. 이 부당 노동행위가 성립하려면 사용자에게 근로자가 노동조합을 조직 또는 운영하는 것을 지배하거나 개입할 의사가 있어야 하는 것인바, 뒤에서 보는 바와 같은 이 사건 경위에 비추어볼 때 그 해고조치를 취하지 아니함에 있어 사용자인 참가인에게 그러한 의사가 있었던 것으로 볼 수가 없다(대법원 1998.3.24, 선고 96누16070 판결).

반면, 기존 노조에서 제명되거나, 새로운 노조에 가입하기 위하여 탈퇴하거나 새로운 노조를 조직하기 위하여 탈퇴하는 경우에는 근로자에게 신분상의 불이익을 줄 수 없도록 노조법 제81조 제2호 단서에서 규정하고 있으므로 이러한 경우에 유니온 숍 규정에 의거 기존 노조에서 해고요청을 하더라도 사용자는 해당근로자를 해고할 수 없는 것이다. 그러나 새로운 노조를 설립하기 위하여 탈퇴하는 경우에는 탈퇴시점과 신규노조 설립 신고시점에 차이가 있을 수 있기에 근로자는 신규노조를 설립해 놓고 탈퇴하는 것이 신분상의 불이익을 받지 않는 방법이다. 이유는 신규노조를 설립하기 위하여 막상 탈퇴하였지만 노조설립 신고가 지체된다면 탈퇴시점과 노조설립시점 사이에 공백이 발생하게 되고 이를 이유로 기존 노조는 사용자에게 해고요청할 수 있으며 이에 따라 사용자가 해고조치를 할 수도 있기 때문이다. 물론 이 경우 부당해고구제신청이나 부당노동행위 구제신청을 통해 부당해고로 판단받을 수도 있겠으나 이는 사후적인 해결책이기에 사전에 그같은 행위가 발생하지 않도록 하는 것이 바람직하기 때문이다.

한편 유니온 숍 협정의 유효요건은 '노동조합이 당해 사업에 종사하는 근로자의 3분의 2 이상을 대표하고 있어야 한다'는 것이다. 그런데 복수노조하에서 유니온 숍 협정을 체결하고 있는 기존 노조의 조합원이 탈퇴하여 신설노조에 가입하므로 인해서 기존노조의 조합원이 전체 근로자의 3분의 2 이상이 되지 못하였을 경우에는 유니온 숍 협정은 더 이상 유효하지 않다. 따라서 노조를 탈퇴한 근로자에 대하여 사용자는 해고의무를 지지 아니한다.

노동조합법 제39조 제2호 단서규정에 노동조합이 당해 사업장에 종사하는 근로자의 2/3 이상을 대표하고 있을 때에는 근로자가 그 노동조합의 조합원이 될 것을 고용조건으로 하는 단체협약(소위 유니온숍협정)을 체결할 수 있으며 이 경우 사용자는 근로자가 당해 노동조합에서 제명된 것을 이유로 신분상 불이익한 행위를 할 수 없는바, 이와 같은 유니온숍협정은 조합원인 근로자가 노동조합으로부터 임의탈퇴하거나 그 노동조합에의 가입을 거부할 경우 사용자가 해고할 의무를 부담하는 것을 본질적 내용으로 하는 것임. 그러나 사용자가 근로자를 해고할 경우에는 해당조합원에게 유니온숍협약의 체결내용에 의거 사용자가 해고의 의무가 있음을 정확히 알려 주고, 그럼에도 불구하고 근로자가 노조탈퇴 의사를 철회하지 않는 경우에는 해고가 가능하다 할 것이며, 동법 조항에 의거 유니온숍협정이 체결되었더라도 조합원이 탈퇴하여 동법 제39조 제2호 단서규정의 요건이 충족되지 아니한 경우(조합원 수가 전체 근로자의 2/3 미만)에는 단체협약의 유효기간 중이더라도 유니온숍협정의 효력은 인정되지 아니함(노조01254-390, 1994.03.24.).

---

6) 단체협약의 효력확장 문제

단체협약은 해당 노조의 조합원과 사용자에게 적용되는 것이 원칙이다. 그러나 노조법은 제35조는 "하나의 사업 또는 사업장에 상시 사용되는 동종의 근로자 반수 이상이 하나의 단체협약의 적용을 받게 된 때에는 당해 사업 또는 사업장에 사용되는 다른 동종의 근로자에 대하여도 당해 단체협약이 적용된다"고 규정하고 있다.

이 같은 단체협약의 효력확장 요건은 ① 효력확장단위가 "하나의 사업 또는 사업장"이어야 한다. 이는 노조의 조직단위로 간편하게 판단할 수 있는바,[14] 노조의

---

14) 효력확장단위를 판단함에 있어서는 형식적으로 판단하는 것이 아니라 실질적으로 판단하는 것이므로 노조규약에 조합가입범

조직단위가 하나의 사업장이라면 동 사업장의 동종 근로자의 반수 이상이 하나의 단체협약에 적용을 받으면 되는 것이다. 반면, 노조의 조직단위가 하나의 사업단위라고 한다면, 쉽게 설명하여 한 기업단위라고 한다면 전국에 수 개의 사업장이 산재해 있더라도 기업 전체의 근로자의 반수 이상이 그 요건이라 할 것이다. ② 동종 근로자이어야 한다. 즉 하나의 단체협약의 적용을 받고 있는 조합원과 동종의 근로자이어야만 단체협약의 효력이 확정되는 것이다. 따라서 공장의 생산직 근로자로 조직된 노조와 단체협약을 체결한 경우 비록 해당 사업장기준으로 해당 조합의 조합가입률이 90%가 넘는다 하더라도 해당 사업장의 생산직 이외에는 단체협약의 효력은 확장되지 아니한다. 따라서 해당 사업장에서 근무하는 영업직이나 사무직에게는 단체협약이 적용되지 아니한다. ③ 반수 이상이 하나의 단체협약에 적용되어야 한다. 여기서 반수 이상의 의미는 과반수가 아닌 50% 이상을 의미하는 것이며, 해당 사업(장)의 모든 근로자 중에서 사용자적 지위를 가지고 있는 근로자를 제외한 근로자 반수 이상을 의미하는 것이다.

단체협약의 효력이 확장되는 부분은 규범적 부분에 한한다. 즉 근로조건 및 근로자의 대우에 관한 기준만 확장되는 것이다. 그렇다 하더라도 단체협약의 적용 대상이 아닌 근로자의 근로조건이 확장예정인 단체협약에서 정한 기준보다 유리한 경우에는 유리조건 우선의 원칙에 의하여 유리한 조건이 적용되는 것이다.

한편 단체협약의 효력확장 대상은 어느 단체협약에도 적용되지 않는 근로자에 한하는 것이므로, 소수노조가 사용자와의 개별교섭을 통해서 단체협약을 체결하고 있다면 반수 이상의 노조와 체결한 단체협약의 효력은 확장되지 아니한다(대법원 1993.12.21, 선고 92도2247 판결).

또한 조합원의 탈퇴 등으로 단체협약의 일반적 구속력 확장 요건인 '동종 근로자의 반수 이상'이라는 요건을 충족하지 못하는 경우에 확장된 효력은 소멸한다.[15]

위로 회사에 근무하고 있는 근로자 전체를 대상으로 규정하였다 하더라도 실질적으로는 특정사업장의 생산직 근로자만이 노동조합에 가입되어 있는 경우라면 효력확정 단위는 회사 전체가 아닌 사업장이 기준이 되는 것임.

15) 하갑래, 집단적 노동관계법, 중앙경제, 2011, 338쪽.

헌법 제33조 제1항은 근로자는 근로조건의 향상을 위하여 자주적인 단결권, 단체교섭권 및 단체행동권을 가진다고 규정하여 근로자의 자주적인 단결권뿐 아니라 단체교섭권과 단체행동권을 보장하고 있으므로, 노동조합법 제38조가 규정하는 지역적 구속력 제도의 목적을 어떠한 것으로 파악하건 적어도 교섭권한을 위임하거나 협약체결에 관여하지 아니한 협약 외의 노동조합이 독자적으로 단체교섭권을 행사하여 이미 별도의 단체협약을 체결한 경우에는 그 협약이 유효하게 존속하고 있는 한 지역적 구속력 결정의 효력은 그 노동조합이나 그 구성원인 근로자에게는 미치지 않는다고 해석하여야 할 것이고, 또 협약 외의 노동조합이 위와 같이 별도로 체결하여 적용받고 있는 단체협약의 갱신체결이나 보다 나은 근로조건을 얻기 위한 단체교섭이나 단체행동을 하는 것 그 자체를 금지하거나 제한할 수는 없다고 보아야 할 것이다 (대법원 1993.12.21, 선고 92도2247 판결).

7) 부당노동행위 문제

부당노동행위라 함은 헌법 제33조 1항에서 보장한 노동3권을 침해하는 사용자의 행위이다. 노조법 제81조는 헌법에 규정한 노동3권을 실현하기 위하여 부당노동행위를 구체적으로 규정하고 있는데 그 종류는 불이익취급, 비열계약, 단체교섭 거부 및 해태, 지배개입 등이다.

(1) 불이익 취급

불이익 취급이란 노동조합활동을 이유로 사용자가 근로자에게 징계 등과 같은 불이익한 대우를 하는 것이다. 노조법 제81조 제1호와 제5호에서 불이익 취급의 유형을 규정하고 있는데, 노조법 제81조는 "근로자가 노동조합에 가입 또는 가입하려고 하였거나 노동조합을 조직하려고 하였거나 기타 노동조합의 업무를 위한 정당한 행위를 한 것을 이유로 그 근로자를 해고하거나 그 근로자에게 불이익을 주는 행위"를 불이익 취급으로 규정하고 있고, 노조법 제81조 제5호에서는 "근로자가 정당한 단체행위에 참가한 것을 이유로 하거나 또는 노동위원회에 대하여 사용자가 이 조의 규정에 위반한 것을 신고하거나 그에 관한 증언을 하거나 기타 행정관청에 증거를 제출한 것을 이유로 그 근로자를 해고하거나 그 근로자에게 불이익을 주는 행위"를 불이익 취급으로 규정하고 있다.

사용자가 기존의 노조 외에 새로이 노조를 설립하려는 것을 이유로 정당한 이유 없이 해고하거나 원격지로 발령을 내거나 승진에서 누락시킨다면 이는 부당노동행위에 해당된다. 또한 기존의 노조를 탈퇴하여 새로이 노조를 설립하는 경우에도 마찬가지다. 특히 기업에서는 복수노조 설립을 예방하기 위해서 노무정보체계를 구축하고 현장관리자들의 적극적인 노무관리활동을 주문하게 되는데, 이 과정에서 복수노조 설립 징후가 발생할 경우 주동자를 색출하여 설득하거나 회유시키는 현상들이 발생할 가능성이 있다. 그러한 조치로도 복수노조 설립을 막지 못한다면 주동자에 대한 징계나 원격지로의 배치전환 등을 하기도 한다. 따라서 이과정에서 부당노동행위 시비가 나타날 수 있으므로 복수노조시대에 노사관계 안정을 위해서 사용자는 부당노동행위에 각별히 유념해야 한다.

(2) 비열계약

비열계약(Yellow dog contract)이란 근로계약을 체결하면서 특정한 노조에 가입할 것이나 특정한 노조에 가입하지 말 것을 계약조건으로 하는 것이다. 이는 단결권을 침해하는 것으로 노조법 제81조 제2호에서 부당노동행위로 금지하고 있다.

그러나 노조법 제81조 제2호에서는 비열계약을 제한하면서도 단서로 "다만, 노동조합이 당해 사업장에 종사하는 근로자의 3분의 2 이상을 대표하고 있을 때에는 근로자가 그 노동조합의 조합원이 될 것을 고용조건으로 하는 단체협약의 체결은 예외로 하며, 이 경우 사용자는 근로자가 그 노동조합에서 제명된 것 또는 그 노동조합을 탈퇴하여 새로 노동조합을 조직하거나 다른 노동조합에 가입한 것을 이유로 근로자에게 신분상 불이익한 행위를 할 수 없다"고 규정하고 있다. 따라서 당해 특정 노조가 근로자의 3분의 2 이상을 조합원으로 확보하고 있다면 이같은 비열계약은 가능한 것이며, 이러한 내용을 사용자가 근로자와 근로계약을 체결하면서 근로계약서에 명시하지는 않더라도 단체협약에 소위 유니온 숍 조항으로 조문화되어 있으므로 이를 근로자에게 알려 주어야 한다.

반면, 복수노조가 설립되어 있을 경우 회사에 보다 우호적인 노조가 있을 수 있고, 이 경우 회사는 근로자를 채용하면서 회사에 우호적인 노조에 가입을 독려하거나 회사와 대립적인 노조에 가입하지 말 것을 종용하거나 더 나아가 특정 노조에 가입하지 않겠다거나 특정노조에 가입하겠다는 각서를 징구하는 경우도 발생할 수 있다. 이 경우 부당노동행위가 될 수 있으므로 각별히 주의하여야 한다.

(3) 단체교섭 거부·해태

사용자는 노동조합의 정당한 단체교섭을 거부할 수 없는 것임에도 사용자가 노동조합의 교섭 요구를 거부한다든가 이를 해태하는 경우 노조법 제81조 제3호는 이를 부당노동행위로 금지하고 있다.

특히, 복수노조 사업장의 경우 노조가 교섭을 요구할 경우에는 교섭창구를 단일화하도록 노조법 제29조의2에서 규정하고 있으므로 이 과정에서 단체교섭 거부 내지는 해태의 부당노동행위가 발생할 가능성이 있다.

교섭 요구 시기가 노조법 시행령 제14조의2 제1항에 의거 '협약만료 이전 3개월이 되는 날'부터 교섭 요구할 수 있기에 협약만료 3개월 전의 교섭 요구에 대하여 거부하는 것은 부당노동행위가 되지 아니한다. 다만 3개월 이후에 교섭 요구를 한 경우에 사용자가 교섭 요구사실을 공고하는 등 창구단일화 절차를 진행할 수 있도록 하여야 하는데 이 같은 조치를 이행치 않아 창구단일화가 지연되는 경우에도 이는 단체교섭 해태로 부당노동행위에 해당된다.

2009.12.31. 현재 복수노조가 존재하는 사업장의 경우 창구단일화 의무는 2012.6.30.까지 유예되므로 그러한 사업장이라 하더라도 2012.7.1.부터는 교섭창구 단일화 절차를 거쳐야 한다. 이 경우, 기존의 1개 노조와 교섭을 진행하다가 교섭이 지연되어 2012.7.1.에 도달하게 되면 고용노동부의 노조법 부칙 제4조의 해석에 의할 경우 교섭대표노동조합으로 인정하지 않기에 다시 창구단일화 절차를 거쳐야 한다. 만약 기업에서 2012.7.1. 현재 교섭 중인 노조를 교섭대표노동조합으로 보아 다른 노조의 교섭 요구에도 교섭 요구사실을 공고하지 않는다면 이는 단체교섭 거부·해태의 부당노동행위에 해당될 수 있다. 따라서 기업에서는 법원이 고용노동부와는 달리 해석한다 하더라도 노사관계 업무의 안정적 운영을 위해서 교섭 요구사실을 공고하는 등 창구단일화 절차가 진행될 수 있도록 하는 것이 바람직하다.

또한 노조의 설립형태가 기업별노조 외에 산별 노조나 지역별노조 등과 같은 초기업단위로 설립될 수도 있고, 이미 설립된 초기업단위의 노조에 해당기업의 근로자 1명이 가입하더라도 해당기업에 노조가 설립된 것이므로 기존에 설립된 노조 외에 초기업 단위의 노조에 근로자 1명이 가입하였더라도 복수노조에 해당되므로 1명이 가입한 초기업단위 노조가 교섭을 요구한다 하더라도 조합원 수에 관계없이 당연히 교섭 요구사실을 공고하는 등 교섭창구 단일화 절차를 진행하여야 하는 것이며, 이러한 절차를 진행하지 않는다면 단체교섭 거부·해태의 부당노동행위에 해당된다.

한편 교섭 요구는 노조법 시행령 제14조의2 제2항에 의거 노조법 시행규칙 제10조의2에 의거 노동조합의 명칭 및 대표자의 성명, 주된 사무소의 소재지, 교섭을 요구한 날 현재의 조합원 수를 기록한 서면으로 요구하도록 규정되어 있으므로, 서면으로 요구하지 않는다든가, 기재사항을 누락하여 요구하였다면 교섭 요구사실을 공고하지 않는다고 하더라도 부당노동행위에 해당되지 아니한다.

(4) 경비원조 및 지배개입

경비원조 및 지배개입이란 노조의 자주성을 침해하는 행위이다. 따라서 노조법 제81조 제4호에서는 노조의 자주성을 보호하기 위하여 "근로자가 노동조합을 조직 또는 운영하는 것을 지배하거나 이에 개입하는 행위와 노동조합의 전임자에게 급여를 지원하거나 노동조합의 운영비를 원조하는 행위. 다만 근로자가 근로시간 중에 제24조 제4항에 따른 활동을 하는 것을 사용자가 허용함은 무방하며, 또한 근로자의 후생자금 또는 경제상의 불행 기타 재액의 방지와 구제 등을 위한 기금의 기부와 최소한의 규모의 노동조합사무소의 제공은 예외로 한다"고 규정하고 있다.

회사가 주도하여 친기업 노조를 설립한다든가, 친기업 노조에게는 각종 편의제공을 제공하면서 대립적인 노동조합에게는 이 같은 편의를 제공치 않는 것은 부당노동행위에 해당될 수 있다. 즉, 합리적인 이유 없이 친 기업 노조에게는 노조사무실을 제공하면서 대립적 노조에게는 노조사무실을 제공하지 않는다거나, 친기업적 노조에게는 조합비를 공제해 주면서 대립적 노조에게는 조합비를 공제해 주지 않는 경우에 부당노동행위에 해당될 수 있다. 교섭대표 노조가 사용자와의 단체협약으로 이같이 다른 노조나 다른 노조원을 차별한다면 사용자와 교섭대표 노조는 부당노동행위 외에도 공정대표의무 위반이 될 수 있다.

특정노조를 비방하거나 노조에 가입하지 말라고 권유하거나 우호적인 노조의 근로시간 면제자에게만 통상적으로 근로했을 경우에 비하여 과하게 임금을 지급하는 경우 등도 부당노동행위에 해당될 수 있다.

8) 개별교섭 요구 문제

(1) 개별교섭 요구 자격

노조법 제29조의2 제1항에서는 복수노조 시에 교섭창구를 단일화하도록 규정하면서 단서로 "다만, 제2항에 따라 교섭대표노동조합을 자율적으로 결정하는 기한 내에 사용자가 이 조에서 정하는 교섭창구 단일화 절차를 거치지 아니하기로 동의하는 경우에는 그러하지 아니하다"고 규정하여 예외적으로 개별교섭을 허용하고 있는데, 개별교섭을 요구할 수 있는 자에 대한 제한 규정은 두고 있지 않다. 따라서 노사 간 어느 일방이 개별교섭을 요구하고 그 상대방이 동의하면 개별교섭은 가능한 것이다.

그러나 노사 간에 이 같은 개별교섭에 대한 동의는 창구단일화 절차에 참여한 노조에게만 가능한 것이므로 창구단일화 절차에 참여하지 않은 노조는 사용자에게 개별교섭을 요구할 수 없다.

(2) 개별교섭의 시기

개별교섭을 하기 위해서는 노사 간에 개별교섭에 대한 동의를 하여야 하는데, 그 기간은 노조법 제29조의2 제1항 단서에 '교섭대표노동조합을 자율적으로 결정하는 기한 내'로 규정하고 있다. 즉 교섭창구 단일화 절차에 따라 사용자는 교섭을 요구한 노동조합을 5일 동안 확정공고하면 '교섭 요구 노동조합이 확정공고된 날부터 14일 기한 내'에 자율적으로 교섭대표노동조합을 결정하도록 규정되어 있기에 노사 간에 개별교섭을 하기 위해서는 이 기간 동안 개별교섭에 대한 동의를 하여야 한다. 만약 이 기간을 넘어서 개별교섭에 대하여 합의를 하는 경우에는 동법 위반으로 효력이 없다.

(3) 동의방법

노조법에서는 개별교섭 동의의 방법에 대하여 특별히 규정한 바 없다. 따라서 구두로 하건 서면으로 하건 가능하다. 그러나 분쟁의 소지를 없애기 위해서는 서면으로 '개별교섭 동의서' 내지는 '개별교섭 합의서'를 작성하는 것이 바람직하다.

(4) 동의의 효과

노사가 개별교섭에 합의한 경우에는 해당 노사는 개별적으로 단체교섭을 하고 이에 따라 단체협약을 체결하는 것이 가능하다. 또한 단체교섭 과정에서 노사 간에 자신들의 주장을 관철하기 위하여 쟁의행위를 하는 것도 가능하다. 이 경우 쟁의행위 찬반투표를 함에 있어서도 교섭 요구 노조 전체 조합원의 과반수가 아닌 개별교섭을 하는 노조 조합원 과반수의 찬성으로 쟁의행위를 할 수 있는 것이다.

창구단일화 절차를 통해 교섭대표 노조가 체결한 단체협약은 개별교섭 노조에는 적용되지 않는 것이므로 교섭대표 노조를 상대로 한 공정대표의무 위반을 주장할 수도 없다.

한편 하나의 사업장에 교섭대표 노조가 체결한 단체협약과 개별교섭에 따라 체결한 단체협약이 있을 경우 새로이 설립된 노조는 이들 단체협약 중 먼저 유효기간이 도래하는 단체협약을 기준으로 교섭을 요구할 수 있다.

9) 교섭대표 노동조합의 지위 문제

(1) 교섭대표 노조 지위 유지기간

노조법 제29조의 제2항에 의거 하나의 사업장에 2개 이상의 복수노조가 존재하는 경우에 노동조합이 사용자와 교섭하기 위해서는 교섭창구를 단일화해야 한다. 여기서 교섭창구 단일화에 따라 교섭대표 노조로 결정되면 해당 교섭대표 노조는 다른 노조를 대표하여 사용자와 임금 및 단체교섭을 체결할 수 있는 대표권을 행사한다.

대표권을 행사할 수 있는 기간은 노조법 시행령 제14조의10 제1항에 의거 2년으로 규정하고 있는데, 자세한 사항은 다음과 같다.

▲사용자와 첫 번째 체결한 단협의 유효기간이 2년인 경우
- 그 단체협약의 유효일이 만료되는 날

예시 1) 2012.1.1. 교섭대표노동조합으로 결정되어 2012.4.1.~2014.3.31.을 유효기간으로 하는 단체협약을 체결한 경우: 교섭대표 유지기간은 2012.1.1.~

2014.3.31.(2년 3개월임)

예시 2) 2012.1.1. 교섭대표노동조합으로 결정되어 단체협약 유효기간을 2012.1.1.~
2013.12.31.로 정한 경우: 교섭대표 유지기간은 2012.1.1.~2013.12.31.(2년임)

예시 3) 2012.1.1. 교섭대표노동조합으로 결정되어 단체협약 유효기간을 소급적
용하여 유효기간은 2011.10.1.~2013.9.30.로 정한 경우: 교섭대표유지기
간은 2011.10.1.~2013.9.30.(1년 9개월임)

▲사용자와 첫 번째 체결한 단협의 유효기간이 2년 미만인 경우
- 그 단체협약의 효력이 발생하는 날을 기준으로 2년이 되는 날

예시 4) 2012.1.1. 교섭대표노동조합으로 결정되어 유효기간이 1년, 즉 2012.4.1.~
2013.3.31.로 하는 임금협약을 체결한 경우: 교섭대표유지기간은 2012.1.1.~
2014.3.31.(2년 3개월임)

시행령 제14조의10(교섭대표노종조합의 지위 유지기간 등)

① 법 제29조의2 제2항부터 제5항까지의 규정에 따라 결정된 교섭대표노동조합은 그 결정된 때부터 다음
각 호의 구분에 따른 날까지 그 교섭대표노동조합의 지위를 유지하되, 새로운 교섭대표노동조합이 결
정된 경우에는 그 결정된 때까지 교섭대표노동조합의 지위를 유지한다.

1. 교섭대표노동조합으로 결정된 후 사용자와 체결한 첫 번째 단체협약의 유효기간이 2년인 경우: 그
단체협약의 유효기간이 만료되는 날

2. 교섭대표노동조합으로 결정된 후 사용자와 체결한 첫 번째 단체협약의 유효기간이 2년 미만인 경
우: 그 단체협약의 효력이 발생한 날을 기준으로 2년이 되는 날

▲교섭대표노조 유지기간 중 새로이 교섭대표노조가 결정된 경우
- 새로운 교섭대표노조가 결정된 때까지만 교섭대표노조의 지위 유지

예시 5) 2012.1.1. 교섭대표노동조합으로 결정되어 유효기간이 1년, 즉 2012.4.1.~
2013.3.31.로 하는 임금협약을 교섭대표노조와 체결하였는데, 2013년도

임금협약을 위해서 노조가 새로이 교섭대표노조를 2013.1.1. 결정한 경우: 기존의 교섭대표노조의 지위는 2012.1.1.~2013.1.1.(1년 1일임)

▲교섭대표노조 지위 유지기간 만료 후 새로운 교섭대표노조를 결정하지 못한 경우
- 새로운 교섭대표노조가 결정될 때까지 기존 단체협약의 이행과 관련하여 교섭대표노조의 지위 유지

예시 6) 2012.4.1.~2014.3.31.을 유효기간으로 하는 단체협약을 체결한 후 단협갱신을 위하여 교섭대표노조를 2014.6.30. 현재까지도 결정하지 못한 경우: 기존 단협의 이행과 관련하여서는 새로운 교섭대표노조가 결정될 때까지 기존 교섭대표노조의 지위는 유지됨.

▲교섭대표노조를 결정하였으나, 1년 동안 단협약을 체결하지 못한 경우
- 어느 노동조합이든지 사용자에게 교섭 요구하여 새로이 교섭대표노조를 결정할 수 있음. 따라서 노조의 교섭 요구를 받은 사용자는 새로이 교섭창구 단일화 절차를 진행할 수 있도록 교섭 요구사실 등을 공고하여야 함.

(2) 교섭대표노조의 권한 및 의무

① 단체교섭의 당사자

교섭대표노조의 대표자는 교섭을 요구한 모든 노동조합을 대표하여 사용자와 교섭하고 단체협약을 체결할 권한을 가진다. 따라서 각 노조가 규약으로 합의안에 대하여 조합원의 찬반 여부를 묻도록 규정하였다 하더라도 이는 단순히 조합 내부의 문제일 뿐 기체결된 단체협약의 효력에는 아무런 문제가 없다.

한편 단체협약을 체결한 이후에 보충협약을 체결하고자 하는 경우에 있어서도 교섭대표노조는 교섭의 당사자가 된다. 그러나 교섭대표노조의 지위는 법령에서 규정하고 있으므로 교섭대표노조의 지위기간을 넘는 범위의 보충협약 체결은 무효라 할 것이다.[16]

② 노동쟁의 조정신청

사용자와 교섭과정에서 노동쟁의가 발생하는 경우 이에 대한 조정신청의 당사자가 된다. 따라서 교섭위원으로 참석한 소수노조가 있다 하더라도 교섭대표노조가 아니라면 노동쟁의 조정신청할 수 없다.

③ 쟁의행위 관리

복수노조 시 교섭창구 단일화를 통해 교섭대표노조를 결정한 경우 교섭결렬도 쟁의행위에 돌입하게 되는 경우에도 쟁의행위 찬반투표를 실시하여야 하며, 이 경우 교섭창구 단일화 절차에 참여한 전체 조합원의 과반수의 찬성을 필요로 한다. 따라서 교섭과정에서 일부 노조가 이탈하여 독자적으로 쟁의행위 찬반투표를 통해 파업을 하는 것은 불법파업이 되며, 따라서 교섭대표노조는 파업찬반투표를 관리할 책임이 있다.

④ 필수유지업무 협정의 체결

교섭대표노조는 필수유지업무 협정 체결의 담당자가 되며, 이러한 필수유지업무 협정결과에 따라 쟁의기간 중 필수유지업무를 담당하게 될 조합원을 사용자에게 통보하여야 한다.

그 외에 교섭대표노조는 공정대표의무를 부담하며, 이에 대해서는 본 절 1.4)에서 상술한 바 있다.

---

16) 노동부, 사업(장)단위 복수노조 매뉴얼, 2010, 43쪽.

제2장

노사관계 전략 모형

전략의 개념

경영전략, 사업전략, 판매전략 등 현대사회에서 전략이란 말은 익숙한 말이 되었다. 그렇다면 과연 전략이란 무엇인가. Hofer & Shendel(1978)은 전략이란 조직의 목적을 달성하기 위해서 현재 가지고 있거나 미래에 처분 가능한 자원을 배분하고 환경과 상호 작용하는 기본적인 행동양식이라고 정의하고 있다

이학종(1987)은 전략이란 조직체의 목적을 달성하기 위한 수단으로서 조직체 내부의 모든 기능과 활동을 통합한 종합적인 계획을 의미한다고 정의하고 있다. 즉 조직체가 항상 변화하는 환경 속에서 장기적으로 좋은 성과를 거두려면 환경 변화에 알맞은 목적을 설정하는 것은 물론, 이를 달성하기 위하여 기업체 내부의 인력과 자금 그리고 기술·시설 등 모든 자원을 효율적으로 동원시키는 통합적이며 종합적인 계획이 필요한데 이것이 바로 전략이라는 것이다.[1]

챈들러(Alfred D. Chandler Jr.)는 전략이란 기업의 장기적인 목표의 결정과 그 목표를 달성하기 위한 행동을 결정하고 경영자원을 배분하는 것이라고 정의하고 있으며, 앤드류(Kenneth Andrews)는 전략이란 기업의 목표를 달성하기 위한 여러 가지 계획이나 정책을 말한다고 정의하고 있다.[2]

이상으로 볼 때, 전략이란 조직의 목표를 설정하고 이를 달성하기 위해 경영자원을 배분하는 것으로 간략하게 표현하면 주어진 환경하에서 목적을 달성하기 위한 종합적인 방법이라고 말할 수 있다.

이 같은 전략은 하위의 기능전략으로 나눌 수 있는데, 기업 전체 경영전략의 하부전략으로서 생산전략, 판매전략, 재무전략, 인사전략 등으로 구분할 수 있으

---

1) 이학종, 경영전략론, 박영사, 1987, 27쪽.

2) 장세진, 글로벌경쟁시대의 경영전략, 박영사, 2010, 6쪽에서 재인용.

며, 인사전략의 하위 전략으로는 채용전략, 보상전략, 평가전략, 교육훈련전략, 노사관계전략 등으로 구분할 수 있다. 물론 노사관계전략을 인사전략의 하위개념이 아닌 인사전략과 같이 경영전략의 하위 기능전략으로 구분할 수도 있다. 문제는 이러한 구분이 중요한 것이 아니라 각각의 기능전략들이 얼마나 기업 전체의 경영전략과 연계되어 있는지이며, 또한 얼마나 효과적으로 목표 달성할 수 있도록 수립되어 있는지라 하겠다. 예를 들어 A자동차회사의 2012년 경영목표로 매출 30조, 영업이익 6조, 생산 대수 1,000만 대를 수립하였다면 이를 달성하기 위해 365일 조업과 인건비 증가를 5% 이내로 억제해야 한다고 치자. 그렇다면 노사관계의 목표는 무파업타결과 5% 이내의 임금인상이어야 하고 따라서 노사관계전략은 노사관계의 목표인 무파업과 5% 이내의 임금인상을 위해서 협상은 언제 시작할 것이며, 이를 관철시키기 위한 조합지도부, 오피니언리더 및 일반조합원은 어떻게 설득하여야 하며, 초기 제시안은 어느 정도 제시해야 하며, 노조의 파업돌입에 대해서는 회사의 조업대책 및 파업대책은 어떻게 수립해야 하는 등 노사관계 목표를 달성하기 위한 종합적인 계획을 수립하고 추진해야 하는데 이러한 것들을 종합적으로 (임단협)전략이라 할 것이다.

그런데 어떠한 전략을 수립하는지가 대단히 중요하다. 이전의 환경결정론적 입장에서는 소위 '환경이 구조를 결정한다'는 명제에 따라서 노사관계는 그 회사가 처한 환경에 따라 어쩔 수 없다는 관점이었으나, 전략선택이론의 관점에서는 사용자의 전략선택이 노사관계 구조를 결정하고 노사관계 결과에 영향을 미치며 심지어는 환경도 변화시킨다고 보고 있다.

즉, 전략적 선택이 추구하는 것은 주어진 환경에 단순히 순응하기 위한 의사결정만이 아닌, 보다 적극적인 차원에서 환경을 창조적으로 변화시켜 나가는 과정이다. 전략의 형성은 상황과 이를 인식하는 의사결정자의 선택에 의해서 결정되어지며, 주어진 틀 속에서 최적의 전략을 선택하는 소극적인 관점과 역으로 조직의 전략이 환경에 영향을 미치는 적극적 관점을 동시에 지니는 것이다.[3]

따라서 전략선택이론에 의하면 사용자의 노사관계전략 선택에 따라서 노사관계 결과물이 달라진다. 사용자가 무노조 전략을 선택할지 아니면 유노조 전략을

---

3) 최종태, 전략적 노사관계론, 경문사, 1999, 10쪽.

선택할지 등에 따라 그 회사의 노사관계형태나 노사관계 결과물이 달라지는 것이다. 본서도 사용자의 전략선택이 노사관계결과에 영향을 미친다는 전략선택이론의 관점에서 기술되었다.

노사관계의 전략설계

이같이 전략선택이론의 관점에 입각하여 노사관계의 전략모형을 설계하면 <그림 2-1>과 같다. 즉 노사관계전략이란 주어진 환경하에서 노사관계의 목표를 달성하기 위한 종합적인 계획이므로, 노사관계 환경이 노사관계 결과에 영향을 미치는 데 있어서 사용자가 어떠한 전략을 구사하느냐에 따라 그 결과가 달라진다는 것이다. 또한 사용자의 노사관계전략이 심지어는 환경에도 영향을 미친다는 것이다.

노사관계 환경으로는 대외적 환경과 대내적 환경이 있으며, 노사관계의 목표는 생산성 향상을 통한 기업의 경쟁력 제고와 같은 회사 측의 목표와 근로생활의 질 향상 등과 같은 근로자 측의 목표가 있다. 노사관계전략은 노조의 존재를 인정하는 유노조전략과 노조의 존재를 인정하지 않는 무노조전략으로 구분하여 설명하고자 한다.

〈그림 2-1〉 노사관계 전략 모형

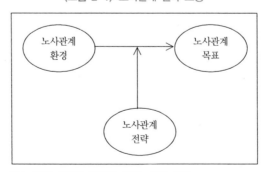

자료: 최종태, 전략적노사관계론, 경문사, 1999, 15쪽.

노사관계 환경

1. 대외적 환경

노사관계에 영향을 미치는 대외적 환경은 여러 가지가 있다. 아래에서는 기술환경, 경제환경, 정치환경, 사회 및 문화환경 등에 대해서 알아보고자 한다.

1) 기술적 환경

기술적 환경은 노사관계에 많은 영향을 미친다. 산업기술의 발달은 인간에 의한 생산에서 기계에 의한 생산으로 생산시스템을 바꾸고 있다. 즉 자동화된 설비의 도입으로 근로자의 일자리가 줄고 있다. 무한경쟁에서 기업이 생존하기 위해서 끊임없는 기술경쟁, 원가경쟁을 하기에 사용자는 자동화된 설비의 도입을 지속적으로 시도하고 이 과정에서 고용을 유지하기 위한 근로자나 노동조합과 부딪치게 된다. 자동화된 설비의 도입은 고용의 축소를 의미(정리해고나 명예퇴직 등의 방법을 통해)하기 때문이다. 강성노조로 인해 노사관계를 회사가 주도하지 못하는 경우라면 추가적인 자동화설비 등을 도입한다거나, 자동화된 최신설비로 새로이 공장을 건설함으로써 노조의 교섭력을 약화시키는 등 노사관계의 변화를 시도할 수도 있는 것이다.

〈표 2-1〉 경제성장률(전산업)과 임금인상률의 비교

(단위: %)

구분	04년	05년	06년	07년	08년	09년	10년
경제성장률	4.6	4.0	5.2	5.1	2.3	0.2	6.1
임금인상률	6.0	6.6	5.7	5.6	3.1	-0.7	6.1

주 1) 경제성장률은 실질 GDP성장률임.
　 2) 임금인상률은 협약임금 상승률임.
자료: 고용노동부, 한국은행.

2) 경제적 환경

경제적 환경도 노사관계에 많은 영향을 미친다. 대외적 경제수치, 즉 경제성장률, 소비자 물가상승률, 동종 경쟁사의 임금이나 복지수준 등과 같은 경제적 변수는 노사관계에 많은 영향을 미친다. 경기가 호황이거나, 소비자 물가상승률이 높거나, 경쟁사의 임금수준이나 복지수준이 높다면 사용자는 노동조합과의 교섭에 있어서 공세적인 입장을 취하기가 어렵다. 그러나 불경기에는 사용자는 노동조합과의 교섭에서 공세적인 입장을 취하기가 쉽다. 불경기에는 호황기에 비하여 판매가 둔화되고 재고가 증가하는 등 노조의 파업이 사용자에게 피해를 덜 주기 때문이며, 불경기로 인한 기업의 도산 등으로 실업자가 증가하기 때문에 노조도 근로조건의 향상보다는 고용의 안정성을 우선시하기 때문이다. 따라서 사용자는 이러한 불경기라는 노사관계의 우호적 환경을 효과적으로 활용하면 그동안 불합리한 관행의 개선과 같은 노사관계의 결과물들을 도출할 수 있는 것이다.

<표 2-1>는 경제성장률과 임금인상률을 나타내고 있는데, 대체로 경제성장률이 높으면 임금인상률도 높았고, 경제성장률이 낮으면 임금인상률도 낮은 것을 알 수 있다.

3) 정치적 환경

노사관계는 법적·정치적 영향을 많이 받고 있다. 특히 노동조합과의 단체교섭 등에 관한 내용을 규정하고 있는 '노동조합 및 노동관계조정법'이나 근로조건에 관한 기준을 정한 '근로기준법' 등은 노사관계에 있어서 많은 영향을 미치고 있다. 제1장에서 자세히 설명한 바와 같이, 2010.1.1. 노조법 개정에 따른 복수 노조 시행이라는 정치적 환경의 변화는 우리나라 노사관계 현장에서 경험해 보지 못한 새로운 환경이다. 노노 간의 갈등으로 인해 제2, 제3의 노조가 출현하고, 사용자가 강성노조의 대안으로서 전략적으로 노조설립을 유도하는 경우

〈그림 2-2〉 민주노총 총파업 사진

도 나타날 수 있다. 또한 정치적으로 보수당 정권하에서는 노사관계가 단체교섭을 중심으로 한 갈등적 노사관계가 형성되는 반면 진보정당의 비중이 높아짐에 따라 경영참가의 요청이 강해지며 참여적 노사관계로 나아가는 경향이 있다.[4]

노무현 정부시절과 MB 정부 시절에 노동정책에 큰 변화가 있었다. 노무현 정부 시절 많은 노동계의 인사가 정부 정책의 핵심부서에 진입하였고 이에 따라 노동운동은 대단히 활성화되었다. 반면, MB 정부는 취임 초기부터 비즈니스 프랜들리(Business Friendly)를 표방하고 나섰고, 이에 따라 노동운동은 대단히 침체되었으며, 민주노총은 노사정위원회에서 탈퇴하기도 하였다.

1996년 김영삼 정부 시절 집권당인 신한국당은 정리해고 등에 관한 내용의 노동법 개정안을 소관 상임위원회 심의도 없이 본 회의에서 신한국당 단독으로 통과시켰다. 이에 따라 노동계는 즉각 총파업에 돌입하였고 민주노총만 하더라도 400여 개 노조에 약 35만 명의 조합원이 총파업에 동참하였다. 이에 따라 1997년 1월 21일 여야 영수회담을 통해 국회에서 개정된 노동법 재개정을 천명하게 되었다. 이렇듯 정치적 환경은 개별기업의 노사관계에 영향을 미친다.

4) 사회문화적 환경

사회문화적 환경은 노사관계에 많은 영향을 미친다. 노사관계라는 것이 폐쇄된 시스템이 아니고 개방시스템이기에 외부의 사회문화적 환경이 노사관계 당사자에게 영향을 미치고 이는 노사관계 결과에도 영향을 미친다. 노사관계 당사자들은

---

4) 최종태, 현대노사관계론, 경문사, 1997, 784쪽.

자신들이 처해 있는 사회적 환경 속에서 행동하는 것인데, 특히 사회적 여론, 준거집단의 영향력 등이 많은 영향을 미친다. 특히 파업과 같은 사회적 이슈에 있어서 지역사회 및 일반 국민의 파업에 대한 여론이 악화될 경우에 그 파업은 지속되기가 어려우며, 또한 가족의 반대에 직면할 때도 파업에 참여하기가 어렵게 된다.

2. 대내적 환경

기업의 대내적 환경이 노사관계에 많은 영향을 미친다. 이는 노사관계가 노동력의 판매를 둘러싼 갈등이기 때문이다. 노사 간에 노동력의 판매협상을 하면서 가격이 맞지 않을 때 사용자가 다른 상품을 살 수 있다면 노사 간의 대립적 요소는 없을 수 있지만, 노동법은 근로자보호 측면에서 노동력에 대한 집단적 거래(단체교섭)를 허용하면서도 거래가 성립하지 않아도 노동력의 대체를 허용하지 않고 있다. 따라서 서로 간에 거래의 우위를 확보하기 위해 교섭력 강화가 절실히 필요하다 할 것이다. 아래에서는 노사관계에 영향을 미치는 대내적 환경요인 몇 가지를 설명하고자 한다.

1) 경영상황

노사관계의 내부환경으로 회사의 경영상황을 들 수 있다. 경영상황이 좋으면 회사는 근로조건을 개선할 여력이 강해지고 노동조합의 요구에 신축적으로 대응할 수 있는 여지를 크게 한다. 하지만 경영상황이 좋아지면 노동조합의 기대가 높아지므로 회사가 노조의 기대수준을 낮추기가 쉽지 않다. 반면, 회사의 경영상황이 악화되면 노조의 기대수준이 낮아지고 회사의 교섭력은 높아지게 되므로 회사안을 관철시키기가 수월해진다.

경영상황을 판단함에 있어서 단순히 이익규모로만 판단할 것은 아니며, 각종 경영분석지표 등을 종합적으로 판단하는 것이 바람직하다. 특히 영업이익 증가율, 매출액 증가율, 노동생산성 증가율 등은 노사관계 분석에 많이 사용하는 중요한 경영지표이다.

2) 노사 간의 신뢰

노사 간의 신뢰도 또한 노사관계에 영향을 미치는 내부 환경이다. 노사 간에 신뢰도가 좋다면 상대에 대한 존중과 이해가 높아져 노사 간의 갈등이 감소하게 된다. 실제 산업현장에서 발생하는 많은 노사문제의 원인이 바로 노사 간의 불신이다. 상대를 믿지 못하다 보니 상대를 이해하려고도, 상대를 배려하려고도 하지 않는다. 오로지 자신의 입장에서 자신의 이익을 위해서 행동하게 되고, 서면화되지 않는 것은 믿지 않으려고 하며, 미래의 수익보다는 현재의 근로조건 향상에 집중하게 된다. 노사 간의 불신이 높은 경우에는 회사에서 제공하는 각종 자료나 심지어는 재무제표조차도 믿지 못하여 교섭이 난항을 겪은 경우도 있다.

3) 근로조건

회사의 전반적인 근로조건은 노사관계에 많은 영향을 미친다. 아무리 노사 간에 신뢰가 두텁다 하더라도 임금과 복지 등 근로조건이 열악하다면 이를 개선하기 위한 노동조합의 요구강도는 강해질 수밖에 없는 것이다. 삼성이 무노조경영을 유지하고 있는 이유 중의 하나도 노조가 필요 없도록 최고의 복지수준을 해주기 때문인 것이다. 최고의 인재를 확보하기 위한 기업의 노력은 인재전쟁(war for talent)이라 할 만큼 치열하다. 따라서 최고의 복지를 통한 최고의 인재 확보는 기업의 경쟁력 확보는 물론 노사관계 안정에도 도움을 줄 수 있음은 당연하다.

4) 회사의 대응력

회사의 노사관계 대응력 또한 노사관계의 중요한 변수이다. 노동조합이 파업에 돌입한다 하더라도 회사의 노사관계 대응력을 통해서 파업의 효과를 감소시킬 수 있고 파업을 감내할 수 있다면 회사의 교섭력이 높아지는 것이며 이에 따라 노동조합은 회사의 요구를 수용할 수밖에 없는 것이다. 따라서 회사의 노사관계 대응력, 즉 파업대응력이 어느 정도가 되느냐는 중요한 요소라 할 것이다. 이 같은 회사의 대응력은 회사에서 노사관계 인프라를 갖추고 관리자가 적극적으로 노무관리에 매진함으로써 회사가 노사관계를 주도할수록 회사의 대응력은 높아진다 할 것이다.

5) 업의 특성

업의 특성 또한 노사관계에 영향을 미친다. 생산제품의 재고가 충분하여 일정 기간 파업도 감내할 수 있는 상황이라면 노조의 파업에도 회사는 의연하게 대처할 수 있고 따라서 회사의 교섭력을 높아진다. 그러나 재고를 충분히 가져갈 수 없는 사업이라든가, 24시간 연속 가동해야 하는 사업으로 공장가동이 멈추게 되면 재가동에 막대한 타격이 있는 사업의 경우 등에는 업의 특성으로 인해 노조에 대한 회사의 대항력이 약해질 수밖에 없어 노조의 압박에 회사가 굴복하기 쉽다. 예로 반도체 생산 공정의 경우 24시간 연속가동공정으로 원료인 웨이퍼를 투입하여 제품인 반도체 칩이 생산되기까지의 기간, 즉 TAT(Turn Around Time)가 제일 빠른 경우에도 45일 정도가 소요되고 일반적으로 약 60일 이상 걸리는데, 생산공정의 파업으로 조업이 멈춘다면 이 기간 동안 생산되고 있는 제품들이 불량이 나게 되고, 이후 노사 간 협상이 타결되어 조업이 재개된다 하더라도 새로이 제품을 생산하기 위해서는 최소 45일이 걸리므로 막대한 생산 및 판매차질이 불가피하게 된다. 따라서 반도체업은 노조의 파업에 대한 대항력이 대단히 낮은 특징이 있다.

3. 환경분석 툴(Tool)

전략이란 목표를 달성하기 위한 종합적인 방법이므로 전략수립에 있어서는 무엇보다도 주어진 환경을 분석해 보아야 한다. 노사관계가 시스템적 관점에서 볼 때 외부의 환경과 단절된 폐쇄시스템이 아니라 외부환경에 영향을 받고 외부환경에 적응해 가는 개방시스템이므로, 자신에게 주어진 환경에 맞게 전략을 수립하여야 목표를 효과적으로 달성할 수 있음은 이론의 여지가 없는 것이다. 물론 사용자의 전략이 환경의 변화를 가져오기도 하지만, 환경이 전략선택에 영향을 미치고 있음은 당연하다. 따라서 환경에 대한 분석은 대단히 중요한 것이며, 이러한 환경

분석을 바탕으로 문제점과 개선과제를 도출하고 이를 실행하여야 하는 것이다.

환경분석의 방법으로는 SWOT 분석방법, ERRC 방법 등이 있다. 이 같은 환경 분석 등을 통해 노사관계 전략을 수립하고 일관성 있게 추진해야 한다. 전략을 실행하는 과정에서 문제점이 나타날 수도 있다. 문제는 목표와 현재 수준과의 차이를 말하는 것으로 이러한 문제해결 기법으로는 PDCA 방법[5])이 많이 활용되고 있다.

1) SWOT

노사관계의 환경에는 일반적으로 기업외부의 환경인 대외적 환경과 기업내부의 환경인 대내적 환경으로 구분할 수 있으며, 환경을 분석하는 방법으로 대표적인 것은 SWOT 분석이다. SWOT 분석이란 기업내부의 강점(Strength)과 약점(Weakness)을 분석하고 기업외부의 기회(Opportunity)요인과 위협(Threat)요인을 분석하는 것이다. 이 같은 SWOT 분석은 단순히 기업의 강점을 토대로 주어진 기회는 적절히 활용하고 위험에는 효과적으로 대응하여 약점을 보완하는 간편한 방법으로 실무적으로 많이 사용하는 방법인데, SWOT의 예는 <표 2-2>와 같다.

〈표 2-2〉 노사관계 SWOT 분석 (예시)

강점(Strength)	약점(Weakness)
· 현 노조집행부와의 관계 원만 · 노무전문성 확대(조직 및 인력) · 경쟁력 있는 근로조건 · 경영실적 호전에 따른 시혜여력 증대	· 회사의 낮은 현장 장악력 · 노조전임자의 높은 전문성 · 양 노조의 연대로 인한 교섭력 강화 · Legal Issue 상존(비정규직) · 조합 집행부 선거
기회(Opportunity)	위협(Threat)
· MB 정부의 친기업적 노동정책 · 사회의 반 노동운동 정서 · 경쟁사의 무교섭 타결(임금동결)	· 복수노조 허용 · 비정규직 이슈 재등장 · 노동계의 노동법 개정 투쟁

---

5) PDCA는 Plan(계획하다), Do(실행하다), Check(확인하다), Act(조치하다)의 약자로 목표를 달성하는 유용한 수단임.

2) ERRC 방법

한편 SWOT 외에도 블루오션 전략의 하나의 기법인 ERRC도 많이 활동된다. ERRC란 블루오션(Blue Ocean)[6]전략 중 하나의 분석 방법으로 블루오션을 창출하기 위해 제거시킬 것이 무엇인지(E: Eliminate), 증가시킬 것은 무엇인지(R: Raise), 줄일 것은 무엇인지(R: Reduce), 창조해야 할 것은 무엇인지(C: Create)를 찾는 방법이다.

〈표 2-3〉 ERRC 분석 (예시)

제거(Eliminate)	증가(Raise)
· 파견법상의 불법요소 · 근로기준법상의 법위반 요소 · 일방적 의사소통	· 현장 관리자의 노경 마인드 · 노경담당자의 역량 · 임직원의 건전 마인드 · 노사 간 신뢰
감소(Reduce)	창조(Create)
· 불요불급한 노무업무 · 불요불급한 노무비용 · 노조의 불합리 요구 · 노조의 고충처리 기관화	· 노사정보체계 · 구성원 개별 성향관리 · 현장중심의 노무관리 · 근로자의 고충처리 체계

---

6) 수많은 경쟁자들이 우글거리는 레드오션(Red Ocean)과 반대되는 개념으로 차별화 등을 통해 경쟁자들이 없는 시장을 가리키는 것임.

노사관계의 목표

노사관계의 목표가 무엇인가? 노사관계 전략이란 노사관계 목표를 달성하기 위한 방안이라 할 것이므로 노사관계의 목표가 무엇인지 살펴보는 것은 무엇보다도 중요하다. 노사관계의 목표는 노사 간 공동의 목표이어야 한다. 어느 일방의 목표만 수립된다면 타방의 협조를 이끌 수 없다. 따라서 노사관계의 목표는 기업 측면의 목표와 근로자 측면의 목표가 함께 고려되어야 한다. 기업 측의 목표로는 생산성 향상, 매출액 증대, 손익 증대 등과 같이 개별기업의 특성에 맞는 다양한 목표를 수립할 수 있다. 본서에서는 이들을 포괄하는 개념으로 기업경쟁력 제고를 기업의 목표로 설정하고자 한다.

반면, 근로자 측의 목표로는 임금 인상, 근로조건 향상, 고용 안정, 일과 가정의 균형 등이 될 수 있다. 이를 기업 측의 목표와 마찬가지로 이를 모두 포괄하여 근로생활의 질(QWL) 향상으로 근로자의 목표를 설정하고자 한다.

1. 기업경쟁력 제고

기업의 입장에서 보면 노사관계의 목표는 당연히 기업경쟁력 제고이다. 과거의 노사관계 목표가 산업평과 유지였다면, 치열한 무한경쟁의 시대에는 산업평화유지에 노사관계의 목표를 둘 수 없다. 노사 간에 단순히 분쟁 없는 상태가 아니라 노사 간에 합심하여 성과를 창출하고 기업의 경쟁력을 제고시키는 것으로 노사관계의 패러다임이 바뀌고 있기 때문이다.

〈그림 2-3〉 노사관계의 패러다임 변화

구분	과거의 패러다임	새로운 패러다임
기본이념	산업평화유지	경쟁력 제고
행동양식	제로섬 게임	포지티브섬 게임
전략	외부환경 적응전략	내부자원기반전략
방향	공정분배	인적자원 개발
접근방식	이해관계 지향	문제해결 지향

자료: 최종태. 전략적 노사관계론. 경문사. 1999. 23쪽.

　치열한 경쟁 속에서 경쟁력이 있어야만 기업이 존속할 수 있는 것이며, 경쟁력이 없다면 기업은 망할 수밖에 없는 것이다. 경쟁력이 있어야 근로조건의 개선도 근로자의 고용도 유지할 수 있는 것이다. 따라서 생산성을 향상시켜 가격경쟁력, 품질경쟁력, 원가경쟁력, 기술경쟁력 등 기업경쟁력을 제고시키는 것이 노사관계의 목표가 되어야 한다.

　현대의 노사관계는 <그림 2-4>와 같이, 노동조합과의 단체교섭을 기반으로 하는 전통적인 노사관계와는 다르다. 즉 현대의 노사관계는 그 대상이 노조기업의 비노조원뿐만 아니라 무노조기업까지 포괄하는 개념이므로 노사관계당사자가 비조합원인 근로자까지 확대된다. 또한 노사관계과정과 결과를 보더라도 기존의 전통적인 노사관계는 단체교섭과 조정이라는 과정을 통해서 근로조건에 대한 집단적인 결과물인 단체협약을 도출하지만, 현대의 노사관계는 이러한 단체교섭과 조정 및 단체협약이라는 전통적인 교섭과정과 결과물 이외에도 비노조원을 포괄하는 노사협의회나 고충처리 등의 과정을 통해서 고충을 해결하고 노사 간에 정보를 공유하며 노사 간 이슈에 대한 합의에 도출하게 되는 것이다. 이처럼 현대의 노사관계는 당사자나 과정 및 결과물에 있어서 전통적인 노사관계보다 그 범위가 확대되었다. 따라서 학자는 그 대상범위 확대에 따라 노사관계론이라는 표현 대신 고용관계론이라고 표현하기도 한다.

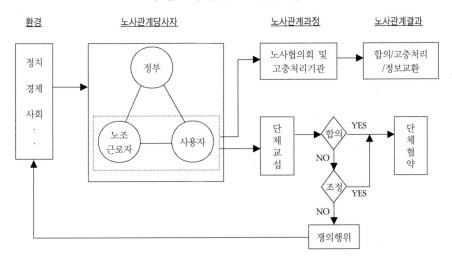

〈그림 2-4〉 현대의 노사관계 모형

　　이처럼 노사관계의 대상이 비조합원인 근로자는 물론 무노조기업에까지 확대
됨에 따라 노사관계의 목표를 단순히 노조와의 갈등을 조정하여 산업평화유지,
즉 무파업 달성으로 국한할 수 없게 된 것이다. 더욱이 한 치 앞을 내다볼 수 없
는 무한경쟁 속에서 기업이 존속·발전하여 지속가능기업이 되기 위해서는 경쟁
력의 확보가 절실히 필요하게 되고, 경쟁력 확보를 위해서는 노동조합은 물론 전
근로자의 헌신과 몰입을 필요로 하게 된다. 따라서 노사관계의 목표는 생산성 향
상과 같은 기업경쟁력 제고라 할 수 있다.

2. 근로생활의 질 향상

　　노사관계는·결승점을 향해 달려가는 2인 3각 경기라고 한다. 또 TOYOTA와 같
은 회사에서는 노사관계를 수레의 양 바퀴에 비유한다. 한 바퀴로는 수레가 갈 수
없듯이 양 당사자가 화합해서 잘 가야만 결승점에 도달할 수 있음을 이르는 말이
다. 따라서 노사관계의 목표는 사용자 측의 목표만이 아니라 근로자 측의 목표도
존재해야 한다. 근로자 측의 목표가 없다면 2인 3각 경기에 참가한 한쪽 선수인
근로자는 목표가 없기에 달려야 할 방향도, 달려야 할 이유도 찾을 수 없는 것이

기 때문이다. TOYOTA의 수레로 비유할 때도 사용자라는 바퀴는 목표를 향하여 앞으로 나아가지만, 근로자라는 다른 바퀴는 굴러가지 않기에 결국은 앞으로 나아가지 못하고 제자리에서 빙글빙글 돌게 되는 것이다. 따라서 노사관계의 목표는 반드시 노사 공동의 목표가 있어야 한다.

노사관계의 목표를 기업의 경쟁력제고에만 둔다면 직원의 헌신과 몰입을 이끌어 내기가 어렵다. 직원이 업무에 몰입하고 헌신할 수 있도록 동기부여시키기 위해서는 노사 간 공동의 목표를 제시해 주어야 한다. 즉 회사의 경쟁력제고라는 목표를 달성하면 임금은 얼마를 올려 줄 것이다거나 인센티브로 얼마를 줄 것이라는 목표달성에 대한 보상이 있어야 하는 것이다. 이러한 근로조건의 향상으로 근로자의 근로생활의 질(QWL: Quality of Working Life)이 향상된다는 강한 신념을 주어야만 근로자들이 헌신과 몰입할 수 있는 것이다.

근로생활의 질 향상이란 용어는 사실상 막연하고 포괄적인 용어이다. 작업환경이 보다 인간친화적(안전하고 쾌적 등)이고 일과 삶의 균형(WLB: Work and Life Balance)을 유지할 수 있고, 임금, 근로시간, 휴가 및 각종 복지수준 등 높은 수준의 근로조건을 유지하고 더 나아가 직장생활을 통해 보람을 얻고 자아를 실현하는 것 등이 QWL이라 할 것이다. 그러나 노동조합의 가장 큰 관심은 임금 등 금전적 보상이므로 실무적으로는 경영성과배분제도가 근로자 측의 목표로 자주 활용되고 있다. 즉 연간 회사의 목표를 달성하면 근로자에게 일정률(금액)의 인센티브를 배분하는 것이다. 현재 많은 국내 대기업들이 이 같은 방식을 도입하고 있는데, 삼성전자의 경우 생산성인센티브(PI: Productivity Incentive)가 상여금지급기준의 최고 200%, 이익분배금(PS: Profit Sharing)으로 최고 연봉의 50%인 1,000%를 지급하고 있는 것이 그 좋은 예이다.

사용자의 노사관계 전략

1. 전략의 유형

전략이 목표를 달성하기 위한 종합적인 방법이므로 사용자가 노사관계의 목표를 달성하는 노사관계전략도 다양하게 있을 수 있다. 따라서 이러한 노사관계전략을 학자마다 다양하게 분류하고 있다.

이학종・양혁승(2005)은 노사관계의 유형을 노조부정형(fight the union), 결탁형(collsion), 무장휴전형(armed truce), 현실형(power relation), 협력형(cooperation) 등으로 구분하고 있는데, 노조부정형(fight the union)이란 사용자가 노조를 근본적으로 인정하려 하지 않고 노조결성을 의도적으로 방지하거나 노조가 이미 결성되어 있으면 노조활동을 방해하며, 기회가 있으면 노조를 약화 또는 축출시키려고 온갖 노력을 다하는 노사관계 유형이다. 결탁형(collsion)은 노조부정형에서 흔히 존재하는 노사 간의 적대관계와는 달리 단체교섭에 있어서 사용자와 노조 지도층 간에 거래나 부조리(deal) 또는 결탁에 의하여 노사 간의 문제를 해결하려는 노사관계의 유형으로 노조지도층은 조합원의 의사를 반영하는 기능을 상실하고 경영층은 이를 악용하는 상태에서 정당한 노사관계가 이루어지지 않고 있는 것이 특징이다. 무장휴전형(armed truce)은 사용자가 노조를 인정하지만 상호 간의 갈등관계를 인식하고 서로 불신적인 관계에서 언제라도 전투를 할 무장태세를 갖추고 있는 노사관계의 유형이다. 노조의 이익은 사용자의 손실이라는 상호 배반적인 전제하에 노조는 경영권을 하나씩 쟁취하면서 그들의 권익을 확대해 나가려고 노력하는 반면, 사용자는 기존 경영권을 강력히 방어하면서 조금도 양보를 하지 않으려는 것이 이 유형의 특징이다. 현실형(power relation)은 노사 양측이 서로 강력하다는 것을 인식하고 사회경제적인 여건과 조직상황에 따라서 현실에 맞게 대화와 타협을 통해 노사 상호 간의 관계를 맺어 나가는 유형이다. 마지막으로 협력형(cooperation)은 노사 양측이 각자의 상대의 세력을 서로 인정하는 것은 물론 양측의 이득과 복지는 상호 의존관계에 있다는 것을 전제로 서로 타협하고 협조하며 노사 간의 문제를 해결하는 유형이다. 이 같은 이학종 등의 분류는 사용자의 노사관계에 대한 태도나 정책에 따른 유형을 구분한 정태적인 분류로 사용자의 전략선택이 노사관계의 결과에 영향을 미치고 심지어는 환경에도 영향을 미친다는 전략선택의 관점에서는 미흡하다.

이영면(2008)은 사용자의 노사관계전략의 유형을 노조탄압전략, 노조회피전략, 노조대체전략, 노조대응전략, 노사협력전략 등으로 구분하고 있다. 첫째, 노조탄압전략은 노동조합을 피하기 위해 적법한 방법 외에도 탈법·불법의 방법을 서슴지 않고 사용하는 경우를 말한다. 구체적인 방법으로 노조파괴전문가를 활용하여 노조를 파괴하고 노조결성을 추진하거나 주도한 근로자를 찾아내서 해고 등 불이익을 주거나 노조가 설립되었어도 교섭을 거부하고 노조를 무력화시켜 결국 노조를 파괴하고자 하는 전략을 말하며, 이는 이학종 등의 분류에 의할 경우 노조부정형에 해당한다. 이러한 노사관계전략은 노조법 제81조에 의거 부당노동행위에 해당되어 불법적인 방법이나 노동조합을 혐오하는 일부 사용자에 의해서 행해진다고 할 수 있다. 둘째, 노조회피전략은 회사에서 법을 어겨 가면서까지 노조를 탄압하는 것은 아니지만 가능한 회사에 노조가 결성되는 것을 막고 최소한 확산되는 것을 막으려는 사용자의 노사관계 전략이다. 형식적으로는 노조를 인정하지만 실질적으로는 노조를 혐오하며 인정하지 않고 노조를 약화시키거나 노조를 회피하고자 한다. 구체적인 방법으로 적극적인 인적자원관리를 통해 근로자의 노조결성의지를 낮추고 이로 인해 무노조기업을 유지하고자 하는 전략이다. 즉 경쟁기업보다 더 높은 근로조건 제시, 교육훈련, 배치전환, 경력개발, 고충처리 등에 있어서 최고수준을 제시하고 세심한 배려로 근로자들의 불만을 사전에 파악하여 이에 능동적으로 대응함으로써 근로자들이 노조를 원치 않도록 만드는 것이라 한다. 이러한 전략은 기존에 노조가 설립되어 있는 사업장에서는 노조를 인정하고 유지하지만 노조가 없는 사업장이나 신규사업장에서는 노조가 결성되지 않도록 관리하는 방법이다. 현재 최고의 복지를 바탕으로 무노조 경영을 유지하고 있는 일부 대기업이 이에 해당한다고 할 수 있다. 셋째, 노조대체전략이란 노조 대신 노조를 대체하는 다른 대안을 제시함으로써 사실상 노조 설립을 막으려는 사용자의 전략으로 충성심을 강조해서 노사관의 구분을 약하게 한다거나 노사협의회와 같은 조직을 통해서 근로자들의 불만을 처리하거나 제안을 받아들이는 방법이다. 그 외에도 주니어보드 등과 같은 미조직 근로자들의 대의기구를 만들어 노조의 결성을 억제해 보고자 하는 전략이다. 복수노조와 관련하여 많은 기업들이 이러한 방식을 통해서 근로자들의 의견이 경영층에 전달되도록 하고 이를 통해서 복수노조 설립을 막아 보려고 하고 있는 것이 현실이다. 넷째, 노조대응전략은 기왕에 설립된 노동조합을 인정은 하나 '눈에는 눈, 이에는 이'와 같은 방식으로 노조에 대응하는 전략이다. 이영면(2008)은 우리나라 대부분의 노조결성기업에서 사용자가 이러한 노조대응전략을 유지하고 있다고 하면서 이러한 전략에서는 회사측과 노조의 힘을 합쳐 시너지를 내겠다는 생각은 별로 없다고 한다. 마지막으로 노사협력전략은 회사와 노동조합이 긴밀한 협력관계를 유지하면서 노사가 공동운명체임을 인식하고 협력을 통해서 시너지를 창출하는 데 최선을 다하는 전략이다. 대표적인 방법으로는 성과를 배분하고 근로자에 대한 임파워먼트, 경영전략 수립에 노조의 참여 허용 및 노조가 고통분담이나 생산성 향상에 적극 참여 등이다. 그러나 우리나라 사용자들의 비우호적인 노조관 및 노조의 사용자에 대한 불신 등으로 이 같은 전략을 시행하고 있는 기업은 거의 찾아보기 어렵다. 이상의 내용을 간략히 정리하면 <표 2-4>와 같다.

〈표 2-4〉 이영면의 노사관계전략 구분

전략	노조탄압전략	노조회피 전략	노조대체 전략	노조대응 전략	노사협력 전략
수단	• 노조파괴 • 불법행위 • 교섭거부 • 노조해산 • 파산신청	• 진보적 인적자원관리 • 병행관리	• 충성심 강조 • 친회사 근로자조직 • 경영참가	• 노조인정 • 정면대결	• 성과배분 • 노사협력 • 임파워먼트 • 우리사주 • 노조의 전략적 참가

출처: 이영면, 고용관계론, 경문사, 2008, 450쪽.

Hyman(1994)은 사용자의 노사관계 전략을 적극적 노조배제전략, 인적자원관리를 통한 교묘한 노조회피전략, 경영참가전략으로 구분하고 있으며, Cooke(1990)은

노조회피전략, 협력전략, 혼합전략으로 구분하는데 혼합전략이란 노조회피전략
과 협력전략을 동시에 시도하는 것이다.

Katz H. C. & Kochan T. A.(1992)는 노사관계전략을 무노조전략과 유노조전략으로
구분하여 무노조전략으로 가부장적 형태(Paternalistic Pattern), 관료적 형태(Bureaucratic
Pattern), HRM 형태(Human Resource Management Pattern), 유노조전략으로 갈등형태
(Conflict Pattern), 뉴딜형태(New Deal Pattern), 참여적 형태(Participatory Pattern)로 구
분하면서 이러한 노사관계형태는 사용자의 가치나 전략이 중요한 역할을 한다며
사용자의 전략선택을 강조하고 있다. 무노조전략으로 가부장적 형태(Paternalistic
Pattern)에서는 인사적 자원관리는 비공식적 관리에 의존하는 경향이 있으며, 그러
한 비공식적 관리는 현업관리자(Operating Manager)의 자유재량에 맡겨진다. 공식
적인 휴가나 병가제도가 없어 Case by Case로 관리자에 의해 유급휴가 등이 인정
된다. 이 같은 형태의 기업에서 관리자에게 교육훈련이나 임금 등 근로조건에 있
어서 높은 수준의 자유재량이 주어져 있고 근로조건은 작업집단, 공장, 회사별로
차이가 나는 특징을 가지고 있다. 이러한 형태는 소규모 기업이나 가족소유의 기
업 등에서 일반적이며 노조회피가 경영의 주목적이 되기도 한다. 관료적 형태
(Bureaucratic Pattern)는 대기업에서 나타나고 있는 현상으로 규모의 경제를 실현하
기 위하여 인적자원관리를 표준화하고 관료화하는 것이다. 관료적 형태는 고도로
공식화된 절차라는 특징을 보이고 있는데, 예로 명확한 임금정책, 휴가정책, 승진
정책, 교육훈련정책 등이 그 예라 할 것이다. 또한 서구의 경우, 직무에 대한 책임
과 임금수준을 결정하기 위하여 상세하고 공식화된 직무분석과 직무평가제도를
사용하고 있다. 무노조 상태를 유지함으로 인해서 기업의 유연성과 원가경쟁력을
높이기 위한 노력으로 많은 기업들이 1970년대 이후 새로운 형태의 인사정책을
채택하기 시작한 것이 정교한 HRM 형태인데, HRM 형태는 관료적 형태와 같은
공식적인 절차/정책에 의존한다. 하지만 관료적 형태와 다른 점은 HRM 형태가
근로자의 고용안정, 작업조직의 팀제, 기술/지식기반의 보상제도 그리고 정교한
커뮤니케이션과 고충처리 절차와 같은 정교한 인사관리기법을 활용하는 것이다.
따라서 이 형태는 근로자의 태도나 타사의 인사관행을 모니터링하는 고도로 훈련
된 HR 전문가들이 필요하다. 정교한 HRM 형태도 노조회피하기 위해 노력하는데
신규공장의 입지결정, 고용안정 및 커뮤니케이션 정책 등을 결정하는 데 있어서

나 그 외 회사의 인사정책을 결정하는 데 있어서 노조회피 문제를 고려하여 정책을 결정한다. 유노조전략으로 뉴딜형태(New Deal Pattern)는 상세하고 공식적인 협약으로 특징 지워지는 형태로, 미국에서 2차 세계대전 이후에 지배적인 형태이다. 이 협약에는 고충처리 절차, 연공에 기초한 해고제도, 상세한 직무분석 및 표준화된 임금 등이 포함된다. 이 형태는 안정적인 노사관계를 유지하는 데 적합한데, 예로 공식적인 고충처리 절차를 통해서 문제가 표출되고 처리되어 안정성에 기여하고 있다. 이러한 형태는 노동조합과 사용자 간의 전통적인 단체교섭 형태라 할 것이다. 갈등형태(Conflict Pattern)는 노사 간에 권력에 기반하여 심각한 투쟁을 전개하는 형태이다. 이러한 갈등은 파업을 수반하기도 하며 또한 사보타지나 결근으로 나타나기도 하며, 사용자는 노조간부에 대한 해고 등 징계로 맞서기도 한다. 갈등형태는 고비용과 저생산성을 유발하기 때문에 갈등의 형태는 안정적인 형태가 아니다. 갈등형태는 대부분 노조기업이 무노조기업을 추진하는 과정에서 발생한다. 참여형태(Participatory Pattern)는 기업의 성과에 연동한 보상체계, 작업조직의 팀제, 직원에 대한 고용안정 프로그램, 기업의 의사결정과정에 노조의 더 많은 참여 등을 특징으로 하고 있는 형태이다. 참여형태는 근로자들이 직접적으로 생산이나 인사문제를 해결하는 메커니즘을 만들기 위해 노력하는데, 많은 기업에서 Quality Circle이나 Team Meeting 등을 통해 근로자와 감독자 간의 직접적인 생산이나 인사문제에 참여하는 형태를 보이고 있으며, 신기술 도입 등과 관련된 이슈에 근로자들이 참여한다. 이상의 내용을 간략히 정리하면 <표 2-5>와 같다.

〈표 2-5〉 Katz 등의 노사관계전략 구분

구분	무노조전략			유노조전략		
	가부장적	관료적	HRM	갈등	뉴딜	참여
규칙	비공식적	공식적	융통성 있음	융통성 없음	공식적	융통성 있음
관리형태	관리자 재량	규칙	강한 기업문화	공격적	적대적	참여
고충처리	없음	문서화	옴부즈맨	극단적 지연	고충시스템	지속적 문제해결
상하관계	위계적&개인적	위계적	개인적	전투적	Arms-length	오버래핑

출처: Katz, H. C. & Kochan, T. A., A Introduction to Collective Bargaining and Industrial Relations, McGraw-Hill, 1992, p.125.

최종태(1999)도 사용자의 노사관계 전략을 Katz 등(1992)과 같이 노조의 존재를 인정하는 유노조전략과 노조(Unionism strategy)와 노조의 존재를 인정하지 않는 무노조전략(Non-unionism strategy)으로 구분한 후 유노조전략에 노조지배전략과 노조동반자전략, 무노조전략에 노조회피전략과 욕구충족전략으로 구분하여 설명하고 있는데, 다음에서 이를 좀 더 자세히 설명하고자 한다.

<그림 2-5> 사용자의 노사관계 전략 유형

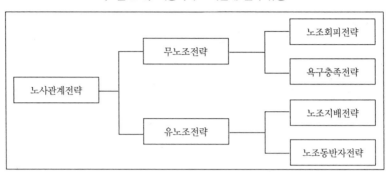

2. 유노조전략

우선 노조를 인정하는 유노조전략을 최종태(1999)는 노조지배전략과 노조동반자전략으로 구분하고 있는데, 우선 노조지배전략이라 함은 노조의 어용화를 추구하는 전략이라는 것이다. 정치사회적으로 노조를 인정할 수밖에 없는 상황이거나 노조를 회피하는 데 드는 비용을 감당하지 못하기 때문에 노조를 인정은 하되, 끊임없이 어용화, 무력화를 시도하는 사용자의 전략이다. 사용자는 노조를 경영의 걸림돌로 인식하는 반조합적인 노조관을 가지고 있으며, 법적인 의무 외에는 노조의 경영참여를 배제한다. 따라서 경영실적 공개와 같은 사항에 대해서도 근로자참여 및 협력증진에 관한 법률을 위반하지 않는 선에서 최소한도에 그친다. 이같이 노조를 어용화 무력화시키기 위해서 노조지도부에 대한 지속적인 감성관리 외에도 때로는 특혜제공 등의 방법을 사용하기도 한다.

반면, 노조동반자전략은 노조에 대한 형식적인 인정을 뛰어넘어 기업 내에서 노조의 역할을 긍정적으로 평가하는 전략이다. 사용자는 노조가 근로자의 진정한

구분	노조지배전략	노조동반자전략
전략의 목표	노조의 어용화, 무력화	대표성 있는 노조의 성장
노조관	형식적 인정	실질적 인정
접근과정	노조에 소극적 접근	노조에 적극적 접근

자료: 최종태, 전게서, 113쪽.

대표조직으로 성장하도록 허용하며 경영의 주요한 파트너로 노조를 간주한다. 근로조건과 관련된 제도변경에 있어서 노조와 협의를 하는 수준을 넘어 경영전반에 관한 사항에 대해도 노사 간에 협의하며, 노사가 공동으로 생산성향상을 위한 조직을 구성하여 생산성향상 운동을 전개하기도 하며 인사위원회에 노조의 참여를 허용하여 노사가 함께 근로자에 대한 징계 외 인사를 결정하기도 한다. 그러나 노조에 대한 긍정적 노조관을 가지고 노조 동반자전략을 추진하는 기업은 거의 찾아보기 어렵다.

이러한 유노조전략의 두 가지 형태는 노조를 인정한다는 측면에서는 동일하지만 본질적인 내용에서는 어용화된 노조를 추구하는 것과 대표성 있는 노조를 추구하는 것, 노조에 대한 형식적 인정과 내용상의 인정이라는 면 등에서 차이가 있다고 한다.

그러나 복수노조하에서 사용자는 특정노조를 선택적으로 어용화시키기 위한 노조지배전략을 추진하기가 수월해졌다. 교묘한 인사관리 기법을 동원하여 부당노동행위를 회피하면서 특정노조가 보다 친기업노조가 되도록 지원하고, 심지어는 부당노동행위를 회피하기 위해 친기업노조를 통해서 기존의 투쟁적 노조의 비윤리적 행위나 노동운동 노선을 공격하고 해당 노조의 조합원을 탈퇴시키기 위한 수단으로 활용할 가능성도 있다.

3. 무노조전략

무노조전략도 노조회피전략과 욕구충족전략의 두 가지로 최종태(1999)는 구분하고 있는데, 노조회피전략이란 근로자나 노조에 대한 탄압을 통해서 노조의 존재를 회피하려는 사용자의 전략이다. 이는 사용자의 노조회피심리를 대변하는 것으로 노조를 필요로 하는 근로자의 욕구는 도외시하고 노조 그 자체만을 회피하려는 것이다. 무노조 경영을 내세우며 노조설립시도 시 주동자를 회유·협박하여 노조설립시도를 와해시키며 심지어는 주동자를 해고하거나 해외사업장 등과 같은 원격지로 배치 전환하여 노조설립을 못 하게 한다. 즉 무노조를 위해서라면 탈법·불법도 서슴지 않는다. 이영면(2008)의 노조탄압전략, 이학종·양혁승(2005)의 노조부정형 및 Katz의 가부장적 유형이 이에 속한다고 할 수 있다.

반면, 욕구충족전략이란 근로자가 노조를 필요로 하는 임금인상, 근로조건의 개선, 의사소통, 고용안정 등의 욕구를 충족시킴으로써 노조의 설립을 억제하려는 전략이다. 즉 노조가 해 줄 수 있는 것 이상으로 회사가 근로조건 등을 제공함으로써 노조의 필요성을 느끼지 못하도록 하는 전략이다. 이러한 전략은 노조가 존재하는 동종기업에 비하여 최고의 복지수준을 유지해야 하기에 경영사정이 좋은 회사가 아니고는 추진하기가 곤란하다는 약점이 있다.

이 같은 무노조 전략은 기업의 최고경영자, 특히 기업설립자의 노조관이 가장 중요한 영향을 미치는 것으로 소위 "내 눈에 흙이 들어가기 전에는 노조를 인정할 수 없다"와 같은 전근대적인 노조관에 기초하고 있는 경우가 대부분이다. 이러한 설립자의 노조관이 수년 또는 수십 년을 이어오면서 노조활동을 금기시하고 노조설립시도는 수단과 방법을 가리지 않고 봉쇄하고 노조설립을 시도하는 근로자에 대해서는 해고 등의 불이익 조치를 취함으로 인해서 해당회사의 근로자들이 '노조를 설립하는 자는 피해를 본다'라든가 '우리 회사는 노조가 필요 없다'라고 인식하는 등 무노조가 하나의 문화로서 형성되어 있어야 무노조 상태를 유지하기가 수월해진다.

〈표 2-7〉 무노조전략의 유형

구분	회피전략	욕구충족전략
전략의 목표	탄압을 통한 노조회피	욕구충족을 통한 노조회피
근본적 동기	노조에 대한 거부감	전반적인 경영전략의 일환
접근과정	노조회피가 목적	노조회피가 수단

자료: 최종태, 전게서, 114쪽.

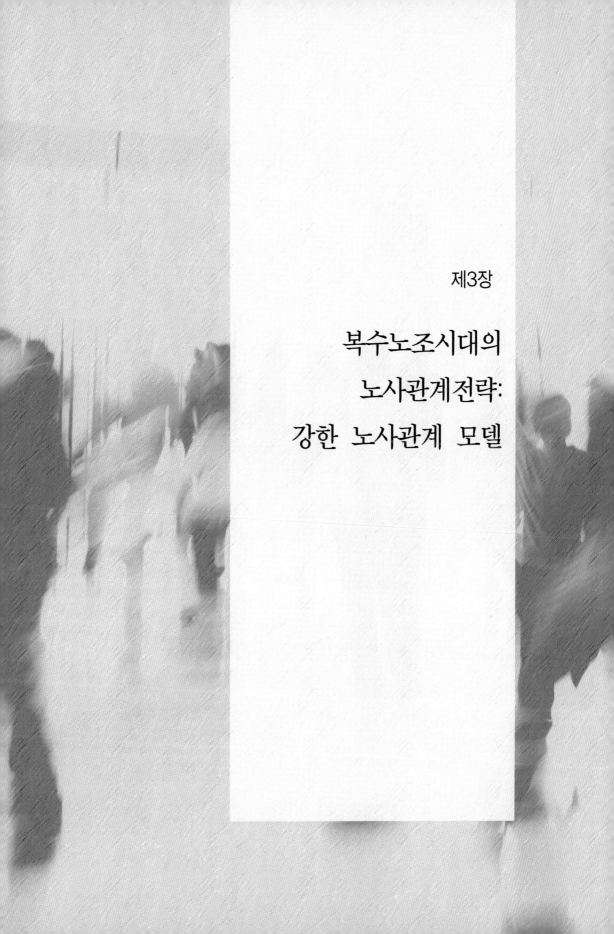

제3장

복수노조시대의
노사관계전략:
강한 노사관계 모델

현대차 화약고 '노사관계' …… 정의선 시대의 해법은?

<앵커> "변방의 자동차조립업체에서 글로벌 기업으로" 외신들이 놀라움을 표시하는 현대차의 성 공입니다. 그런데 현대차의 노사문제는 아직도 문제가 많은 게 사실입니다. 현대차 노사관계, 무엇이 문제 인지 김날해 기자가 취재했습니다. <기자> 최근 외국계 증권사들이 내놓은 현대차 보고서들입니다. UBS는 "파업으로 인한 공급 차질로 현대차의 국내시장 점유율이 하락했다"며 향후 중요한 리스크 요인 으로 불안한 노사관계를 들었습니다. BNP파리바 또한 현대차의 질주가 둔화조짐이 보인다며 최근 이어 진 비정규직 파업 손실을 근거 중 하나로 들었습니다. 80년대, 한국 노동운동의 메카로 불렸던 현대중 공업과 현대자동차. 20년이 지난 지금 두 회사의 노사관계는 하늘과 땅 차이입니다. 골리앗 크레인 투쟁 등으로 세상을 떠들썩하게 했던 현대중공업이 95년 이후 16년간 무파업 행진이 이어지는 동안 현대자 동차는 노조가 생긴 이후 24년 동안 3년을 제외하고 매년 파업을 했습니다. 노사분규로 인한 현대차의 손실액은 연평균 6천억 원 수준. 불안한 노사관계는 현대차 최대의 아킬레스건인 셈입니다. 왜 이렇게 어려운 걸까? 현대차 노사 관계는 항상 우리나라 노사 문제의 한복판에 서 있었기 때문에 회사 내부적 으로 풀기에는 역부족이었습니다. [권영길 민주노동당 원내대표: 그렇게 큰 문제를 국가적 과제를 한 기업 안에서 푼다는 건 사실 벅찬 과제죠] 여기에 파업병이라고 불릴 만큼 무조건 파업으로 문제를 해 결해온 강성노조의 관행에, 내부의 권력투쟁까지. 노조도 심각한 문제를 안고 있습니다. 세계적인 기업 임에도 불구하고 상대적으로 미숙한 현대차의 노무 관리도 문젭니다. 98년 천여 명을 정리하고 한 후 잃어버린 신뢰를 10년이 넘도록 회복하지 못했는데요. [장규호 현대차노조 대변인: 그게 신뢰죠. 일상적 인 노사관계에서 신뢰가 지켜져야 하고 단협사항이 지켜져야 하고 그래야 하는데 이런 게 안 되다 보니 까] 우선 공장부터 돌리고 보자는 모르핀식 처방이 사태를 악화시키기도 했습니다. [김태기 단국대 경제 학 교수: 노동조합이 파업을 한다, 강하게 투쟁을 벌이면 회사가 기존입장을 다 버리는……] 그러나 문 제는 이제부터. 정규직 노조와 2년 연속 무파업으로 임금협상을 마무리하기가 무섭게 기아차 하청업체 비정규직 분규에 현대차 비정규직 노동자들의 파업이 잇따랐습니다. 정규직에 대한 사측의 접근 방식은 달라졌을지 모르겠지만 비정규직 노동자를 보는 시각은 아직 구태를 벗지 못했다고 비정규직 노동자들 은 주장합니다. 현대자동차 생산직 내에 비정규직 노동자의 비율은 20% 수준. 걷잡을 수 없는 수위까지 온 사내 하청 문제를 지금까지와 같이 주먹구구식으로 해결하기엔 회사 입장에서도 리스크가 너무 큽니 다. [김태기 단국대 경제학 교수: 글로벌 기업으로 현대차가 자리 잡기 위해서는 인사노무관리가 현재 현대차 내에 있는 정규직만의 문제가 아니고 사내 하도급 업체를 포함해서 협력 중소기업의 인사노무관 리까지 포괄적으로……] 20년이 넘도록 최대의 아킬레스건이었던 '현대차 노사문제.' 3세 경영으로 넘 어가는 정의선 시대에는 21세기형, 선진화된 노무 관리가 필요하다는 지적입니다.

(SBS뉴스 2010.12.22)

강한 노사관계 모델[sER= f (I, C, A, M)] 개요

한 국가 또는 기업의 노사관계를 협력수준에 따라 이분법적으로 분류할 때, 협력적 노사관계와 대립적 노사관계로 구분한다. 그리고 많은 연구에서 경쟁력이 높은 고성과 장수기업들은 노사협력이라는 DNA를 보유하고 있다며 협력적 노사관계의 중요성을 강조한다.[1]

그렇다면, 복수노조시대를 맞이하여 어떻게 하면 노사협력을 이끌어 내어 협력적 노사관계를 구축할 수 있을까? 이에 대한 대답은 회사가 노사관계를 주도하는 노사관계를 구축해야 한다는 것이다. 이유는 노사관계도 생산, 판매, 재무 등과 같이 경영의 일부분이며, 회사의 전체적인 경영전략과 연계되어 있기 때문이다. 따라서 회사가 노사관계를 주도하여야만 경영전략과 연계시킬 수 있으며, 노사협력을 이끌어 내고 회사가 원하는 목표를 달성할 수 있는 것이다. 이는 사용자의 전략선택이 노사관계시스템과 노사관계결과를 결정한다는 Kochan 등 전략선택이론과도 일맥상통하는 논리이다.[2] 따라서 회사가 주도하여 노동조합의 참여와 협력을 이끌어 내고 이를 통해 노사관계의 목표인 근로생활의 질(QWL: Quality of Working Life) 향상과 생산성 향상을 통한 기업의 경쟁력을 제고시키는 노사관계를 필자는 "강한 노사관계"라고 지칭한다.

반면, 대립적 노사관계 등으로 인해, 회사가 주도하지 못하고 노동조합에 이끌려 다니는 노사관계는 경영의 장애요인으로 작용할 뿐이다. 이는 노사관계를 회사의 경영전략과 연계하지 못하기 때문이다. 노사 간 힘의 균형이 대등한 경우에도 회사주도로 노사관계를 이끌어갈 수 없기에 협력적 노사관계 구축이 어려워지

---

1) 이정일·태원유·김태정·유원수, "장수기업의 조건 - 노사관계를 중심으로", 삼성경제연구소, 2007.

2) Kochan, T, A., Katz, H. C. & Cappelli, P., "Strategic Choice and Industrial Relations", Industrial Relations, Vol.23, 1984, pp.16~39.

게 된다. 따라서 투쟁력이 높은 노동조합이 있는 기업이나 노사 간 대등한 교섭력을 가진 기업에 있어서는 회사가 노사관계를 주도적으로 이끌어 가는 데 많은 어려움을 겪게 되고 이에 따라 협력적 노사관계구축이 어려운 것이 사실이다. 이같이 노동조합의 교섭력이 강하거나 투쟁적이어서 회사가 노사관계를 주도하지 못하는 노사관계를 "약한 노사관계"라고 표현하고자 한다. 예전에 비하여 좋아지고는 있으나, 아직도 대다수의 기업이 노사관계를 주도하지 못하고 오히려 노동조합에 끌려다니고 있는 "약한 노사관계" 상태에 놓여 있다.

<표 3-1>에서와 같이, 강한 노사관계는 장기적인 관점에서 노사관계를 이끌어 가고 교섭력에 있어서도 회사가 우위를 확보하여 근로생활의 질 향상과 기업경쟁력 제고를 달성하는 윈윈 결과를 도출하지만 약한 노사관계는 노사전략을 경영전략에 연계시키지 못하고 현안 해결에 급급하며 노조가 교섭의 우위를 점하는 노사관계라 할 것이다.

〈표 3-1〉 강한 노사관계와 약한 노사관계의 비교

구분	강한 노사관계	약한 노사관계
내용	· 회사가 노사관계를 주도하여 노사관계전략을 경영전략과 연계시킴	· 회사가 노사관계를 주도하지 못하고, 노조의 요구 사항 해결에 급급함.
특징	· 장기적인 관점에서 노사관계를 이끌어 감. · 노무관리의 인프라(I)가 잘 갖추어져 있고, 관리자의 노무관리역량(C)이 높으며, 관리자가 적극적으로 노무관리(A)를 하고, 임직원이 건전 마인드(M)를 가지고 있음.	· 노사관계의 현안 해결에 급급함(울면 젖 주기 식). · 노무관리의 인프라(I), 관리자의 노무관리역량(C), 관리자의 적극적인 노무관리(A) 등이 부족하여 임직원이 건전 마인드(M)를 가지고 있지 않음.
교섭력	 회사 우위	 노조 우위
대상 기업	· 강력한 오너십이 있는 회사에서 주로 나타남.	· 주인 없는 조직(대학, 공공기관 등) 등에서 주로 나타남.
결과	Win-Win	Lose-Lose

이처럼, 회사가 주도하는 "강한 노사관계"는 외부의 충격3)에도 흔들리지 않는

---

3) 이 글에서 외부의 충격이라 함은 외부노사관계의 불안이나 외부세력에 의한 노동조합설립시도 등으로 인해 사업장의 노사관계가 불안해지는 현상을 일컫는 것임.

노사관계이다. 단기적인 이슈해결에 매몰되지 않고, 경영전략과 연계된 장기적인 관점에서 근로자의 삶의 질 향상(QWL)과 기업의 경쟁력 제고(생산성 향상)를 목적으로 하는 노사관계이다. 이러한 기업은 국내의 L전자 등을 예로 들 수 있을 것이다. 반면, 회사가 주도하지 못하는 "약한 노사관계"는 노조의 투쟁력이나 교섭력이 회사에 비하여 월등이 높은 경우에서 흔히 나타난다. 회사는 노조가 요구하는 현안 이슈해결에 주력할 뿐 장기적인 관점에서 노사관계를 변화시키려는 의지도 부족하고 그럴 만한 능력도 없는 상태의 노사관계이다. 이러한 예는 대학이나 공공기관 같은 주인 없는 사업장이나 민주노총 금속노조 소속 사업장 등에서 찾아볼 수 있다.

"강한 노사관계"의 기반 위에서 노사 간의 협력이 이루어지는 것이며, 이러한 노사협력은 생산성 향상과 근로자의 삶의 질 향상에 기여한다. 따라서 "강한 노사관계"는 생산성 향상(기업경쟁력 제고) → 근로자의 삶의 질 향상 → 노사협력 → 생산성 향상(기업경쟁력 제고)으로 이어지는 노사관계의 선순환 구조를 만들 수 있게 된다.

그렇다면, 어떻게 하면 "강한 노사관계"를 구축할 수 있을까?

필자는 국내 굴지의 H반도체와 O맥주에서 노무부서장으로 노사업무를 약 10년간 수행하면서 노조와의 교섭 및 파업에 따른 대응을 위해 고민한 바 있으며, 특히 H반도체 재직 시 사내하청노사분규의 담당 부서장으로서 2년 6개월간 H반도체 사내하청 노사분규를 모범적으로 해결한 바 있다.[4] 또한 공인노무사업을 약 10년간 하면서 회사로부터 교섭을 위임받아 수행하거나 기업의 노사관계 개선 컨설팅 등을 수행한 바 있다. 전체적으로 약 20년 이상을 노사관계 분야에 대한 이론적 연구와 실무적 경험을 통해서 강한 노사관계구축을 위해서는 무엇이 필요한지를 발견하였는데, 이를 수식으로 간략히 표현하면 다음과 같다.

즉, $sER = f(I, C, A, M)$라 할 것이다.

---

[4] 당시 다수의 비정규직 노사분규에 있어서 고용문제가 가장 중요한 이슈였고, 여타 사례에서는 당사자성이 없는 원청이 사내하청근로자의 고용요구를 수용한 반면, H반도체사내하청노사분규사례는 하청노조의 고용주장을 단호히 배격하는 내용으로 합의를 이끌어 내는 등 법과 원칙에 입각한 합의를 도출하였기 때문에 모범적인 해결이라고 표현함.

여기서 s는 강하다는 뜻인 strong의 약자이며, ER이란 노사관계를 나타내는 최신의 용어인 Employee Relations의 약자이다. 전통적인 노사관계인 IR(Industrial Relations)이 노동조합과 사용자 간의 관계만을 의미하는 데 비하여 ER은 전통적인 노사관계인 IR 외에도 무노조기업

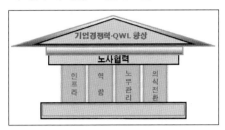

〈그림 3-1〉 강한 노사관계 모델 Vision House

의 종업원관계 또는 유노조기업의 비조합원관계까지 포괄하는 개념이다. 따라서 sER, 즉 "강한 노사관계"는 유노조기업이나 무노조기업 모두에서 적용 가능한 모델(Model)로, 이들 기업에서 노사협력을 이끌어 내는 회사 주도의 노사관계라 할 것이다.

I는 노사관계의 인프라(Infra)를 말하는 것이다. 노사관계 인프라(I)는 일선관리자에 의한 노무관리체계 구축과 같은 현장 중심의 노무관리시스템뿐만 아니라 혁신적 보상제도 등 인사제도를 포함하는 개념이다. 모기업처럼, 목표달성에 대한 인센티브가 1,000%인 파격적인 보상시스템하에서 과연 노동조합에서 파업을 쉽게 할 수 있겠는가? 아무리 투쟁적인 노동조합이라 하더라도 노사관계 인프라(I)가 잘 갖추어져 있다면 노동조합은 쉽게 파업하지 못한다.

C는 관리자의 노무관리 역량(Competency)을 말하는 것이다. 기업의 노무관리는 노무담당부서만의 일이 아닌 일선관리자인 현업관리자가 하는 것이다. 노무팀은 회사의 경영전략과 연계하여 노사전략을 수립하고 이를 현업 관리자가 실행하는 것이다. 따라서 현업 관리자들의 노무관리 역량이 무엇보다도 중요한 것이다.

A는 관리자의 노무관리 활동(Action)을 나타낸다. 노무관리의 주체는 노무팀이 아니다. 부하직원에 대한 노무관리는 현업 관리자들이 해야만 하는 것이다. 따라서 노무관리의 주체인 현업 관리자들의 역량을 개발시켜 주어야 한다. 현업관리자들이 노무관리를 할 수 있도록 도구(Tool)를 만들어 주고 이를 사용할 수 있도록 교육을 시켜 주어야만 현업 관리자들이 노무관리를 할 수 있는 것이다. 따라서 관리자의 노무관리(A)가 중요한 것이다.

마지막으로, M인데 이는 임직원의 의식(Mind)을 말하는 것이다. 관리자의 마인드뿐만 아니라 종업원의 마인드까지 포함하는 개념이다. 관리자는 최고 관리자인

사장 및 임원에서부터 팀장 및 파트장인 중간 관리자 그리고 현장의 직·반장인 하급 관리자까지를 포함하는 개념이다. 각각이 계층에 따라 노무관리에 대한 마인드에 차이가 있을 순 있으나, 기본적으로 노무관리가 자신의 기본적인 업무라는 것을 인식하고 부하 직원에게 비전(Visoin)을 주고, 적극적으로 노무 관리하겠다는 마인드의 변화가 있어야 한다. 직원들의 경우에도 회사의 경쟁력강화가 우선되어야만 근로조건이 향상되고 근로생활의 질이 향상되고 이를 위해서는 자발적 참여와 협력이 필요하다는 인식으로 마인드를 바꾸도록 하여야 한다. 이러한 마인드의 변화는 관리자의 적극적인 노무관리뿐만 아니라 직원들에 대한 끊임없는 교육을 통해서 가능한 것이다.

이처럼 "강한 노사관계"는 회사가 장기적인 전략하에 노사관계를 이끌어 가는 회사 주도의 노사관계로 이를 위해서는 노사관계의 Infra(I)를 구축하고 관리자의 노무관리 역량(C)을 개발시켜 이들이 적극적으로 노무관리활동(A)을 하도록 함으로 인해서 임직원의 의식(M)을 변화시켜야 한다고 할 것이다. 따라서 sER= f (I, C, A, M) 즉, "강한 노사관계"는 노사관계 인프라(I)와 관리자의 노무관리 역량(C), 관리자의 적극적인 노무관리(A) 그리고 임직원의 마인드(M)의 함수라 할 것이다.

다음 절에서는 강한 노사관계 모델의 독립변수인 노사관계 인프라(I), 노무관리 역량(C), 임직원의 노무관리(A), 임직원의 마인드(M)에 대해 살펴보기로 한다.

노사관계 인프라(I) 구축

강한 노사관계를 구축하기 위해서는 노사관계 인프라(I)를 갖추어야 한다. 노사관계 인프라는 강한 노사관계를 구축하기 위한 토대이며, 이러한 토대 없이 기업에서 관리자에게 노무관리를 열심히 하라고 하는 것은 모래 위에 집을 지으라는 것과 다를 바 없다. 집이 지어지지도 않을뿐더러 설령 집이 지어졌다고 하더라도 바람이 불거나 비가 오면 무너져 버린다. 단단한 반석 위에 집을 지어야 비바람에 견딜 수 있는 것처럼 노사관계 인프라를 갖추어야 외부의 충격에도 흔들리지 않고, 관리자들이 적극적으로 노무관리를 해도 그 효과가 나타날 수 있는 것이다.

그렇다면 노사관계 인프라(I)는 어떤 것을 말하는 것인가? 다양한 제도가 있을 수 있으나, 노사관계 인프라(I)에는 노무관리제도 외에도 평가나 보상제도와 같은 인사제도 등이 포함되어야 한다. 아래에서 자세히 설명하고자 한다.

1. 노무담당 조직 구축

우선, 노무담당조직을 잘 갖추어야 한다. 극단적인 표현일 수도 있지만, 노동조합의 전문성에 비하여 회사의 전문성이 떨어지는 경우가 의외로 많은 것이 현실이다. 회사의 노무부서는 소위 3D 업무로 인식되다 보니 노무부서에서 일하겠다는 지원자도 없고, 소속직원들의 사명감은 떨어지고 기회 있을 때마다 타 부서로 이동하고자 한다. 반면, 노동조합은 전임자 수에 있어서도 노무부서 직원의 수보다도 많고, 또한 한번 집행부에 들어온 사람은 수년 혹은 수 십 년째 노동조합활동을 하다 보니 회사의 담당자보다 노동법이나 회사의 인사제도 등에 대한 전문성이 더 높은 경우들이 허다하다. 이러한 상황에서 회사의 노무담당자들이 노동 조합 간부를 상대하기란 무척 힘든 게 현실이다. 따라서 강한 노사관계를 구축하기 위해서는 가장 먼저 막강한 노무담당조직을 구축하여야 한다.[5) 노무담당조직을 구축함에 있어서 회사의 규모나 노동조합의 규모 등에 따라 조직의 규모에 있어 차이가 있을 수 있으나, 기본적으로 회사의 장단기 노무전략을 수립하는 노무기획기능과 노동조합과 교섭/협의를 진행하고 각종 노사협력활동을 통해 신뢰를 증진시키고자 하는 노사협력기능 그리고 대내외 노사정보를 수집하는 노사정보기능 등 최소한 3개의 역할을 부여하여야 한다. 한편 임직원의 마인드 변화(M)나 관리자의 노무관리 역량강화(C)를 위해서는 교육기능도 대단히 중요하다. 따라서 별도로 노사교육파트와 같은 노사교육기능 조직을 구축하거나 아니면 기존의 노사기획 기능에서 수행하거나 별도의 교육전담부서에서 수행할 수도 있겠다. 아래의 <그림 3-2>처럼 A사는 노경그룹 산하에 2개의 노경팀을 두고 있고, 노경팀에는 노경기획파트에서 회사 전반적인 노사전략 및 교육기획 등을 담당하고 있으며, 노경협력파트에서는 정보관리, 동아리관리, 대 노조관리 및 노조와의 대화창구 기능을 수행하고 있다. 따라서 단체교섭과 노사협의회 등을 수행하고 있다. 한편 도트라인(dot line)[6)으로 각 현장의 노무관리를 담당하는 조직으로 지원팀을 두고 있는데 지원팀에서는 노경파트를 두어 실무노사협의회 개최라든가 현장의 노사문제 현안에 대한 해결 등 현장 노무관리를 밀접히 지원하고 있다. 지원팀은 현장 노무관리에 대한 밀착지원 기능을 담당하는 데 있어서는 중요한 노사업무를 담당하고 있으나, 조직상에는 노경그룹 조직이 아닌 인사그룹 조직이므로 일사불란한 업무지시 및 보고체계 등에 있어서 문제점이 있기에 향후에는 현장의 노무관리부분도 노경그룹에서 수행하는 것이 복수노조시대에 회사가 주도하는 강한 노사관계를 구축함에 있어서 필요하다 할 것이다.

---

5) 노무담당조직은 기본적으로 노무부서를 노무전담 조직으로 하여 노사관계전략 수립 등의 기능을 부여하고 현업조직은 노무담 당 실행조직으로 업무를 명확히 구분할 필요가 있음.

6) dot line은 reporting line과 구별되는 실무적인 용어로 reporting line이 일반적인 위계조직상의 보고 및 지휘관계임에 비하여 dot line은 직접적인 보고 및 지휘관계에 있지는 않지만 업무적인 관련성으로 인해 긴밀히 협의해야 하는 관계를 말하는 것임.

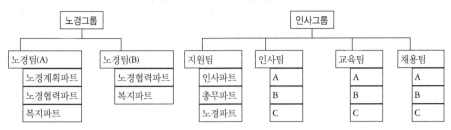

〈그림 3-2〉 A사의 노사담당 조직도

한편 평상시의 노무담당조직에도 불구하고 노조가 파업에 돌입하는 경우에는 이상과 같은 평상시의 조직으로는 안 된다. 이 같은 비상상황에서는 전 부서가 참여하는 비상노무조직을 구축해서 위기상황에 대처하여야 한다. 소위 Contingency Plan에 의거 위기대응조직을 구성하여 가동하되, 종합상황실을 설치하여 시시각각 현장의 동향을 파악하여 경영층에 보고하고, 생산과 판매가 정상적으로 이루어지도록 각 부문별 대책을 수립하여야 한다. 게다가 전 직원에 대한 홍보를 위해 홍보분과, 파업 시 위반행위에 대한 법률적 조치를 위해 법률분과를 구성하는 등 종합적인 위기대응조직으로 구성하여 대처하여야 한다. 이 같은 비상시 대응조직을 예시하면 <그림 3-3>과 같다.

〈그림 3-3〉 파업대책 조직 (예시)

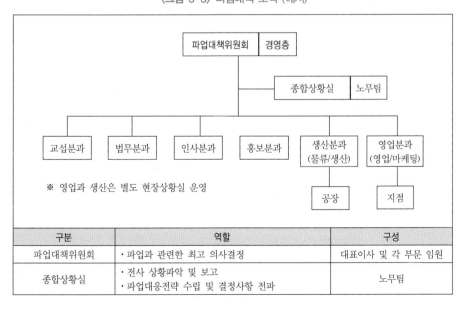

구분	역할	구성
파업대책위원회	・파업과 관련한 최고 의사결정	대표이사 및 각 부문 임원
종합상황실	・전사 상황파악 및 보고 ・파업대응전략 수립 및 결정사항 전파	노무팀

종합상황실	・대내외 유관기관과의 채널유지	노무팀
교섭분과	・노조와의 교섭 ・대 노조 창구	노무팀, 교섭위원
법무분과	・각종 법률검토 및 위법행위에 대한 법률대응	법무팀
인사분과	・노조요구안에 대한 비용분석 ・사규위반자에 대한 징계 ・상황실 지원	인사팀
홍보분과	・대외 언론기관 대응 및 직원 홍보	홍보팀
생산분과	・파업 시 조업대책 수립 및 시행 ・위법행위에 대한 채증 ・현장상황실 운영 및 동향보고	생산본부 및 각 공장
영업분과	・파업 시 판매대책 수립 및 시행 ・위법행위에 대한 채증 ・현장상황실 운영 및 동향보고	생산본부 및 각 지점

2. 현장 중심의 노무관리체계 구축

1) 현장 중심 노무관리의 개념

강한 노사관계를 구축하기 위해서는 소위 말하는 "현장 중심의 노무관리 체계"를 갖추어야 한다. 혹자에 따라서는 '시스템적 노무관리', '전사적 노무관리'라고도 불리는 "현장 중심의 노무관리"는 노무관리를 사무실 중심에서 현장(생산 현장 등)으로 바꾸는 것을 말한다. 즉 노무부서에서 노동조합만을 대상으로 한 관리가 아닌 현장, 즉 직원 전체를 대상으로 한 관리를 말하는 것이다. 직원 전체를 대상으로 관리를 하기 위해서 관리를 담당하고 있는 전 관리자가 관리해야 하기 때문에 전사적 노무관리라고 표현할 수 있는 것이며, 또한 현장 중심의 노무관리를 위해서는 각종 노무관리제도를 체계적으로 정비하고 이에 따라 관리해야 하기 때문에 시스템적 노무관리라고도 표현할 수 있는 것이다.

물론 노무부서가 노무관리를 하지 말라는 것이 아니다. 노무부서는 전문가적 입장에서 전사적 노사정책을 수립하고 이에 대한 실행은 현업의 라인관리자들이 하는 것이다. 그러나 대부분의 현업 관리자들은 노무관리는 노무부서의 업무로만 생각한다. 생산팀장은 계획된 생산목표만 맞추면 될 뿐 노무관리는 자신의 업무로 생각하지 않는다. 그러나 생산목표를 달성하기 위해서는 부하직원에 대한 적절한 당근과 채찍이 필요한 것인데 이것이 바로 노무관리인 것이다. 따라서 노무관리 없이는 생산목표를 달성하기 어렵다.

2) 현장 중심의 노무관리체계 구축방법

현장 중심의 노무관리를 위해서는 우선 모든 관리자에게 노무관리가 관리자의 기본업무라는 것을 인식시켜 주어야 한다. 이는 직무기술서(Job Description)나 직무명세서(Job Specification)상의 담당업무에 "부하직원 관리"라고 명백히 기록하거나 직무기술서나 직무명세서를 작성하지 않은 기업에서는 각종 회의나 교육 시 관리자의 역할과 책임(R&R)에 대하여 교육하고, 특히 복수노조 예방이나 노사관계 안정을 위해서 관리자들이 철저히 노무 관리하라는 강력한 메시지를 전달하여야 한다. 특히 최고경영자의 노무관리에 대한 관심과 확고한 의지는 모든 관리자들이 노무관리에 매진하게 하는 데 대단히 중요하므로 기회 있을 때마다 최고경영자가 노사관계 안정의 중요성과 이를 위한 관리자의 역할을 강하게 주문하는 것이 필요하다.

또 관리자들이 노무 관리할 수 있도록 관리역량강화를 위한 교육도 수시로 시켜 주어야 하며, 노무 관리할 수 있도록 노무관리매뉴얼을 만들어 주는 것도 필요하며, 관리자에게 회사의 인사권과 노무지휘권을 위임해 주고 이러한 인사권과 노무지휘권의 올바른 행사방법 등에 대해서도 알려 주어야 한다. 상사가 부하직원에 대해서 영향력을 행사하기 위해서는 공식적인 권한이 있어야 되는 것이므로 일반적인 평가권과 배치전환권 및 근태관리권 등 외에도 채용권과 임금결정권을 보유하고 있다면 관리자의 부하직원에 대한 노무관리는 더욱 수월하게 된다.

또한 현장 중심의 노무관리가 제대로 가동되기 위해서는 현장 중심의 노무관리가 제대로 되고 있는지를 주기적으로 평가해 보아야 한다. 인사평가 시에 노무관리에 대한 평가항목을 포함한다거나 노무부서를 통한 관리자의 노무관리에 대한 평가를 하여 이러한 결과를 인사(승진이나 보직부여)에 반영하여야 한다. 현업부서가 노사 관련된 정보를 수시로 파악하여 노무담당부서로 보내는지, 회사의 전반적인 노사관련정책을 긍정적이고 적극적으로 실행하려고 노력하는지, 부서 자체적으로 체계적인 노무관리활동을 수립하여 시행하고 있는지 등에 대해 주기적으로 평가해 보아야 한다.

이 같은 "현장 중심의 노무관리" 체계를 구축하기 위해서는 노무부서와 현업부서 간의 업무에 대한 역할과 책임(Role & Responsibility)이 명확히 정립되어야 하는데, 노무부서 담당자와 현업부서 관리자 간의 노무관리에 대한 역할은 <표 3-2>와 같이 구분할 수 있다.

〈표 3-2〉 노무부서와 현업부서 관리자 간의 노무관리 역할과 책임

구분	노무부서	현업부서
노무관리 역할	staff	line
노무관리 대상	노조+전 직원	부하직원
노무관리 업무	· 노사정책수립 · 단체교섭 · 노사협의회 운영 · 노동관련 legal issue · 노사관련 대관업무 등	· 노사정책 실행 · 부하직원에 대한 노무관리 · 현장 노사동향 파악 및 노무부서 전달 등
노무관리 Tool	전문가적 역량	노무지휘권, 평가권
노무관리 수준	전문가	비전문가

주) 노무관리의 R & R은 회사의 실정에 따라 다를 수 있음.

3. 고충처리 체계 구축

1) 불만에 대한 반응

집단 속에서 불만 있는 직원은 어떠한 반응을 나타낼까? 이에 대해서는 Rusbult와 Lowery(1985)는 불만으로 인한 행동이 건설적인지 파괴적인지와 불만행동을 적극적으로 표출하는지 아닌지에 따라 〈그림 3-4〉과 같이 4가지 유형으로 구분하였다.

의견표출형(Voice)은 불만이 있을 때 이러한 불만을 해소하기 위하여 적극적이되 건설적인 방향으로 행동하는 유형이다. 즉 제

〈그림 3-4〉 불만에 대한 반응

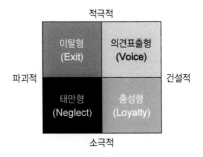

자료: Rusbult, C. & Lowery, D., When Bureaucrats Get the Blues, Journal of Applied Social Psychology, Vol.15, No.1, 1985, p.83.

도개선을 제안하거나 상사와 문제를 논의하거나 노조를 통해서 이를 개선하려고 노력하는 형태이다. 회사의 조직문화상 노조활동을 금기시한다든가 비우호적으로 생각하는 조직문화가 형성된 무노조 기업이라면 노조설립과 같은 행동은 파괴적인 행동으로 인식되기에 의견표출형(Voice)은 노조를 통해서 문제를 해결하려고 하지 않게 될 것이다. 또한 유노조기업이라 하더라도 노조와 대립적인 관계를 유지하고 있고, 고충처리 절차를 회사의 공식적인 절차가 아닌 노조를 통한 고충제기에 대하여 금기시하는 조직문화를 가지고 있다면 역시 노조를 통해 해결하려고 하지 않을 것이다. 그러나 노동조합이 설립되어 있고, 회사의 고충처리기능이 활성화되어 있지 않아 노조가 조합원의 고충처리대행 기관화되어 있는 유노조기업이라면 불만을 가진 조합원은 노조를 통해 불만해결을 시도할 가능성이 높다.

노조이탈형(Exit)은 불만을 참지 못하고 새로운 직장을 찾아 조직을 떠나는 경우이다. 특히 이러한 직원이 고성과자와 같은 핵심인재라면 조직의 손실이 커질 수 있다는 점에서 인사담당자는 물론 그러한 인재를 부하직원으로 두고 있는 관리자(Line Manager)가 특별히 유지(Retention)에 신경을 써야 할 것이다. 반면, 문제직원이라면 새로운 직장을 찾아 떠나도 문제될 것이 없지만 일자리 구하기가 힘든 현재와 같은 시점에서 이탈형(Exit)은 사표를 쓰고 직장을 떠나는 것보다는 노조설립이나 적극적인 노조활동 또는 불법행위를 발굴하여 관계기관에 진정하거나 고소·고발하는 등 파괴적 방법 등을 통해서 불만을 해소할 가능성이 높다.

충성형(Loyalty)은 불만사항이 개선되리라는 낙관적인 생각으로 특별한 불만행동 없이 기다리는 형태이다. 실무적으로 볼 때 조직관리 측면에서 가장 바람직한 형태이므로 조직책임자들이 리더십을 바탕으로 부하직원들을 충성형(Loyalty)으로 유도한다면 복수노조 시대에 노사관계의 혼란은 염려할 필요가 없게 된다.

마지막으로 태만형(Neglect)은 소극적이지만 파괴적인 행동양태를 나타내는 형태이다. 이들은 불만이 있을 때 노력을 줄이거나 불량률을 높이거나 만성적인 지각 또는 결근과 같은 파괴적인 행동을 하게 된다. 이들은 태만할지언정 해고당할 정도의 적극적인 위반행위는 하지 않으므로 조직에서 해당 근로자를 해고하기도 어려운 유형이다.

이상과 같이 불만을 파괴적인 형태로 표출하는 이탈형(Exit)과 태만형(Neglect)이 조직에 악영향을 미치는 부류이므로 노사관계 안정을 위해서라면 이들에 대한 철저한 노무관리가 필요한 것이고, 따라서 부하직원에 대한 고충처리의 중요성이 큰 것이다.

2) 고충처리 방법

회사 내에 다양한 고충이 있을 수 있으며, 이는 지극히 당연한 현상이다. 그러나 이러한 고충이 발생하였을 경우에 이를 누가 처리하고 어떻게 처리하느냐 하는 것은 강한 노무관리를 하고 있는지 약한 노무관리를 하고 있는지를 결정하는 중요한 요인이다. 업무수행 중 발생하는 고충을 노동조합으로 가져가서 노동조합이 조합원의 고충처리대행기관으로 전락하게 되면, 회사는 노사관계를 주도하는 것이 현실적으로 어려워지게 되고, 이는 약한 노사관계의 주원인이 된다. 따라서 이러한 고충이 있을 시에 이를 노동조합으로 가져가지 않고 회사의 고충처리 프로세스에 따라 처리할 수 있는 고충처리체계를 구축하여야 한다. 고충처리는 1차적으로 직속상사를 통해서 처리되어야 하고, 이를 통해서 해결되지 않는 사항은 고충전담부서 등과 같은 공식적인 채널(Channel)을 통해서 해결될 수 있도록 하여야 한다. 군대에서 실시하는 소원수리제도도 고충처리제도의 하나의 방법이며, 고충처리함을 설치한다든가, 고충상담실을 둔다든가, 전담고충상담원을 둔다든가, 인트라넷상에 고충처리를 할 수 있는 시스템을 둔다든가 또는 근로자참여 및 협력증진에 관한 법률에 의거 고충처리위원회나 고충처리위원을 두는 방법도 있다.

직원 고충에 대한 적극적인 처리는 노사문제를 미연에 방지하는 긍정적이 기능을 가져다준다. 따라서 고충처리체계를 구축하고 적극적으로 운영함으로써 노사문제를 사전에 예방하고, 노동조합의 고충처리기관화를 예방하여야 한다.

<그림 3-5>에서와 같이 B사는 1차적으로 직속 상사를 통한 고충처리 절차를 두고 이와 병행하여 인트라넷상에 열린상담실(Open Door System)이라는 고충상담실을 두고 익명으로 고충 제기토록 운영하고 있다. 열린상담실은 노무팀에서 주관하고 있으며, 게시된 고충에 대해서는 1주일 내에 feedback시켜 주는 것을 원칙으로 하고 있으며, 열린상담실을 통한 처리내용은 단체협약이나 노사협의회에서 번복되지 않는 한 번복치 못하도록 운영하고 있다. 예를 들어, 직속 상사나 열린상담실을 통한 고충제기에 대하여 회사가 해결해 주지 못하는 처리결과를 해당 근로자에게 제시하였을 경우 해당 근로자가 또다시 노동조합을 통해서 문제를 제

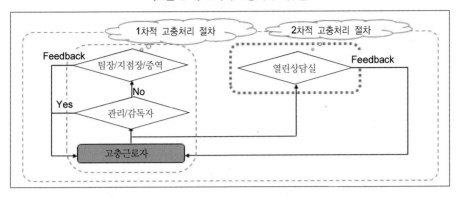

〈그림 3-5〉 B사의 고충처리 시스템

기하더라도 열린상담실을 통해서 처리한 것이라면 노동조합이 문제를 제기한다 하더라도 열린상담실의 처리결과를 존중하는 구조로 운영하고 있다. 물론 향후 노사 간의 공식적인 노사협의회나 단체교섭을 통해서 해당 이슈를 번복하는 것은 가능하다. 이렇게 하는 이유는 노동조합의 고충처리기관화를 막고 회사를 통한 공식적인 고충처리기능을 활성화시키기 위한 조치이다.

3) 고충처리 대상

회사에서 고충처리 체계를 구축함에 있어서 고충의 대상을 어디까지로 한정하냐도 중요한 이슈이다. 일반적으로 업무와 관련한 고충으로 국한하는 것이 일반적이다. 즉 업무상 왕따를 당하고 있다든지, 상사로부터 욕설 등 비인격적인 대우를 받고 있다든지, 인사평가에서 불공정하게 받고 있다든지, 출근 거리가 너무 멀어 출근에 애로사항이 있다든지, 업무수행에 있어서 관련부서가 협조를 해 주지 않는다든지, 회사의 각종 지원이 부족/미흡하여 경쟁사에 비하여 영업하기가 어렵다든지, 업무상 연장근무를 할 수밖에 없는데 상사가 연장근무를 인정해 주지 않는다든지, 업무로 인해서 연차휴가를 갈 분위기가 아닌데도 불구하고 무조건 연차휴가를 소진하라고 하는 경우 등과 같은 것이다.

그러나 고충처리의 목적은 노무관리를 위해서이며, 노무관리의 목적은 직원이 직무만족, 직무몰입 등 조직의 목표달성을 위해서 업무에 매진하게 하는 것이다. 따라서 고충처리를 함에 있어서 그 대상에 제한을 두지 않을수록 직원의 직무만족도는 높아진다. 따라서 고충처리의 대상을 1차적으로 업무관련사항으로 국한하되, 각 사의 실정에 따라서 그 대상을 업무 외적 사항으로까지 확대하는 것이 바람직하다. 최근에 인기를 끌고 있는 EAP(Employee Assistance System)가 바로 이에 해당한다 할 것이다. EAP란 기업의 생산성에 영향을 미칠 수 있는 요인에 대하여 상담, 컨설팅, 코칭, 서비스 연계 등을 통하여 근로자의 고충과 궁금증을 해결해 주는 종합적인 기업복리후생 제도를 말한다. 이러한 EAP는 업무상의 고충은 물론 근로자의 건강, 재산, 법률, 세무, 노후, 육아 등 업무 외적 사항까지 그 대상이다. 많은 기업에서 EAP를 도입하고 있는데 A사의 경우 기업 내 사원서비스센터를 두어 법률상담, 세무상담 심지어는 결혼관련 상담도 해 주고 있다.

4. 노무정보 수집체계 구축

내외부의 환경변화는 기업의 흥망을 결정하는 중요한 요소이기에 이러한 변화에 대한 신속한 파악과 대안수립은 그 중요성을 아무리 강조해도 지나침이 없다. 특히 복수노조시대를 맞이하여 노조에 대한 불만, 외부세력의 침투, 회사에 대한 불만 등에 따른 복수노조설립이 예상되고, 이에 따라 노사관계는 혼란스러울 것으로 예상되므로, 대내외 노사정보를 신속 정확하게 파악하는 것은 복수노조시대를 맞이하여 특히 중요하다 할 것이다. 노무정보 수집체계는 기본적으로 노무부서에서 대내외 노무 정보나 노동조합의 동향을 파악하는 것 외에 현업 관리자들이 부하직원 등에 대한 노무정보를 파악하고 이를 노무부서로 신속하게 보고하는 체계를 구축하여야 하는 것이다. 직원이 1만 명이고 사업장이 전국에 산재된 기업에 노무부서 직원이 10명이라고 할 때, 10명의 노무부서 직원이 전 사의 노무정보를 파악한다는 것은 불가능한 일이다. 따라서 현장의 노무정보는 현업 관리자가 자신들의 조직과 부하직원에 대한 동향을 파악하여 노무부서에 전달할 수밖에 없는 것이다. 이러한 노무정보 수집체계를 위해서도 현장 중심의 노무관리체계를 구축하여야 하는 것이다.

현재 많은 기업의 경우 노사 간 정보의 역전현상이 벌어지고 있다. 노동조합은 회사의 관리자들이 알지 못하는 회사의 고급정보를 알고 있고, 노사 간의 협의사항이나 교섭사항을 직원들이 회사의 공식채널을 통해서 얻는 것이 아니라 노동조합의 소식지나 노조홈페이지를 통해서 얻는 경우가 허다하다. 회사에서도 중요한 이슈에 대해서 직원에게 통보하기 전에 사전에 노조에 미리 알려 준다. 노동조합을 파트너로 인식하고 노사 간의 신뢰를 구축하기 위한 노력이라는 점은 이해할 수 있으나, 이는 회사의 관리자나 직원들을 회사가 아닌 노조를 더 신뢰하고 의존하게 만든다는 점은 알고 있어야 한다. 복수노조 시대에 회사가 주도하는 노사관계를 정립하기 위해서는 적어도 회사가 정보의 주도권을 가지고 있어야 한다.

이 같은 노무정보 수집은 노무부서만으로는 불가능하다. 노무부서에는 노사 정보파트나 정보전담자를 두고 노조동향이나 대내외 동향을 파악하도록 하여야 한다. 외부 동향파악을 위해서 노무부서 정보담당자는 경찰서 정보과, 지자체의 노정업무담당, 관할 지방고용노동청과 노동위원회 및 각종 시민사회단체와도 유기적인 협조체제를 구축하여야 한다. 경찰의 정보담당자는 관내 노사관계 동향에 대해서 많은 정보를 가지고 있으며, 지자체의 노정담당자는 노조설립신고와 관련된 정보, 관할 지방고용노동청과 노동위원회는 관할지역의 노사관계 동향은 물론 노사문제나 각종 신고사건이 발생하였을 경우 회사에 막대한 영향력을 행사할 수 있는 위치에 있기 때문이다.

또한 동아리나 동문회 및 향우회, 기타 직장 내 친목모임과 같은 Informal Group은 정보를 취득하기에 효과적인 방법이다. Informal Group은 업무와 관련 없이 취미나 선후배 등으로 만남이 이루어지므로 소속구성원 간의 친밀도가 대단히 높아 노사관련 동향을 파악하기가 쉽다. 따라서 노무부서 담당자나 현업부서장 이상의 관리자는 의무적으로 동아리와 같은 Informal Group에 가입토록 하는 것도 노무정보 수집에 유용한 방법이다.

한편 기업 내부와 관련해서는 현장관리자의 역할이 대단히 중요한데, 이유는 소수의 노무부서 정보담당자가 회사 전체적인 정보를 수집하는 것이 현실적으로 불가능하기 때문이다. 따라서 현업부서장(현장관리자)으로 하여금 현장 내 정서나 노사 관련된 이슈사항을 파악하여 노무부서로 보고토록 하여야 한다. 현업부서장 자신의 부하 중에는 노조의 집행간부나 대의원 또는 전임집행부나 노조위원장에 출마했다거나 낙선한 직원들이 있기 때문에 이들에 대하여 업무적 지시명령 권한이 있는 현업부서장이 현장의 동향을 파악하여야 하여 이를 노무부서에 전달하여야 한다.

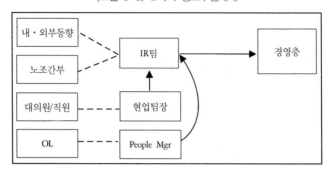
〈그림 3-6〉 B사의 정보수집체계

이 같은 정보보고체계는 정기적이어야 한다. 단순히 1회성에 그쳐서는 안 되고, 1주 단위나 2주 단위와 같이 주기적이어야 한다. 또한 특이 동향이 발생하였을 경우에는 주기와 상관없이 즉시 노무부서에 동향을 전달하여 초기에 초동대응토록 하여야 한다.

노무정보를 파악하여 전달함에 있어서 전달자가 노무정보를 유리하게 가공하는 문제가 발생할 수 있다. 즉 현업팀장이 자신에게 불리한 정보는 누락하거나 또는 이를 자신에게 불리하지 않게 가공하는 경우 등이다. 노무정보 수집목적이 정확한 정보를 신속히 파악하여 사전에 노사문제로 비화되는 것을 방지하고자 하는 것이므로 노무부서에서는 노무 정보를 수집·전달자들이 자신에게 유리하게 가공 및 왜곡치 못하도록 교육하고 그러한 행위에 대해서는 노무관리 평가 시 반영하는 등 정보의 가공 및 왜곡현상이 일어나지 않도록 조치하여야 한다.

또한 신속정확하게 노무정보를 파악하여야 하지만, '정확성'에 방점을 두면 '신속성'이 떨어지고, '신속성'에 방점을 두면 '정확성'이 떨어질 수 있다. 이 경우 노무정보 수집 및 보고의 책임을 지고 있는 담당자는 '신속성'에 제일의 가치를 두고 노무 정보수집에 임해야 한다. 사실관계가 확실치 않은 첩보의 수준이라도 우선 보고하고 차후에 사실관계를 추가로 파악해야 하는 것이다. 그래야만 회사는 만약의 사태에 대비한 사전대비태세를 갖출 수 있으며, 또한 노사문제로 비화되기 전에 초동단계에서 조치를 취할 수 있는 것이다.

전달된 동향을 노무부서는 이를 분석하고 문제점이 발생 시 이에 대한 대책을 수립하여 경영층에 보고하고 장단기 노사정책에 반영하여야 한다. <그림 3-6>과 같이 B사의 경우, 노조간부(노동조합)와 내·외부 동향은 노무팀에서 파악하고 있으며, 현장의 정서나 직원 동향은 현업팀장이, 그리고 OL(Opinion Leader)은 현업의 People Manger들이 담당하는 체계를 구축하고 있으며, 파악된 정보는 최소 격주로 노무팀에 보고되어 분석 및 평가를 통해 경영층에 보고되는 체계를 가지고 있다.

5. 혁신적 성과보상제도 구축

회사가 주도하는 강한 노사관계 모델을 구축하기 위해서는 보상제도가 성과기반의 혁신적 보상제도로 구축되어야 한다. 우리나라 기업의 보상제도에 있어 대기업 사무직은 연봉에 기준급과 업적급과 같은 성과기반의 보상제도를 구축하고 있으나, 생산직의 경우에는 주로 연공급 임금체계이다. 사무직은 인사평가(역량평가와 업적평가)를 통해 매년 연봉을 결정하고 심지어는 업적연봉으로 인해서 다음 연도에 연봉이 줄어들기도 한다. 그러나 생산직은 인사평가를 하지도 않으며 연공급으로 인해 임금은 매년 상승한다.[7]

노사관계의 인프라를 구축함에 있어서 성과기반의 보상제도는 근로자 개인의 성과나 전체 기업의 성과에 따라 개인이 받는 보상에 있어서 변동이 있도록 함으로 인해서 파업의지를 낮추고 직무에 몰입할 수 있도록 하는 데 있는 것이다.[8] 즉 개인의 성과가 낮거나 조직 내지는 기업 전체의 성과가 낮다면 보상을 적게 받도록 하고 성과가 좋으면 더 많은 보상을 받을 수 있도록 설계해야 한다는 것이다. 이를 위해, 임금의 구성항목에 있어서 고정성 임금의 비율을 낮추고 변동성 임금의 비율을 높이는 방향으로 보상제도를 가져가야 하며, 생산직 근로자에 대해서도 사무직과 마찬가지로 평가제도를 구축하여 평가에 기반한 임금이나 승진의 차이를 두어야 하는 것이다. 또한 경영성과배분제도를 도입하여 근로자들이 회사의 경영성과 달성에 매진토록 하여야 한다. 노동조합이 조합원의 임금과 근로조건 개선을 제1의 목적으로 하기에 경영목표 달성에 따른 파격적인 인센티브제도는

---

7) 대다수의 기업이 생산직에 대하여 인사평가를 하고 있지 않으며, 임금인상 외에도 호봉승급으로 인해 매년 임금이 인상됨. 한국경총 조사에 의하면 호봉승급분은 1.3%(2006년 기준)라 함.

8) 필자가 우리나라 노조간부의 파업성향에 대하여 연구한 바에 의하면, 노조간부는 불법파업에 대해서 7점 척도 기준으로 민주노총 소속 노조간부의 경우 5.45, 한국노총 소속 노조간부의 경우 3.67의 파업 참가의사를 나타내고 있는바, 보상제도 등을 통해 파업의지를 약화시키는 것이 중요함(윤찬성, 노조간부의 파업성향결정요인-소속노총의 조절효과를 중심으로, 박사학위 논문, 2005).

노조의 교섭력을 낮추고 회사의 교섭력을 높이는 효과적인 방법이다. 대표적인 예로 S사의 생산성 격려금(PI) 200%와 이익분배금(PS) 연봉의 50%는 익히 알려진 혁신적인 보상체계이다.

삼성 오늘 '뭉칫돈' 풀다, PS 2조 지급 …… 실적 따라 '희비'

무선사업부 연봉 50% …… LCD는 최저수준 12%

삼성그룹이 31일 초과이익분배금(PS)을 분배했다. 올해 PS 규모는 2조 원 안팎으로 추정된다. 뭉칫돈을 받았지만 계열사별, 사업부별로 희비가 갈리고 있다. 일부에서는 지급 기준에 의문을 제기하고 있다. PS는 계열사 사업부별로 연초에 수립한 이익 목표를 초과 달성했을 때 지급된다. 초과이익 가운데 20% 한도로 개인 연봉 대비 최대 50%까지 이듬해 초 주어진다. 올해 들어서는 PS 지급 총액 산정 방식이 변경돼 계열사별 PS 지급 총액은 더욱 늘어날 전망이다. 삼성그룹 관계자는 "올해는 PS 지급 총액 산정방식이 변경돼 2011년보다 더 많은 금액이 지급될 예정"이라며 "2조 안팎에서 결정될 것으로 보인다"고 밝혔다.

PS는 계열사가 한 해 벌어들인 영업이익에서 법인세·금융비용·자본비용을 뺀 뒤 20% 정도를 임직원에게 나눠준다. 올해부터 삼성은 자본비용 산정비율을 낮추기로 했다. 영업이익에서 빠지는 금액이 줄어 PS 지급액은 늘어나게 된다. 계열사별로 역대 최대 매출을 기록한 삼성전자가 가장 많은 인센티브 잔치를 벌인다. 역대 최대 실적을 달성한 삼성전자 무선사업부는 성과급 한도인 연봉 50%에 해당하는 PS가 지급됐다. 무선사업부는 2011년 삼성전자 전체 영업이익 가운데 50%인 8조 원가량을 기여했다. 반도체사업부와 영상디스플레이(VD)사업부에는 연봉의 42.5%, 44.5%에 해당하는 PS가 각각 지급됐다. 전사 업무를 담당하는 전사 업무 관련 직원들도 삼성전자 통합 성과가 좋았던 덕에 46%를 받는다. 최고경영자(CEO) 직속의 소프트웨어 조직 미디어솔루션센터(MSC) 역시 50%에 육박하는 PS를 수령할 것으로 알려졌다.

반면 실적이 부진했던 계열사나 사업부는 상대적으로 적은 PS를 지급받는다. LCD 사업부는 최저선인 12%, IT솔루션과 생활가전사업부도 상대적으로 적은 PS를 받는다. 계열사별 차이도 심하다. 삼성코닝정밀소재는 올해도 40%대의 PS를 지급받는다. 삼성전기는 7.5%, 삼성SDI는 12~20% 수준으로 결정됐다.

성과급 격차에 따른 의견도 분분하다. 삼성전자 관계자는 "모두 열심히 일하는 건 같은데, 몸담고 있는 사업부 실적에 따라 희비가 갈려 일부 서운함을 갖는 직원들도 있는 것 같다"고 말했다.

일부에서는 지급 기준에 불만을 제기하고 있다. 특히 삼성모바일디스플레이(SMD)와 삼성전자 LCD사업부 간의 형평성이 문제가 되고 있다.

LCD사업부의 한 직원은 "SMD가 사업 초기 적자를 냈을 때는 LCD사업부의 PS에 맞춰서 지급했다"며 "상황이 역전되니 SMD만 PS를 지급한 것은 억울하다"고 전했다.

(아주경제 이혜림 기자 2012.01.31)

6. 관리자에 대한 노무관리 역할부여 및 노무관리 평가제도 확립

1) 노무관리의 역할 부여

현장관리자들이 노무관리에 매진하게 하기 위해서는 현장관리자들에게 노무관리에 대한 역할을 부여하고 노무관리를 잘하고 있는지를 매년 평가하여야 한다. 현장관리자, 즉 현업관리자들은 각 조직의 목표를 사람을 통해서 달성하므로 사람관리, 즉 노무관리가 본래의 기본적인 업무이며 역할(role)이다. 그러나 대다수의 현업관리자들은 이를 인식하지 못한 채 노무관리는 노무부서의 일로 치부하고 노무부서에서 부여하는 노무관리 역할 수행에 불만을 토로한다. 따라서 현장 중심의 노무관리는 이루어지지 않고 회사는 노조에 끌려다니며 노무부서는 노동조합 지원부서로 전락하게 되고 노무부서원은 노조전임자의 시녀(?)로 전락하게 된다.

따라서 회사가 주도하는 노사관계를 구축하기 위해서는 현업관리자들이 노무관리에 매진할 수 있도록 하여야 하고 그러기 위해서는 노무관리 역할을 부여하고 이행상황을 주기적으로 평가하고 평가결과를 승진이나 보상에 반영하여야 한다.

노무관리의 역할 부여 방법으로는 앞에서도 언급한 바와 같이, 직무기술서나 명세서에 명확히 기록하는 방법이다 즉, 다음의 <표 3-3> 직무기술서상에 부하직원에 대한 노무관리 및 회사 노사정책 실행이라고 명확히 기술하는 것이다. 한편 이같이 현업관리자에게 노무관리의 역할을 부여하였다면 이를 적극적으로 교육 등을 통해서 해당 관리자에게 주지시켜야 한다. 또한 노무부서는 현업관리자에게 주기적으로 노사관련 동향을 파악하여 보고하도록 한다거나, 회사 내 요주의 인물을 파악하여 요주의 인물이 소속된 부서장에게 해당 요주의 인물관리를 위한 미션을 부여한다거나, 당해 연도 부서의 노무관리 활동계획을 수립하여 보고토록 하는 등 현업관리자들이 실제로 노무 관리하도록 미션을 부여하여야 한다.

2) 노무관리 평가

노무관리의 역할을 부여하였다면 이에 대한 이행사항을 평가하여야 한다. 단순히 노무관리의 역할만 부여할 뿐 이행상황을 체크하지 않는다면 현업관리자들은 이를 이행하지 아니한다. 역할을 부여하고 잘하는지 못하는지를 주기적으로 평가하고 평가결과에 따라서 잘한 관리자에게는 상을, 못한 관리자에게는 벌을 주어야 한다.

〈표 3-3〉 직무기술서(Job Description) (예시)

작성자: 홍길동	작성일: 2012. 1. 1.		직무코드: J1001
직무명: 제조1턴장		직무 수행자: 홍길동	
직속상사 직무명: 제조그룹장		직속상사 성명: 임꺽정	
직무개요 및 목적: 제조1턴장은 반도체 생산공정 중 디퍼전공정 제조턴장으로서 부하직원 30명으로 반도체가 불량 없이 원활하게 생산되도록 하는 직무임.			
직무내용 1. 부하직원에 대한 노무관리 및 회사 노사정책 실행 2. 부서 예산수립 및 집행 3. 생산계획 수립 및 목표 달성 3. 원가절감을 위한 공정 개선 4. 기타 부서운영에 대한 총괄관리 등			
직무 자격 요건 1. 자격 및 교육 -전자공학과 또는 유사학과 4년제 대학 전공자 이상 -영어를 읽고 쓸 수 있을 정도 수준 2. 직무경험 -반도체회사 공정관리 또는 생산관리 10년 이상 -사람 관리 경험이 있는 자			
기타			

이를 위해서는 현업관리자의 노무관리를 평가하는 제도를 구축하여야 한다. 평가에 있어서는 인사평가나 리더십평가를 통해서 평가하는 방법이 있을 수도 있으나, 인사평가나 리더십평가로 현장관리자의 노무관리능력을 평가하기에는 적절하지 않다. 이유는 인사평가나 리더십평가는 관련 상사나 부하직원 등이 평가하게 되는데, 이들은 노무관리에 대한 전문성이 부족한 자들이다. 즉 현업팀장에 대한 노무관리능력은 전문성을 가지고 있는 사람이 평가해야 하는데, 해당분야의 전문성은 노무부서가 가지고 있다. 따라서, 노무관련 전문가들로 구성된 노무부서가 평가권을 행사하는 것이 바람직하다. 이렇게 함으로 인해서 노무부서의 현

업관리자에 대한 영향력이 증대되고 노무부서와 현업 간의 긴밀한 협업이 유지될 수 있으며 이에 따라 노무부서의 노사정책을 현장에 곧바로 이식시키기가 쉬워진다. 복수노조시대에는 노사관계의 안정이 대단히 중요하고, 노사관계의 안정을 위해서는 경영층에서부터 현업관리자까지 일관된 입장견지와 일사불란한 대처가 필요한 것인데, 그러기 위해서는 노사정책을 수립하고 이를 현장에 전파해야 하는 책임을 가지고 있으며 경영층과 현업관리자의 중간에서 매개체 역할을 하는 노무팀의 위상과 권한이 높아져야만 하는 것이다. 즉 노무팀의 현업관리자에 대한 영향력이 높아져야 일사불란한 회사의 정책실행이 가능한 것이기 때문이다. 따라서 현업관리자에 대한 평가를 노무부서가 주관하는 것이 회사가 주도하는 노사관계를 구축하는 데 효과적이라 할 것이다. L사는 노무관리를 잘하지 못하면 직책보임을 하지 않는 것으로 알려져 있는데 이는 좋은 예라 할 것이다.

현업관리자에 대한 노무관리력을 평가함에 있어서는 구조화된 평가 툴(Tool)을 통해서 평가하는 것이 바람직한데, 평가의 방법과 내용을 예시하면 <표 3-4>와 같다.

〈표 3-4〉 노무관리 평가항목 및 방법 (예시)

항목	내용	방법
노무 관련 지식	1. 노동법 지식의 이해 정도 2. 회사 규정의 이해 정도	5점 척도로 평가
노무관리 활동	1. 현업부서의 노무관리 계획 달성도 2. 노사동향 파악 보고 및 내용 충실도 3. 노무부서의 요청사항 이행도	5점 척도로 평가
노무관리 활동 결과	1. 휘하직원이 노조를 통한 불만제기 건수 2. 부서의 노사문제 발생 건수	발생 건수를 감점하여 평가

7. 노사 간 의사소통 채널(Channel) 구축

노사관계는 노사가 함께 합심하여 성과물을 더 키우기 위해 노력하는 협력관계라는 측면도 있지만 성과물의 배분을 둘러싼 갈등관계를 기본으로 하고 있다. 따라서 그 같은 갈등관계는 단체교섭 등을 통해서 노출된다. 이러한 갈등이 극단

〈표 3-5〉 A사의 노사 간 Communication Channel

구분	내용	주기
경영설명회	· 회사의 경영상황 및 향후 전망 설명 · 대상: CEO 이하 관리자 및 노조간부	분기 1회
Operation설명회	· 시장동향, 실적 및 회사 중점과제 공유 · 대상: 노경팀, 전략실 및 노조간부	매월 1회
노경실무회의	· 노경이슈사항 협의 · 대상: 노경팀과 노조간부	매주 1회
분임협의회	· 현장 그룹별 이슈사항 협의 · 대상: 해당그룹팀장, 지원팀장 및 대의원	매월 1회
정기노사협의회	· 사업장 단위 노사 이슈사항 협의 · 대상: 노사 각 노경협의회 위원(각 10명)	분기 1회
중앙노사협의회	· 전사단위 노사 이슈사항 협의 · 대상: 전사 노경협의회 위원(각 12명)	필요 시
노사간담회	· 노사 간 상호 신뢰증진 및 애로사항 청취 · 대상: CEO 및 노조위원장	필요 시
노사불이신문화추진협의회	· 노사문화 개선 및 사회공헌 활동 · 대상: 노경담당 임원 및 노조간부	필요 시 실무는 매주 1회
하이컴 등	· 비노조원 대상 의견수렴기구 · 대상: 비노조원 3개 그룹별 약 63명	월 1회
팀장 간담회	· 현업팀장의 의견수렴 및 현장 정서 파악 · 대상: 노경팀장 및 현업팀장	월 1회

으로 치달으면 파업으로 발전되므로 극단적인 갈등으로 확산되지 않도록 사전에 노사 간 주기적인 의사소통이 필요하다. 노사 간의 주기적 의사소통은 상대에 대한 니즈(Needs) 파악은 물론 상대방과의 신뢰를 증진하는 좋은 수단이다. 따라서 노사 간의 주기적이고 빈번한 의사소통 채널을 구축하는 것이 필요하다.

노사 간 의사소통 채널은 노사 각 대표자 간의 공식채널에서부터 노무부서와 노조간부 간의 채널, 회사와 일반 근로자 간의 채널 등 다양하다. 또한 비조합원과의 의사소통채널을 구축하는 것이 필요한데, 이유는 복수노조가 허용됨으로 인해서 이들이 복수노조를 설립할 가능성이 높기 때문이다. 따라서 사무직 등을 대상으로 의사소통채널을 구축하는 것이 필요하고 많은 기업에서 디지털보드, 주니어보드, 하이컴 등의 명칭으로 사무직 의사소통채널을 구축하여 운영하고 있다.

한편 노조 없는 기업의 경우엔 노사협의회를 적극적으로 활용하여야 한다. 아무리 근로조건이 좋다 하더라도 그 조직 속의 구성원은 불만사항이 있을 수 있는 것이므로 그러한 불만을 해소할 수 있는 창구로 노사협의회를 활용하는 것이 좋다. 그러나 노사협의회를 단지 법적 의무를 준수하기 위해 형식적으로 운영하는 것은 무노조 기업에서 노조설립을 예방하기 위한 방안으로 효과적이지 않다. 즉 무노조 기업에서 노조설립을 예방하기 위한 노조의 대체기구로서 활용하고자 한다면 노사협의회를 실질적으로 활용하고 활성화시켜야 한다. 근로자위원을 선출함에 있어서도 근로자들이 선거를 통해서 적극적으로 참여할 수 있도록 지원하고, 회사도 노사협의회를 실질적인 근로자 대표조직으로 인정하여야 공식적인 노사협의회 외에도 회사 대표자가 노사협의회 위원과 간담회도 개최하고 노사협력 행사를 함께한다든가 국내외 노사관계 선진기업 탐방하는 등 노사협의회 근로자위원을 근로자의 대표로 존중하고 인정하여야 하며, 임금이나 근로조건 등을 결정함에 있어서도 노사협의회의 협의를 통해 결정함으로 인해서 노사협의회의 위상을 높여야 한다. 그렇게 됨으로써 근로자들이 노사협의회를 근로자의 대표조직으로 인식하게 되는 것이다.

8. 불합리한 제도 개선

불합리한 제도가 상존하고 있는 상태에서는 아무리 노사담당자나 현업관리자가 감성적 관리를 한다 하더라도 이는 일회성의 문제해결에 지나지 않는다. 근본적으로는 불합리한 제도를 개선하고, 근로조건에 있어서도 적어도 경쟁사와 견줄 수 있는 근로조건을 유지하는 것이 필요하다.

임금수준과 복지수준이 경쟁사나 동종사 평균보다 낮다든가, 작업환경이 열악하다든가, 회사의 경영실적은 탁월한데도 불구하고 직원들에 대한 보상수준은 낮다든가, 회사가 경영상황을 공개하지 않는다든가, 제반 인사관리를 공정하게 해야 함에도 정실에 따라 행한다든가, 경영진이 회사재산을 횡령한다든가, 직원의 고충을 제기할 통로가 없는 등 기업경영에 있어 불합리한 부분이 있는 경우에는 결국 근로자들은 노조를 결성한다든가 기존 노조에 의존하게 되고, 이는 노조의 교섭력을 높여 주는 요인이다. 따라서 회사가 주도하는 노사관계를 위해서는 불합리한 부분을 개선하고, 근로조건에 있어서도 회사의 경영사정이 허락하는 한 최고의 경쟁력이 있는 수준으로 처우하는 것이 필요하다.

9. 종업원 의견조사제도 구축

직원이 회사에 대해서 어떻게 느끼고 있는지 그리고 현재 불만/애로사항이 무엇인지를 파악하는 것은 노사문제를 사전에 예방할 수 있기에 대단히 중요하다. 따라서 최근에 EOS(Employee Opinion Survey)를 실시하는 기업들이 늘고 있다. EOS를 실시함에 있어서는 그 주기로 보통 연 1회나 2회가 일반적이며, EOS의 내용은 직장에 대한 자부심, 근로조건에 대한 만족도, 직무에 대한 만족도, 이직의도, 불만 및 개선요구사항 등을 포함하는 것이 일반적이다. 이러한 EOS결과를 전년도와 비교하여 그 수치가 개선되었는지를 주기적으로 관찰하고 또한 불만 및 개선요구사항을 파악하여 노조가 이를 이슈로 제기하기 전에 미리 대책을 수립하고 선행적으로 조치하는 것이 필요하다.

〈표 3-6〉 EOS 항목 (예시)

항목	주요 내용	방법
직무만족	• 현 직무에 대한 만족도 • 불만족하다면 그 이유는 • 향후 회사 이직 의도 • 이직 의도 시 그 이유는 • 회사에 대한 충성도	5점 척도 및 서술식으로 조사
근로조건	• 임금수준에 대한 만족도 • 복지수준에 대한 만족도 • 평가 및 보상제도에 대한 적정성 • 작업환경에 대한 만족도	
고충처리	• 고충처리 절차에 대한 만족도 • 고충처리 결과에 대한 만족도	
상사 및 동료관계	• 상사에 대한 신뢰도 • 동료 간의 관계성	
노사관계 등	• 경영정보공개의 적정성 • 회사의 노조에 대한 호의적 인식도 • 회사의 노사관계 개선에 대한 의지	

관리자 역량강화(C)

강한 노사관계를 구축하기 위해서는 관리자의 노무관리 역량(C)을 강화시켜야 한다. 노무부서를 잘 갖추고, 노무부서와 현업관리자 간의 노무관리 역할을 명확히 구분하고, 현장 중심의 노무관리체계를 완벽히 구축하고, 노사 간 의사소통 체계를 갖추는 등 노사관계 인프라(I)라는 하드웨어를 갖추었다 하더라도 이를 운영할 관리자의 역량이 부족하다면 노사관계의 인프라(I)는 잘 작동될 수 없는 것이다. 따라서 노사관계의 인프라(I)를 잘 작동시켜서 노조의 협력을 이끌어 내는 강한 노사관계 모델을 구축하려면 이를 운영할 소프트웨어인 관리자가 역량을 갖추어야 한다. 노사관계 인프라(I)라는 하드웨어가 잘 갖추어졌다 하더라도, 이를 운영할 관리자의 역량이 부족하다면 해당 인프라(I)는 정상적으로 작동되지 않게 되고, 이로 인해 강한 노사관계 구축은 어려워지게 된다. 특히 관리자의 노무관리 역량이 중요한 것은 노무관리의 주체가 바로 현업관리자들이기 때문이다.

1. 관리자의 개념

관리자란 과연 누구인가? 관리자란 사람을 통해서 조직의 목표를 달성하는 자[9]이다. 따라서 조직에 있어서의 관리자는 부하직원을 통해서 조직의 목표를 달성하고 있으며, 부하직원들을 잘 관리하느냐 못하느냐에 따라 조직의 목표달성 여부가 결정되는 것이다. 따라서 부하직원에 대한 관리, 즉 노무관리가 관리자의 기

---

9) Stephen P. Robbins, Organizational Behavior, Prentice Hall, 2001, p.2.

본 기능인 것이다.

관리자는 고급관리자, 중급(중간)관리자, 하급관리자 등으로 구분할 수 있다. 고급관리자란 회사의 경영을 책임지고 있는 대표이사 및 임원 등 경영층을 지칭하는 것이며, 중급관리자란 조직에서 팀이나 파트와 같은 단위조직을 맡고 있는 관리자로서 일반적으로 부장, 차장, 과장 등이 이에 해당한다 할 것이다. 이들은 고급

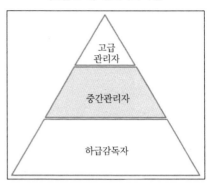

〈그림 3-7〉 관리자의 구분

관리자와 하급관리자 간의 중간에 위치하고 있어 이들 간의 매개역할을 하고, 실제로 현업이 부하직원들을 관리한다는 점에서 중요한 기능을 하고 있다. 실제로 관리자의 노무관리 역량강화에 있어서도 이들이 가장 중요한 대상이라 할 것이다. 마지막으로 하급관리자는 일선 현장에서 생산이나 판매를 담당하는 직원들을 관리·감독하는 최말단 관리자를 말하는 것이다. 이들 군에 속하는 부류는 조장, 반장, 직장, 계장 등으로 불리는 일선감독자가 이에 해당된다 할 것이다. 현실적으로 이들은 관리자의 신분이면서도 조합원의 신분인 경우가 많고 또한 이들이 노동조합에서 대체로 지도자적 위치를 차지하고 있는 경우가 많기 때문에 이들의 역할 또한 대단히 중요하다 할 것이다.

노노 간의 갈등 등으로 복수노조 설립되면, 직원의 직무몰입이 떨어지고, 이에 따라 생산성 저하가 초래될 수 있다. 또한 노무관리비용이 증가하고 교섭기간이 장기화되는 등 막대한 피해가 예상된다. 따라서 관리자들이 노무관리가 자신들의 고유의 업무라고 인식하고 적극적으로 노무관리에 임해야 한다. 직원에 대한 이해를 통해 개인적인 고충을 파악하는 것이 우선이며, 노무지휘권의 기반하에 개별관리와 집단관리를 통해서 직무몰입과 직무만족을 이끌어야 한다.

Blake & Mouton(1964)이 관리격자이론에서 말하였듯이 직원에 대한 관심과 일에 대한 관심이 모두 높은 (9,9)형 관리자가 가장 높은 성과를 낸다는 점을 명심하고, 그동안 직무에만 쏟았던 관심을 부하직원에 대한 배려에 관심을 돌리는 관리자가 되어야 한다. 즉 직무에 대한 관심과 부하직원에 대한 관심이 높은 팀형(9,9형) 관리자가 되어야 한다.

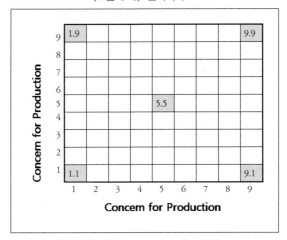

〈그림 3-8〉 관리격자

주) (1,1)형: 무관심형, (1,9)형: 사교형
　　(5,5)형: 중도형, (9,1)형: 과업형
　　(9,9)형: 팀형
출처: 이원우·서도원·이덕로, 경영학의 이해, 박영사, 2011, 487쪽에서 재인용.

2. 관리자의 필요역량

그렇다면, 관리자의 노무관리 역량(C)은 어떠한 것을 말하는가?

일반적으로 역량(Competency)이란 조직에서 고성과자(High Performer)로부터 일관되게 관찰되는 행동특성을 말하는 것으로, 지식, 기술, 태도, 가치 등이 상호 작용에 의해 높은 성과를 이끌어내는 행동을 말한다.[10] 여기서 지식(Knowledge)은 자신이 수행하는 업무와 관련된 정보 등을 의미하는 것이고, 기술(Skill)이란 신체적 또는 정신적 과제를 해낼 수 있는 기능과 기능적 숙련을 의미한다. 이는 자동차를 운전하고자 할 때 운전기술이나 자동차 수리공이 자동차를 수리할 수 있는 기술 등이 이에 해당된다. 태도(Attitude)는 특정한 대상에 대한 일방적인 선호경향 또는 신념 및 가치관 등을 말하는 것이다.

따라서 노무관리 역량이란 노무관리를 잘하는 고성과 근로자로부터 일관되게 관찰되는 특성이라고 할 수 있다. 물론, 조직마다 문화와 환경이 다르기 때문에

---

10) 이춘우·허건, HR에센스, 휴넷, 2004, 85쪽.

관리자의 노무관리의 역량이 모든 조직에 동일하다고 할 수는 없다. 그렇다 하더라도, 일반적으로 공통된 내용으로 관리자의 노무관리 역량을 모델링(Modeling)할 수 있다.

관리자에게 어떠한 역량이 필요한지를 알아보기 위해서는 먼저 관리자는 어떠한 일을 하는 사람인지를 파악해 보는 것이 필요하다. 전통적인 관리자의 역할은 관리론의 대가인 패욜(H. Fayol)이나 쿤츠(H. Koontz)가 주장하듯이 계획(Planning), 조직(Organizing), 지휘(Leading), 통제(Controling)이다. 계획(Planning)이란 조직의 목표를 세우고, 이를 달성하기 위한 전략 등을 수립하는 기능을 말한다. 조직(Organizing)이란 수행되어야 할 과업이 무엇이며, 누가 과업을 수행하여야 하며, 그러한 과업들을 어떻게 그룹화하고, 누가 누구에게 보고하고, 의사결정은 어디에서 이루어져야 하는지를 결정하는 것이다. 지휘(Leading)는 사람과 관련된 역할로 부하직원들을 동기부여시키고, 다른 사람의 행동을 이끌고, 가장 효과적인 커뮤니케이션 채널을 선택하고, 부하직원들의 갈등을 해결하는 일이 바로 지휘이다. 마지막으로 통제(Controlling)는 계획한 대로 과업이 이루어지는지를 확인하기 위하여 직원들의 행동을 모니터링하고 목표와의 차이를 수정시키는 활동을 말한다. 이상과 같이 관리자는 조직의 목표를 설정하고(계획) 각각의 업무를 누가 수행할 것인지 등 업무를 분장하며(조직), 해당 업무를 수행하도록 부하직원들을 동기부여시키고 육성하며(지휘) 목표와 성과 간의 차이를 확인하고 이를 수정시키는 기능을 한다고 할 것이다(통제).

그렇다면 이 같은 관리자의 역할을 잘 수행하기 위해서 관리자에게는 어떠한 역량이 필요한가? 이와 관련하여 일반적으로 유명한 것이 Robert Katz(1974)가 제시하는 관리자의 3가지 역량을 들 수 있다.[11] Katz는 관리자에게 필요한 역량으로 기술적 역량(Technical Skills), 인간적 역량(Human Skills), 개념적 역량(Conceptual Skills)으로 구분하고 있다.

첫째, 기술적 역량(Technical Skills)이란 특별한 지식이나 전문성을 적용시킬 수 있는 능력을 말하는 것이다. 외과의사의 수술능력이나, 자동차 수리공의 자동차 수리능력, 비행기 조종사의 비행기 조종능력 등이 기술적 능력이라 할 것이다. 이

---

11) R. L. Katz, "Skills of an Effective Administrator", Hard Business Review, September-October 1974, pp.90~102, Katz는 Skill이라는 용어를 사용하였으나, 본서에는 이해의 편의를 위하여 역량이라는 용어로 사용함.

같은 역량은 교육이나 OJT(On the Job Training) 등을 통해서 연마할 수 있다.

둘째, 인간적 역량(Human Skills)이란 타인과 일하면서 타인을 이해하고 동기부여시키는 능력을 말한다. 즉 소위 말하는 인간관계를 잘하는 능력을 말하는 것이다. 많은 사람들은 타인과 함께 일을 하며, 특히 관리자는 부하

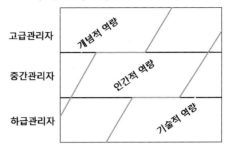

〈그림 3-9〉 계층에 따른 요구 능력

고급관리자 / 중간관리자 / 하급관리자

개념적 역량 / 인간적 역량 / 기술적 역량

출처: 김식현, 최신인사관리론, 박영사, 1994, 261쪽 수정.

직원을 통해 조직의 목표를 달성하기에 부하직원과 잘 지내고 이들을 동기부여시켜 목표를 달성하게 만드는 것이 무엇보다도 중요하다.

마지막으로 개념적 역량(Conceptual Skills)을 들 수 있다. 개념적 역량이란 복잡한 상황을 분석하고 종합하는 능력을 말한다. 이는 기술적 역량이나 인간적 역량이 육체적 능력이라면 개념적 역량은 지적·정신적 능력이라 말할 수 있다. 관리자가 의사결정을 하기 위해서는 문제가 무엇인지를 발견하고, 문제를 해결할 수 있는 대안을 평가한 후 가장 좋은 최선의 안을 선택하는 과정을 거치는데, 이러한 의사결정과정에서 필요한 것이 개념적인 역량이다.

〈그림 3-9〉에서 보듯, 일반적으로 관리자의 계층에 따라서 필요한 역량에 차이가 있는데, 하급관리자일수록 기술적 역량의 비중이 제일 크고 다음으로 인간적 역량, 마지막으로 개념적 역량이 차지한다(기술적 역량>인간적 역량>개념적 역량). 반면, 고위관리자일수록 하급관리자와는 반대로 개념적 역량의 비중이 제일 크고 다음으로 인간적 역량 그리고 마지막으로 기술적 역량의 비중은 제일 작게 된다(개념적 역량>인간적 역량>기술적 역량).

관리자의 노무관리 역량을 모델링함에 있어서도 이러한 Katz의 3가지 역량을 토대로 모델링을 할 수 있다. 우선, 기술적 역량으로는 노무관련 지식, 노무정보 수집능력, 업무조정 및 갈등관리 능력 등을 들 수 있다. 노무관련 지식으로는 노동법에 대한 전반적인 이해가 필요하며, 특히 근로조건의 기준을 정한 근로기준법 등 개별적 근로관계법에 대한 지식과 부당노동행위 등에 대한 지식이 필요하다. 또한 회사의 취업규칙과 단체협약 등에 대한 지식이 필요하다. 업무조정 및 갈등관리 능력이란 부하직원의 상하 간 또는 동료 간의 갈등을 조정하고, 업무를

공정하게 배분하는 능력을 말하는 것으로 이는 노사분쟁의 원인을 사전에 제거한다는 의미에서 중요하다 할 것이다. 노무정보 수집능력은 노사관계가 대내외의 환경에 영향을 받기에 대내외 노무정보를 신속 정확하게 파악하여 보고하는 능력을 말한다.

둘째, 인간적 역량으로는 고충처리 능력, 코칭능력, 설득력, 친화력, 커뮤니케이션능력 등 대인관계 능력을 들 수 있다. 부하직원이 근무하면서 발생하는 고충은 노사문제의 원인이 되므로 이에 대한 효과적 처리는 노사문제를 예방하는 중요한 기능을 담당한다. 따라서 부하직원의 사소한 목소리도 경청하고 이들의 고충과 애로사항을 파악하고 적절한 조치를 취하는 능력이야말로 관리자의 노무관리 역량 중 중요한 역량이라 할 것이다. 코칭이란 코치가 코칭을 받는 사람에게 직업적 또는 개인적인 성과를 향상시키고, 삶의 질을 높이는 데 도움을 주는 활동을 말하는 것이다. 따라서 관리자가 코치로서 부하직원의 직장생활과 더 나아가 개인적인 삶의 성공을 도와줄 수 있는 코칭능력은 무척 중요한 역량이라 할 것이다. 그 외에 부하직원을 잘 설득하는 능력 또한 중요하다 할 것이다. 실무적으로는 사람을 좋아해서 같이 어울리고 술 잘하는 사람이 친화력이 높은 사람이다. 이러한 사람들이 상대방을 잘 설득하고 타인과 좋은 관계를 유지한다.

마지막으로 개념적 역량으로는 통찰력, 직관력, 비전공유 및 변화관리 능력 등을 들 수 있다. 비전공유 및 변화관리 능력은 회사의 비전과 전략을 부하직원들에게 공유하고, 변화하는 노무환경을 적극적으로 탐색하여 회사에 미칠 영향을 모색하는 능력을 말한다. 이를 통해 부하직원들의 마인드와 행동의 변화를 유도하는 능력을 말한다. 통찰력이란 변화하는 환경을 꿰뚫어 보고 현재의 문제점을 분석해서 합리적인 해결책과 대안을 수립하는 능력을 말한다. 이상의 내용을 정리하면 아래의 <표 3-7>과 같다.

〈표 3-7〉 관리자에게 필요한 노무관리 역량 (예시)

구분	내용
기술적 역량	• 노무관련 지식 －근로기준법, 취업규칙 및 단체협약 등에 관한 지식 • 노무정보 수집능력 • 업무조정 및 갈등관리 능력
인간적 역량	• 고충처리 능력 －부하직원의 고충을 청취하고 효과적으로 처리하는 능력 • 코칭능력 • 설득력 • 친화력 • 커뮤니케이션 능력
개념적 역량	• 통찰력 －변화하는 환경을 꿰뚫어 보고 현재의 문제점을 분석해서 합리적 해결책을 제시하는 능력 • 직관력 • 비전공유 및 변화관리능력 －부하직원에게 비전을 심어 주고 변화를 유도하는 능력

3. 관리자 노무관리 역량강화 방법

관리자의 노무관리 역량을 강화시켜 주는 가장 일반적인 방법은 관리자에 대한 교육이다. 직장생활을 통해서 나름대로 관리기법을 배우기도 하지만, 노무관리 역량은 전문적인 부분이므로 회사에서 끊임없이 교육을 시켜 주어야 한다. 각각 계층별 교육을 실시하는 것과 같이 초급관리자인 현장의 일선 관리감독자부터 고급관리자에 이르기까지 주기적으로 노무관리에 대한 교육을 실시하여 노무관리 역량수준을 향상시켜야 한다. 교육의 방법으로는 집합교육과 같은 Off-line 교육이나 웹상의 강좌 등을 통해서 향상시킬 수 있으며, 역할연기(role play)를 통해서 노무관리 역량을 향상시킬 수 있다.

두 번째 방법으로는 경험을 통한 학습이다. 업무수행과정에서 부닥치는 현상을 스스로 해결하는 과정에서 이 같은 역량을 향상시킬 수 있는 것이다. 특히 인간적 역량과 개념적 역량과 같은 상위 관리자에게 필요한 역량일수록 교육을 통해서보다는 실제의 경험이나 역할연기 등을 통해서 향상된다. 따라서 이같이 상위 관리자에게 필요한 역량은 필요역량에 대한 기본적인 이론학습과 끊임없는 관련서적에 대한 공부를 바탕으로 실제경험과 같은 액션러닝(Action Learning)방법이 효과적이라 할 것이다.

적극적인 노무관리(A)

1. 노무관리의 기초

아무리 좋은 제도가 있다 하더라도 이러한 제도를 실행할 인력이 없다면 그 제도는 무용지물인 것이다. 복수노조 시대의 노사관계 혼란을 막고 회사가 주도하는 노사관계를 구축하기 위해서는 관리자들이 적극적인 노무관리를 통해서 부하직원들을 장악하여야 한다. 노무관리가 부하직원들이 조직의 목표에 몰입하도록 하는 것이므로 인간과 집단 속에서의 개인에 대한 이해가 선행되어야 하며, 또한 조직이 바라는 바람직한 행동은 지속시키고 조직이 바라지 않는 행동은 하지 않도록 하는 것에 대한 이론적 기초인 학습이론 중 강화이론에 대한 이해가 필요하다.

1) 사람에 대한 이해

관리(Management)란 조직의 목적을 달성하기 위해서 계획(Planning), 조직(Organizing), 지휘(Commanding), 통제(Controlling)하는 것을 말하는 것으로 노무관리란 그 관리의 대상이 사람(People)이다. 즉 사람에 대한 계획, 조직, 지휘, 통제 등을 통해 조직의 목적을 달성하는 것이다. 따라서 노무관리를 하기 위해서는 사람에 대한 이해가 필요하다.

조직 내 인간에 대한 관점과 관련하여 유명한 것이 McGreger(1980)의 XY이론이다. <표 3-8>에서와 같이, X이론은 인간은 기본적으로 게으르고 일을 싫어하며 책임지기를 싫어한다는 인간에 대한 부정적인 관점인 반면, Y이론은 X이론과는 반대로 인간은 일을 놀이나 휴식처럼 자연스럽게 생각하며 책임 있는 일을 좋아

한다는 것이다.

〈표 3-8〉 X이론과 Y이론의 특징

X이론	Y이론
·인간은 일을 싫어하기 때문에 가능하면 피하려고 한다. ·인간은 책임감이 결핍되어 있고 야망이 없으며 무엇보다도 안전을 추구한다. ·일을 시키기 위해서는 지시, 강압, 위험 등의 수단을 사용하여야 한다.	·일은 놀이나 휴식같이 자연스러운 것이다. ·인간은 적절한 조건만 갖추어지면 책임을 받아들일 뿐만 아니라 적극적으로 책임을 수용하려고 한다. ·인간은 자신의 목표를 달성하기 위하여 스스로 통제하고 관리한다.

자료: McGregor, D., The Human Side of Enterprise, McGraw-Hill, 1980, 황규대 등(2007)의 조직행동의 이해, 박영사, 11쪽에서 재인용.

이 같은 사람에 대한 관점은 조직 속에서 관리자가 조직의 목표를 달성하기 위해서 어떻게 해야 하는지에 대한 시사점을 주는 것인데, X이론의 관점을 가지고 있는 관리자는 부하직원을 강제하고 통제하는 방식으로 노무관리를 하게 되는 것이며, Y이론의 관점을 가지고 있는 관리자는 부하직원을 동기부여시켜 주는 방식으로 노무관리를 하게 되는 것이다. 또한 부하직원이 X형 인간이라면 관리자는 부하직원에 대하여 일일이 지시하고 통제하는 방법으로 노무관리를 하는 것이 효과적이며, 부하직원이 Y형 인간이라면 직원이 스스로 일을 잘 할 수 있도록 동기부여시켜 주는 방법으로 노무관리를 하는 것이 효과적이라는 것이다.

조직 속에서 부하직원이 X형인지 아니면 Y형인지를 판단함에 있어서는 상사가 부하직원을 세심히 관찰함으로써 판단할 수 있지만, <표 3-9>와 같은 측정방법으로 통해서도 간단히 측정할 수 있다.

〈표 3-9〉 XY형 진단지

번호	질문항목	점수
1	일반적인 인간은 지시받기를 선호하며, 책임을 회피하려고 하고 비교적 작은 야망을 가지고 있다.	
2	대부분 인간은 각자의 타고난 특성이나 능력에 상관없이 리더십 스킬을 획득할 수 있다.	
3	보상(임금, 승진 등)과 처벌(승진누락 등)의 사용은 조직구성원에게 일을 하도록 하는 최상의 방법이다.	
4	작업 상황에서 부하가 당신에게 영향력을 행사할 수 있다면 당신의 부하에 대한 영향력은 다소 감소된다.	
5	좋은 리더는 부하들에게 단지 일반적인 지시만 내리고 그들 스스로 알아서 일을 처리하도록 맡기기보다는 상세하고 충분한 지시를 내린다.	
6	개별목표설정은 집단목표설정에 의해 획득될 수 없는 이점들을 제공한다. 왜냐하면 집단목표설정은 높은 목표를 설정할 수 없기 때문이다.	
7	상사는 부하에게 단지 직접적인 작업을 수행하는 데 필요한 정보만을 제공해야 한다.	

8	상사는 부하에 대하여 기본적인 적정수준의 영향력을 갖는다.	
종합점수		

주 1) 5점 척도이며, 매우 그렇다(5점), 그렇다(4점), 잘 모르겠다(3점), 그렇지 않다(2점), 전혀 그렇지 않다(1점)으로 평가함.
  2) 평가결과 종합점수의 해석
  32점 이상: X이론에 따라 조직구성원을 대할 경향이 있음.
  17점~31점: 조직구성원을 대하는 데 있어 유연성이 있음.
  16점 이하: Y이론에 따라 조직구성원을 대할 경향이 있음.
자료: Haire, M., Ghiselli, E. E. & Porter, L. W., Managerial Thinking : An International Study, John Wiley & Sons, 1966, 황규대 등의 전게서 33쪽에서 재인용.

2) 집단 속에서 개인행동의 이해

집단 속에서의 개인행동은 일반적인 인간의 행동과는 다른 특징이 있다. 이는 Asch(1956)의 연구에서도 잘 나타나는데, Asch는 두 장의 카드를 준비하여 7~8명으로 구성된 집단을 대상으로 실험담당자가 가지고 있는 카드를 비교하도록 하였다. <카드 1>에는 하나의 선이 그려져 있고, <카드 2>에는 서로 다른 3개의 선이 그려져 있다. 그중 하나

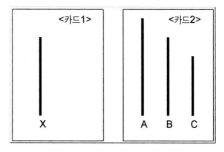

〈그림 3-10〉 Asch의 연구

자료: Asch, S. E., Studies of Independence and Conformity : A minority of one against a unanimous majority, Psychological Monographs, Vol.70, No.9, 1956.

는 <카드 1>에 그려져 있는 선의 크기와 동일한데 선의 크기 차이가 너무나 분명하여 누구나 쉽게 구분할 수 있다. Asch는 실험대상자 한 사람을 제외하고는 나머지 모든 실험대상자에게 사전에 실험계획을 알려 주며 X와 C가 같다고 대답하도록 하였다. 이런 방법으로 실험을 한 결과 사전에 실험계획을 알려 주지 않은 실험대상자들 중 약 35%는 X가 <카드 2>의 C와 크기가 같다고 대답하였다. 누가 봐도 X가 B와 같다는 것이 명백한데도 불구하고 무려 35%가 잘못된 선택을 하고 있는 것이다. 이는 집단에서의 개인은 집단규범에 강한 압력을 받는 것을 나타낸 것이다.[12] 노동조합이라는 집단은 특별히 집단규범이 강한 조직이기에 옳지 않은 방향이라 하더라도 조합원 개인은 조합지도부가 이끄는 대로 따라갈 수 있음을 Asch의 연구는 시사해 주는 것이다.

---

12) 김주엽·송계충·정범구·박상언, 조직행동론, 경문사, 2011, 231~232쪽.

또, 집단 속에서의 개인은 익명성의 증가로 인해 비합리적인 행동을 유발할 가능성이 높다. 노동조합이라는 집단 내 조합원은 집단 속에서의 익명성으로 인해서 특별한 사실에 근거함이 없이도 상대방에 대한 비난이나 중상모략, 허위사실의 유포 등과 같은 비합리적 행동을 하게 된다. 특히 이러한 익명성의 문제는 최근에 인터넷상에서 가수 타블로의 스텐포드 대학 가짜 학위주장과 같은 사례에서도 볼 수 있다. 노사문제와 관련하여서도 '회사 사장은 연봉이 ㅇㅇ억이라고 하더라', '이번에 회사 관리자들은 보너스로 수억 원을 받았다더라', '회사가 노조 노조위원장을 자르려고 한다더라' 등과 같은 내용을 노조게시판이나 소문을 흘려서 노사관계를 어렵게 할 수 있는 것이다.

또한 집단 속에서의 개인은 죄의식이 급격히 낮아진다는 특징이 있다. 개인적인 범죄행위에 대해서는 대단히 죄의식이 높지만 집단이 공동으로 하는 행위에 대해서는 죄의식이 낮아진다. 따라서 불법이라고 하더라도 노동조합이 주도하는 행위라면 기꺼이 참여하게 된다. 이는 많은 노사분규 현장에서 빈번한 업무방해, 재물손괴, 건조물 침입, 폭행, 집시법 위반 등의 형사범죄가 발생하는 것을 봐도 알 수 있다. 물론 이러한 문제를 조장하는 데 정부의 역할도 한몫했다고 할 수 있다. 많은 노사분규 현장에서의 불법행위들에 대하여 사법당국은 개인의 범죄에 비하여 대단히 관대한 처분을 했기 때문이며, 경찰도 현행범인 불법파업 조합원을 즉각적인 공권력 투입을 통해 체포나 해산시켜야 함에도 불구하고 적극적으로 그 같은 행동을 하지 않고 있기 때문이다.

3) 노무관리의 이론적 기초: 강화이론

학습이론의 고전은 러시아의 생리학자인 파블로프의 고전적 조건화(classical conditioning)이다. 즉 개에게 음식을 주면 무조건 침을 흘리는데 종을 치면서 음식을 주고 이러한 행위를 반복한다면 나중에는 종만 쳐도 개는 침을 흘린다는 것이다. 즉 음식을 줄 때 침을 흘리는 것을 무조건반사라고 하고 종을 칠 때 침을 흘리는 것을 조건반사라고 한다.

한편 Skinner(1953)는 쥐의 실험에서 기대되는 행동을 했을 때 보상을 해 줌으로써 기대되는 행동을 학습토록 했는데 이를 조작적 조건화(Operant conditioning)라

쥐를 조명, 누르는 막대, 먹이접시 등이 있는 작은 상자에 집어넣는다. 이런 형태의 도구를 스키너 상자라고 한다. 처음에 쥐는 새로운 환경을 탐색하며 이리저리 돌아다닌다. 이 탐색기간 동안 쥐는 가지각색의 무작위적인 행동을 나타낸다. 그러다가 쥐가 막대를 누르면 먹이 한 조각이 먹이 접시에 떨어진다. 하지만 쥐가 다른 어떠한 행동을 해도 눈에 띌 만한 결과가 일어나지 않는다. 시간이 갈수록 쥐의 막대를 누르는 행동은 증가하며 다른 행동의 빈도는 상대적으로 감소한다. 쥐에게서 막대를 누르는 학습이 일어났으므로 쥐는 과거보다 막대를 더 자주 누르게 된다.

자료: 황규대 등, 전게서, 164쪽.

고 한다. 그런데 자극과 반응 간의 관계를 연결시켜 주기 위해서는, 즉 원하는 반응을 얻기 위해서는 강화물이 필요한데, 그것이 바로 강화이론이다.

강화이론에 의하면 인간이 특정한 반응(R: Response)을 보이는 것은 그러한 반응이 특정한 결과(C: consequences)에 의해서 강화되기 때문이라는 것이다. 예를 들면 상사가 출근해보니 부하직원이 일찍 출근해서 일하고 있는 것을 보고 칭찬(R)을 해 주면 그 부하직원은 더 자주 일찍 출근하여 일(C)을 하게 된다. 즉 여기서 상사의 칭찬이 강화인 것이다. 강화의 방법에는 <그림 3-11>과 같이, 긍정적 강화(positive reinforcement), 부정적 강화(negative reinforcement), 소거(extinction), 벌(punishment)의 4가지가 있다.

〈그림 3-11〉 강화의 4가지 구분

	유쾌한 결과(+)	불쾌한 결과(-)
결과부여	바람직한 행위 증대 (긍정적 강화)	바람직하지 못한 행위 감소(벌)
결과철회	바람직하지 못한 행위 감소(소거)	바람직한 행위의 증대 (부정적 강화)

자료: 김주엽 등, 전게서, 191면.

긍정적 강화(positive reinforcement)란 바람직한 행동을 증대시키기 위하여 그러한 행동을 했을 때 보상을 주는 방법이다. 예로 부하직원이 업무를 잘했을 때 평가를 좋게 해 주는 것이다. 그러면 그 직원은 더욱 열심히 일을 하게 된다. 부정적 강화(negative reinforcement)는 특정 행동을 하면 부정적인 결과를 제거해 줌으로써 특정행동을 지속하게 하는 것이다. 만성적으로 지각하는 직원에게 상사가 질책을 하다가 지각을 하지 않게 되자 질책을 하지 않게 됨으로써 해당 직원이 지각을 하지 않게 되는 경우가 그 예이다. 소거(extinction)란 바람직한 행동을 지속하도록 하는 강화를 제거함으로써 그러한 행동이 지속되지 않게 하는 것이다. 집에서 엄

마가 아이에게 매일 용돈을 천 원씩 주다가 컴퓨터게임을 하게 되면 그날 용돈을 주지 않게 되자 아이가 컴퓨터 게임을 하지 않게 되는 경우라든가 평소 부하직원에게 칭찬과 우수고과를 부여하고 있다가 해당 근로자가 노조에 가입하자 칭찬을 하지 않고 우수고과를 부여 않는 것 등이 그 예이다. 벌(punishment)은 바람직하지 않은 행동에 대해서 부정적인 결과를 주는 것을 말한다. 즉 지각을 이유로 부하직원을 징계한다든가 질책하는 경우가 그 예이다.

이처럼 긍정적 강화(positive reinforcement)나 부정적 강화(negative reinforcement)는 기대되는 바람직한 행동을 유도하기 위한 방법인 반면, 소거(extinction)나 벌(punishment)은 바람직하지 않은 행동을 없애기 위한 방법이라는 차이가 있다.

이 같은 학습이론은 노무관리에 있어서의 이론적 기초를 제공해 주는 것이다. 노무관리가 조직의 목표달성에 부하직원들이 매진하도록 하는 제반활동이기에 바람직한 행동에 대해서는 승진이나 보상과 같은 긍정적 강화(positive reinforcement)나 부정적 강화(negative reinforcement)를 통해서 조직이 원하는 행동을 지속시키도록 해야 하고, 근무태만이나 회사의 규칙을 위반하는 행동과 같은 조직이 기대하지 않는 행동에 대해서는 그러한 행동을 하지 않도록 하기 위하여 질책, 징계, 저평가 등과 같은 소거(extinction)나 벌(punishment)을 주어야 하기 때문이다.

참고로 조직행동 수정기법의 효과적인 사용방안을 예시하면 <표 3-11>과 같다.

〈표 3-11〉 조직행동 수정기법의 효과적 사용방안

바람직한 행동을 구체적으로 확인하라.
당신이 통제할 수 있는 결과를 확인하라.
당신이 통제할 수 있는 결과의 가치를 확인하고 적절하게 이용하라.
학습목적과 이용 가능한 자원을 고려하여 적절한 학습도구(긍정적 강화, 부정적 강화, 소거, 벌)를 선점하라.
사용 가능한 학습도구를 조합하라.
바람직한 효과를 기준으로 적절한 강화일정을 선정하라.
반응(R)→결과(C) 연결을 식별하라(특정행동에 대해 강화할 것인지 벌을 줄 것인지).
행동(반응)을 측정하고 적절한 결과를 제공하라.
행동에 대하여 긍정적인 결과나 부정적인 결과를 동등하게 적용하라.
계획대로 반응(R)→결과(C) 연결을 일관성 있게 유지하라.
가능하면 행동(반응)이 나타난 즉시 결과를 제공하여 학습자가 두 변수 간의 관계를 연상하게 하라.
만일 벌을 사용한다면 학습자에게 무엇이 잘못되었는지를 설명하라.
만일 벌을 사용했다면 바람직한 행동에 대해서 긍정적인 결과를 제공하라.
다른 사람 앞에서 벌을 줄 때는 최대한 주의하라.
무행동(Non-action)은 행동을 수정하게 한다. 즉 누구에게나 공평하게 보상을 하면 성과가 높은 사람은 자신의 성과를 낮춘다.

자료: Dunham, Organizational Behavior: People and Precesses in Management, Richard D. Irwin, 1984, p.153.

2. 노무관리 수단

　노무관리의 인프라(I)를 갖추고, 관리자의 노무관리 역량(C)을 강화시켰다면 이제는 그 행동 주체인 관리자들이 적극적으로 노무관리(A)를 하도록 하여야 한다.

　그러나 현실은 어떤가? 관리자들이 적극적으로 노무관리를 하고 있는가? 국내 대기업에서 노무부서장으로 근무해본 필자가 보건대 그 대답은 '아니올시다'이다. 노무팀은 현업의 관리자들이 노무관리를 적극적으로 하지 않는다고 투덜댄다. 반면, 현업은 현업대로 노무관리를 노무팀이 해야지 왜 우리보고 하라고 하냐고 불평한다. 설령 노무관리의 역할을 현업 팀에 부여하였다 하더라도 무엇으로 노무관리를 하냐고 불만이다. 따라서 관리자들이 적극적으로 노무관리를 하도록 하기 위해서는 인프라(I)와 관리자에 대한 노무관리 역량(C) 강화가 전제되어야 한다.

　특히, 노사관계 인프라(I)와 관련하여서는 현업부서 관리자에 대한 노무관리 업무 역할 부여를 통해 부하직원에 대한 노무관리가 현업부서 관리자의 기본적인 업무임을 명확히 인식시켜야 하고, 노무관리에 대한 평가제도 구축을 통해 노무관리를 잘한 관리자에게는 상을 주고 노무관리를 잘 못하는 관리자에게는 벌을 주어야 한다. 또한 현업관리자가 노무관리를 할 수 있도록 노무관리 매뉴얼을 제공해 주고, 노무관리를 함에 있어서는 어떠한 권한이 있는지 등을 교육시켜 주어야 한다.

　<그림 3-12>에서와 같이, 회사는 인사권과 노무지휘권을 통해서 근로자에게 영향력을 행사할 수 있는 것이며, 근로자(조합원)는 선거권을 통해서 조합집행부를 통제할 수 있는 것이다. 반면, 노조는 단체교섭권과 쟁의권을 통해서 회사에 영향력을 미칠 수 있는 것이다. 반면, 회사가 직접적으로 노조에 영향력을 행사할 방법은 없는 것이며, 오히려 노조가 노동3권을 바탕으로 회사를 압박할 수 있는 것이다.

　노사관계에 있어 힘은 작업장의 통제권을 누가 갖고 있느냐, 즉 직원(조합원)에 대한 통제권을 회사가 가지고 있느냐 노동조합이 가지고 있느냐에 따라 결정되는 것이므로 회사 → 근로자(조합원) → 노조 → 회사로 이어지는 노사관계의 역학구도에서처럼 회사가 직원에게 대하여 통제권을 행사할 수 있어야만 회사주도의 강한 노사관계를 만들 수 있는 것이고 노사협력을 이끌어 낼 수 있는 것이다. 따라서 관리자의 적극적인 노무관리가 중요한 것이다.

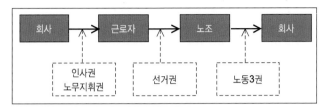

〈그림 3-12〉 노사관계의 역학관계

이 같은 관리자의 행동은 소위 말하는 노무지휘권을 기반으로 이루어지게 된다. 근로계약이 근로자는 사용자에게 근로를 제공하고 사용자는 그 대가로 임금을 지급하는 것을 목적으로 하는 계약이므로 이는 자유노동이 아닌 종속노동이다. 따라서 근로자는 사용자의 지휘명령을 받으며 근로할 수밖에 없는 것이고 이에 따라 노무지휘권이 발생한다고 할 수 있다. 아래에서는 관리자가 가지고 있는 노무지휘권을 설명하기로 한다.

1) 작업지시 및 감독권

작업지시 및 감독권은 사용종속관계를 기본으로 하는 근로관계에서 발생하는 노무지휘권의 가장 핵심적인 권한이다. 근로자가 근로계약을 체결하면 근로자는 거래상대방인 사용자에게 근로를 제공해야 하는 것이고, 근로제공의 대가로 임금을 받는 것이다. 여기서 근로, 즉 노동은 자유노동이 아닌 종속노동인 것이므로 거래 상대방인 사용자의 지시에 따라서 일을 해야만 하는 것이다. 또한 일의 수행 방법이나 장소나 수행한 일의 결과에 대하여 사용자의 지시와 감독을 받아야 하는 것이다.

관리자는 근로계약의 주체인 사업주로부터 부하직원에 대한 관리권을 위임받은 자이다. 즉 관리자는 근로관계에 있어서 사업주의 대리인이다. 따라서 관리자는 사업주가 가지고 있는 업무지시·감독권을 대신 행사하게 되는 것이므로 조직의 책임자인 현업관리자들은 조직의 목표가 달성되도록 부하직원에 대하여 업무지시·감독권을 행사하게 되며, 특히 문제 직원에 대한 관리자의 철저한 작업지시 및 감독권 행사는 문제 직원을 효과적으로 관리하는 수단이 될 수 있다.

2) 근태관리권

근로계약의 내용이 근로와 임금의 쌍무계약이므로 근로자는 정해진 장소로 출근해서 정해진 시간 동안 근무에 매진해야 하는 것은 근로계약에 의한 본연의 의무이다. 그러나 근무 중 수시로 근무지를 이탈한다든가, 근무 중 사적 인터넷 서핑을 한다든가, 상습적인 지각 또는 조퇴를 한다든가, 근무 중 사적인 업무를 보는 경우를 우리는 어렵지 않게 발견할 수 있다. 이러한 경우에 관리자는 부하직원의 근태를 관리할 권한이 있기에 그러한 행위가 재발되지 않도록 조치하여야 한다. 1차로 구두 경고한 후 재발되면 2차로 서면경고하고 그럼에도 재발한다면 시말서를 받는다든가 아니면 징계조치를 의뢰하는 등 그 같은 행위가 반복되지 않도록 조치하여야 한다. 근무태만은 조직의 분위기를 해치고 이에 따라 조직의 성과를 저해함은 물론 근로계약 위반이기 때문이다. 이 같은 근태관리권의 행사는 직장생활의 가장 사소한 것이면서도 가장 중요한 권한이라고 할 수 있다. 범죄심리학의 깨진 유리창이론(Broken Window Theory)에서처럼 사소한 근무태만행동에 대한 방관은 근무분위기를 저해하고 더 큰 직장질서 문란행위를 유발하기 때문이다. 따라서 사소한 근무태만에 대해서도 관리자는 근태관리권을 철저하게 행사함으로 인해서 근무기강을 바로잡아야 하는 것이다.

3) 휴가관리권

〈뉴욕지하철의 사례〉

인구 870만의 거대 도시 뉴욕, 1980년대 여행가들 사이에선 "뉴욕에 가면 절대 지하철은 타지 마라"는 말이 있을 정도로 범죄율이 높았다. 당시 연간 60만 건 이상의 중범죄가 발생하였고 그 중 90% 이상이 지하철 범죄였다. 1994년 뉴욕시장으로 당선된 루돌프 줄리아니와 윌

리엄 브래턴 신임검찰국장은 지하철 범죄를 없애기 위하여 '지하철 무임승차 단속', '지하철역의 낙

서 지우기', '지하철 차량의 낙서 지우기'와 같은 사소한 일부터 시작한다. 이에 대해 "뉴욕 검찰청 출신의 경험 많은 줄리아니가 강력범죄와 싸울 자신이 없어 경범죄를 선택했다"며 언론과 시민들이 비판한다. 그러나 줄리아니는 아랑곳하지 않고 그 같은 일을 5년간이나 지속한다. 그러나 놀랍게도 연간 2,200건에 달하던 살인사건이 1,000건 이상 감소하는 등 뉴욕지하철범죄율이 75%나 감소한다. 이렇게 지하철에서 올린 성과는 뉴욕 시 전체의 범죄대책에 확대 도입되어 '도심 곳곳의 낙서 지우기', '무단횡단 단속', '쓰레기 투기 단속' 등 경범죄를 강력하게 단속한다. 그 결과 역시 범죄율이 급감한다. 이 같은 변화의 비밀은 "깨진 유리창 같은 사소한 허점을 방치하면 더 큰 병리가 진행된다"는 깨진 유리창이론(Broken Window Theory)이라는 것이다.

출처: ebs의 내용을 정리함.

이는 부하직원의 연차휴가와 같은 휴가에 대한 승인권한이나 연장근무나 야간 근무에 대한 승인권한 등이 이에 해당한다. 상사의 연장근로 지시가 없었는데도 불구하고 연장근무를 했다며 이에 대한 승인을 요청할 때의 승인권한, 다수의 부하직원이 연장근무 희망 시 필요인원을 결정할 권한, 연차휴가 요청 시 시기를 조정할 권한, 기타 병가나 휴직 등을 승인할 권한 등이 이에 해당된다 할 것이다. 특히 상사의 근무 지시 없이 근로자가 자발적으로 소정근로시간 이외에 근무한 경우에는 가산임금을 지급하지 않더라도 법 위반으로 볼 수 없는 것이므로 (1999.5.7., 근기 68207-1036) 관리자는 이 점은 인식하고 부하직원의 휴가관리에 만전을 기해야 할 것이다.

4) 업무평가권

성과주의 시대에 업무수행에 대한 평가는 승진이나 임금을 결정하는 데 중요한 영향을 미친다는 점에서 업무수행에 대한 평가권은 관리자의 부하직원에 대한 가장 강력한 노무지휘권이라 할 수 있다. 회사의 조직질서에 순응하며 고성과를 내는 직원에 대하여 상위고과등급을 부여함으로써 승진과 임금 등에서 메리트 (merit)를 부여하고, 회사의 질서를 문란하게 하거나 저성과를 기록하는 직원에게는 하위의 고과등급을 부여함으로써 승진이나 임금 등에서의 불이익을 줄 수 있는 것이다. 또한 지속적인 저성과를 기록하는 직원에게는 퇴출프로그램에 넣어 개선의 기회를 부여한 후 성과가 개선되지 않는다면 저성과를 이유로 해고할 수도 있는 것이다.

업무평가권은 반드시 인사고과만을 의미하는 것은 아니다. 상사가 다양한 방식으로 부하직원의 업무수행에 대한 평가를 할 수 있는 것이며, 그러한 평가의 결과를 바탕으로 승진이나 임금인상 및 타 업무로의 배치전환 등에 활용할 수 있는 것이다. 특히 공식적인 인사고과를 하지 않는 호봉제 생산직 근로자에게 업무평가권은 승진이나 임금에 대한 보상보다는 배치전환에 더 유용하게 활용할 수 있다.

5) 업무배치권

인사는 적재적소에 인력을 배치하는 것을 기본원칙으로 하지만, 배치전환에 대해서는 사용자에게 상당한 정도의 재량권이 인정되기에 이에 대한 효과적인 활용은 부하직원 관리에 유용한 수단이 될 수 있다. 따라서 업무의 변경이나 장소적 변경 등의 배치전환을 활용하여 문제 사원에게 3D 직무를 부여한다든가 또는 원격지로의 인사 발령하는 등의 방법으로 관리할 수 있는 것이다.

그러나 근로계약상 근무 장소가 특정되어 있다거나 또는 업무가 특정되어 있는 경우에는 해당 근로자의 근로계약내용의 변경을 수반하므로 해당근로자의 동의를 필요로 한다. 또한 그 같은 내용이 특정되어 있지 않더라도 배치전환에 대한 '업무상 필요성'과 배치전환으로 인한 근로자의 '생활상의 불이익'을 비교 형량하여 업무상 필요성이 없는데도 불구하고 근로자의 생활상의 불이익을 초래하는 배치전환이라면 부당전보가 될 수 있다는 점[13]에 주의하여야 한다.

6) 고충처리권

<그림 3-4>에서와 같이, 불만을 가진 근로자는 회사를 그만두거나 업무를 태만히 하거나 또는 노조를 통해 해당문제를 이슈화시킬 수 있는 것이다. 이처럼, 업무 중 발생하는 고충은 노사문제 발생 원인으로 작용할 수 있기에 부하직원의

---

13) 대법원 1997.7.22, 97다18165; 97다18172.

고충을 상사는 면담 등으로 통해 수시로 파악하여야 하고 이러한 고충을 신속하게 처리하도록 노력하여야 한다. 고충처리과정에서 상대에 대한 이해의 폭을 넓혀 신뢰를 쌓을 수 있는 것이고, 설령 고충을 해결해 주지 못한다 하더라도 적극적으로 해결해 주고자 하는 모습을 상사가 보여 주는 것만으로도 부하직원과의 신뢰관계가 쌓일 수 있는 것이다.

반면, 관리자는 고충을 처리하는 과정에서 문제 사원과 건전 사원을 관리할 수 있다. 관리자가 가지고 있는 업무적 재량권을 통해 건전 사원과 문제 사원에 대한 차이를 둠으로써 문제 사원의 행동과 마인드를 전환시킬 수 있는 것이다. 건전 사원에게는 업무적 재량권 내에서 편리를 봐 주고 문제 사원에게는 그 같은 편리를 제공하지 않는 방법 등이다. 근무 중 잠시 지인이 찾아와서 외출이 필요할 때 건전 사원에게는 외출을 허락하지만 문제 사원에게는 외출을 불허한다든가, 야간대학을 다니는 건전 사원에게는 수업시간에 늦지 않게 근무시간을 오전 근무조로 변경해 준다든가, 불가피한 연장근무에서도 제외시켜 준다든가 기타 각종 편리를 제공하지만 문제 사원에게는 이 같은 편리를 제공하지 않을 수 있는 것이다.

7) 기타

징계권은 조직의 질서를 문란시키는 행위에 대하여 이를 행한 직원에게 징계를 행함으로써 조직의 질서를 바로잡고자 하는 경영권의 일환이다. 일반적으로 징계권은 고위관리자가 행사하나 부하직원이 조직질서를 문란시키는 행위가 발생할 때, 현업관리자는 경중을 따져서 이를 징계관련부서에 징계요청을 하는 방법으로 이를 적절히 활용할 수 있다.

한편 사용자는 기업시설을 관리할 권한이 있다. 이는 자본주의의 소유권절대의 원칙에서 파생되는 것이다. 즉 자신의 재산에 대해서는 소유와 처분 및 관리권이 그 소유자에게 독점되는 것이다. 따라서 기업의 시설에 대한 관리권도 소유권절대의 원칙에 의거 경영을 담당하고 있는 경영자, 즉 사용자의 절대권리이므로 사업주의 대리인은 시설관리권을 가지고 있다. 따라서 부하직원이나 제3자가 기업의 시설을 훼손한다면 시설관리권을 행사하여 이를 제지하고 시설을 훼손하는 자에게 민·형사 및 징계책임을 물을 수 있도록 증거를 확보토록 하여야 한다.

그 외에도 각종 인사 및 경영권에 의거하여 부하직원을 효과적으로 관리하여야 한다.

3. 노무관리 방법

노무관리의 방법은 관리대상의 수에 따라 개별관리(Individual Management)와 집단관리(Group Management) 그리고 관리수단의 긍정성 여부에 따라 긍정적 관리(Positive Management)와 부정적 관리(Negative Management)로 구분할 수 있다.

1) 개별관리와 집단관리

(1) 개별관리

① 직원 알기

노무관리의 가장 기본은 사람에 대한 이해를 바탕으로 관리대상 직원에 대한 알기가 그 출발이다. 이는 굳이 손자병법의 "知彼知己 百戰不殆(적을 알고 나를 알면 백 번을 싸워도 결코 위태롭지 않다)"를 언급하지 않더라도 노무관리를 해야 하는 관리자가 해야 할 기본적인 사항이다. 상대방, 즉 부하직원에 대하여 알아야 부하직원을 이해할 수 있고 배려할 수 있으며, 또한 효과적인 관리방법을 사용할 수 있는 것이다. <그림 3-11>과 같이 조하리의 창(Johari Window)에 의하면, 인간은 자신에 대하여 자신이 아는 부분과 자신이 알지 못하는 부분이 있고, 또한 자신에 대하여 타인이 아는 부분과 타인이 모르는 부분이 있는데 이러한 기준에 따라 4가지 차원으로 나누면 자신도 알고 있고 타인도 알고 있는 공공영역[I], 자신은 알고 있으나 타인은 모르고 있는 사적영역[II], 자신은 모르고 있는데 타인은 알고 있는 맹목영역[III], 자신도 모르고 타인도 모르는 미지영역[IV]이 있다는 것이다. 이러한 사적영역과 맹목영역으로 인해 대인 간의 커뮤니케이션에 오류가 발생하고 이로 인해 갈등이 발생하게 된다는 것이다. 따라서 적극적인 직원 알기를 통해 맹목영역과 사적영역을 줄여 공공영역을 늘리는 것이 커뮤니케이션의 질

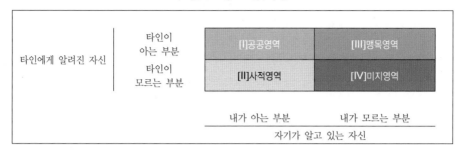

〈그림 3-13〉 조하리의 창

타인에게 알려진 자신	타인이 아는 부분	[I]공공영역	[III]맹목영역
	타인이 모르는 부분	[III]사적영역	[IV]미지영역
		내가 아는 부분	내가 모르는 부분
		자기가 알고 있는 자신	

을 높이고 갈등을 줄이는 방법인 것이다.

부하직원에 대하여 알아야 할 사항으로는 업무와 관련된 부분 외에도 출신학교, 고향, 회사 내 친구관계, 가족관계, 재산상태, 성격, 취미, 기념일(생일, 결혼기념일 등) 등 개인적 부분까지 실도 다양하며 노무 관리적 측면에서는 부하직원에 대하여 많이 알면 알수록 좋다. 이러한 개인신상에 대한 정확한 정보를 바탕으로 해당 직원과 깊이 있는 대화를 나눌 수 있고, 또한 해당 직원에게 보다 깊은 관심과 배려를 할 수 있으며, 해당 직원이 노사문제를 일으켰을 때 해당 근로자에게 가장 영향력을 행사할 수 있는 인물을 손쉽게 파악할 수 있는 것이다.

생일인 부하직원에게 깜짝 파티를 해 준다든가, 결혼기념일인 직원 집으로 케이크와 꽃다발을 보내 놓고 해당직원을 조기 퇴근시켜 가족과 함께 결혼기념일을 오붓하게 보낼 수 있도록 배려한다든가, 자녀가 초등학교에 입학하는 직원에게 아이의 이름을 불러 주며 학용품을 선물해 준다든가, 시골에 혼자 계신 부하직원의 부모님의 근황을 물어본다든가, 병원에 입원한 부인의 안부를 물으며 함께 아파한다면 부하직원이 자신을 신뢰하고 존경하지 않겠는가? 따라서 관리자 수첩에 부하직원에 대한 기념일(생일, 결혼기념일 등)이 꼼꼼하게 적혀 있는 관리자가 노무관리를 열심히 하는 관리자라고 말할 수 있다.[14] 사례의 J과장처럼 말이다.

---

14) 부하직원만이 아닌 부하직원의 가족(배우자나 자녀 등)까지 기념일을 세심하게 배려해 준다면 해당 근로자는 더욱더 상사를 신뢰할 것임.

노사분규가 격화되고 조합원 집회가 많아지던 때, 조합원들이 집회에 참석하지 않는 부서가 있다며 노동조합이 조사에 나간다고 난리였다. 노조에서 반강제적으로 집회에 참석하라고 해도 거의 참석을 하지 않고, 작업을 하든가 분임토의를 한다는 것이다. 비결을 알아보니 "뭐 별거 한 것도 없는데 과원들이 다들 저러고 있습니다"라고 J과장은 대답했다. 비결은 평소 과원들 관리를 잘하고 있다는 사실이었다. 하루 일과가 시작되면 J과장은 바로 현장으로 내려가 그날 생일자들, 개인별 가정 사정(환자, 결혼기념일, 입학 등)이 있는 직원들을 만나 본다고 했다. 이러한 정보들은 J과장의 수첩에 깨알같이 적혀 있다. 현장에서는 생일을 맞은 조합원에게 이름을 부르며 "오늘 아침 미역국은 먹고 왔나" 하면 된다고 했다. 처음에는 자기에게 관심을 갖고 있다는 데 놀라고, 그 후에는 자기의 생일을 기억하고 있다는 데 놀란다고 했다. 그러면서 J과장은 "어머님은 퇴원하셨는지? 어르신네 근황은 어떤지 등등 관심을 갖는 것 외에 다른 게 뭐 있겠습니까?"라며 반문했다. 그는 또 휴게시간에는 현장에서 음료를 나누면서 담소를 즐기는 것 외에는 특별한 일이 없다고 했다. 그리고 시간이 날 때마다 현장에 내려와서 작업 중 애로사항을 알아보고 작업을 편하게 할 수 있도록 개선업무에 전념했다고 했다.

출처: 박구진, 그게 노사관계야, 멍청아!, 토라, 2011에서 정리

② 개별관리방법

개별관리는 직원 개개인에 대한 맨투맨 관리를 말하는 것이다. 필자의 경험으로 볼 때 부하직원의 개개인에 대한 개별관리가 효과적이었다. 특히 직원가족에 대한 배려 시에 그 효과가 배가 되었던 기억이 있다. 반면, 집단관리는 일반적으로 많이 하는 부서회식이나 산행, 영화관람 등 행사 등과 같이 집단 전체를 대상으로 한 관리이다. 이는 업무를 벗어나 편안한 분위기에서 서로 간에 이해의 폭을 넓히고 조직의 단합을 유도하는 데 유용한 수단이다. 개별관리나 집단관리는 나름대로의 장단점이 있을 수 있으므로 효과적인 노무관리자는 개별관리와 집단관리를 적절히 사용한다. 개별관리에만 치우칠 때 집단의 응집성이 떨어지고 조직 분위기가 무미건조해질 수 있다. 반면, 집단관리에만 치우치면 부하직원 개개인에 대한 이해나 신뢰관계가 떨어지고 이에 따라 부하직원에 대한 밀착관리가 어렵다. 따라서 부하직원에 대한 개별관리와 팀에 대한 집단관리가 상호 보완적일 필요가 있는 것이다.

개별관리방법의 대표적인 방법은 첫째, 개별면담이다. 조직단위를 책임지고 있는 현업관리자는 정기적으로 부하직원과의 개별면담을 통해서 부하직원의 업무

의 진행상황을 체크하고 업무상 고충을 파악하여 해결해 주어야 한다. 또한 개별 면담을 통해서 업무 외적으로도 해당 근로자의 가정문제, 건강문제, 취미활동 및 관심사항이나 해당 근로자의 애사심이나 노조관 등을 파악할 수 있고, 해당근로 자에 대한 관심과 배려를 통한 신뢰를 증진시킬 수도 있다. 이러한 개별면담은 반 드시 회의실에서 1:1로 할 필요는 없는 것이며, 때로는 개인적으로 식사를 한다든 가 술을 마신다든가 함께 취미생활을 같이 한다든가 다양한 방법이 있을 수 있다. 중요한 것은 개별면담을 하면서 해당 근로자와의 신뢰증진에 주목적을 두고 이루 어져야 한다는 것이다. 근로자의 입장에서 볼 때, 상사와의 면담이 부담 가고 싫 다면 상사와의 면담에서 마음속의 진솔한 이야기는 오갈 수 없게 되는 것이며, 삭 막한 업무 이야기로 끝나게 된다. 그렇게 되면 상사는 해당 근로자와의 면담을 통 해서 업무와 관련한 애로사항 청취도 어렵고, 동료근로자들이 어떤 생각을 가지 고 있으며 요즘 동향이 어떤지도 파악할 수가 없게 된다. 따라서 개별면담을 함에 있어서는 가급적 분위기를 편안하게 하고 서로 간에 신뢰를 증진시킬 수 있는 분 위기로 진행해야 한다. 외국계회사 B사는 1달에 최소한 1회 이상 부하직원과 개 별면담을 하도록 공식화하고 있다.

둘째, 고충처리를 들 수 있다. 상사의 적극적인 고충처리는 부하직원이 업무에 몰입하고 만족감을 주는 동시에 부하직원이 상사를 신뢰하게 되는 긍정적인 효과 가 있다. 따라서 부하직원의 고충을 적극적으로 해결해 주는 모습을 상사는 보여 주어야 한다. 그럼으로 인해서 상사의 부하직원에 대한 장악력이 높아지는 것이다.

셋째, 부하직원에 대한 코칭이다. 상사는 당연히 부하직원의 업무능력을 개발 시켜 주어야 할 책임이 있는 것이기에 단순히 외부의 교육을 보내는 것으로 만족 할 것이 아니라 본인 스스로 부하직원의 코치가 되어 부하직원의 업무역량과 지 식을 가르쳐 주어야 한다. 이러한 과정에서 부하직원과 많은 커뮤니케이션이 가 능하게 되고 상호 간 신뢰가 증진될 수 있다.

넷째, 칭찬과 격려이다. 이는 개별관리나 집단관리의 보조적인 방법일 수도 있 으나, 상대방에 대하여 칭찬·격려해 줌으로 인해서 상대로부터 신뢰와 존경을 받게 되는 것이다. 칭찬은 고래도 춤추게 한다는 말이 있듯이 평상시에 부하직원 에 대한 칭찬과 격려를 통해서 꾸준히 신뢰를 쌓아야 한다.

한편 개별관리나 집단관리는 결국 커뮤니케이션을 통해 이루어지는 것이므로 커뮤니케이션을 잘하는 것이 필요하다. 커뮤니케이션을 함에 있어서는 적극적 경청, 긍정적 표현 사용, I-Measage법 등이 활용 가능한 좋은 방법이다. 첫째, 적극적 경청은 상대방과의 대화 시에 공감을 표현하며 적극적으로 경청하는 것을 말한다. 특히 부하직원과의 대화 시에 적극적으로 경청해 주고 함께 공감해 주어야 한다. 토크쇼의 황제라 불리는 CNN토크쇼 진행자였던 Larry King은 그의 성공비결에 대하여 유창한 화법이나 해박한 지식보다 '경청하는 자세'라고 밝힌 바 있다. 상대의 이야기를 적극적으로 경청·공감해 주는 것이야말로 상대방과의 신뢰를 증진시키고 대화의 질을 높일 수 있는 효과적인 노무관리 방법이라 할 것이다.

참고로, 몽고메리(R. Montgomery)가 제시하는 적극적인 경청기술 LEADER를 간략히 소개하면 아래와 같다.[15]

L: Look의 약자로, 당신에게 말하고 있는 사람을 바라보고 접촉을 유지하라.

A: Ask의 약자로, 이해하지 못할 때는 물어보라.

D: Don't Interrupt의 약자로, 방해하지 마라. 발언자가 방해받지 않고 아이디어를 표현하도록 하라.

D: Don't change the subject의 약자로, 주제를 변경하지 마라. 좋은 경청자가 되려면 발언자의 과제에 민감해져야 한다.

E: Emotions의 약자로, 발언자의 감정을 포착하되 감정적인 말들에 너무 강하게 반응하지 마라.

R: Respond의 약자로 눈짓, 몸짓, 목소리, 제스처, 자세 등을 사용하여 상대방에게 감정이입과 이해를 보여 줘라.

둘째, 긍정적 표현의 사용이다. 같은 말이라도 긍정적으로 표현함으로써 상대방의 기분을 좋게 해 주고 대화의 질을 높이며 상대방과의 신뢰를 쌓을 수 있다. <표 3-12>와 같이, 대화를 함에 있어서도 '수다스럽다 → 사교적이다, 언변이 좋다'와 같이 장점으로 표현한다든가, '모르겠습니다 → 제가 알아보겠습니다'와 같이 장점으로 할 수 있는 것이다.

---

15) 노병직·최영우·유각근·안정화, 노사관계론, 노동교육원, 2007, 51~52쪽.

〈표 3-12〉 상대방의 의욕을 높이는 대화 테크닉

---

1. 장점으로 표현하기
○ 차갑다. → 이지적이다. 샤프하다.
○ 간사하다. → 붙임성 있다. 애교스럽다.
○ 경쟁적이다. → 의욕적이다. 열정적이다.
○ 수다스럽다. → 사교적이다. 언변이 좋다.
○ 게으르다. → 여유 있다. 여유만만하다.
○ 허황되다. → 이상적이다. 상상력이 넘친다.
○ 소심하다. → 세밀하다. 치밀하다.

2. 부정형을 긍정형으로
○ 모르겠습니다. → 제가 알아보겠습니다.
○ 안 됩니다. → 이렇게 하면 됩니다.
○ 못 하겠습니다. → 최선을 다해 보겠습니다.
○ 할 수 없습니다. → 할 수 있는 방법을 찾아보겠습니다.

3. 의욕을 높이는 표현
○ 자네밖에 없어.
○ 자네는 역시 믿을 만해.
○ 덕분에 이번 일이 잘 되었다네.
○ 그거 참 좋은 생각이네.
○ 책임은 내가 질 테니 걱정 말고 해 보라고.
○ 실수도 있는 법이지, 다음엔 더 잘할 거야.
○ 처음부터 잘하는 사람이 어디 있나, 자신감 가지고 해 보라고.
○ 고생이 많지, 내가 다 알고 있어.
○ 혼자서만 고민 말고 어디 한번 이야기해 봐.

셋째, I-Message법이다. I-Message법이란 상대방(You)의 행위로 인해서 내(I)가 어떠한 결과(걱정, 근심, 피해 등)를 받게 된다는 방식의 커뮤니케이션방법으로 주어를 나(I)로 표현하는 방법이다. 예로 컴퓨터게임에 빠져 있는 고등학생 아들에게 부모가 "너 도대체 매일 게임에 빠져 있으니 대학에 갈 수나 있겠니"라고 상대방(You)을 주어로 표현하는 것보다는 "엄마는 네가 매일 게임에 빠져 있어 대학을 못 갈까 봐 걱정이란다"라거나, 매일 늦게 들어오는 아들에게 "넌(You) 왜 만날 늦게 들어와!"라고 나무라는 것보다는 "네가 늦게 들어오면 네게 무슨 일이 생겼는지 엄마(I)는 걱정이 돼서 잠을 잘 수가 없단다"와 같이 주어를 자신(I)으로 표현하면 아들(You)의 기분을 덜 나쁘게 할 것이다. 따라서 상대방의 기분을 상하게 하지 않으면서 상대방(You)의 잘못된 행동을 수정시키는 데 있어 I-Message방법은 유용하다.

③ 집단관리방법

현업관리자들이 노무관리활동으로 부서회식을 가장 대표적인 것으로 생각하고 있는 것처럼, 노무관리 하면 우선적으로 생각나는 것이 회식과 같은 집단관리이다. 회식은 집단관리의 방식의 가장 대표적인 방식으로 부서원 전체 또는 업무별로 나누어 할 수 있고, 또한 식사 이후에는 술을 한 잔 더 한다든가 아니면 노래방으로 가서 함께 어깨를 맞대고 노래를 부르는 등 즐거운 시간을 보내게 된다. 이러한 집단적인 노무관리방식은 공식적인 업무에서 해방되어 보다 자유로운 분위기에서 상하 간 또는 동료 간 정다운 이야기와 함께 웃고 떠드는 즐거운 분위기를 조성한다는 데서 업무로 인해서 쌓인 긴장과 스트레스를 해소하고 조직의 단결력을 공고히 하는 것은 대단히 유용하다.

둘째, 집단이 함께하는 각종 팀빌딩 행사를 들 수 있다. 부서 전체가 산행을 한다든가, 함께 영화를 본다든가, 축구나 농구, 족구 등과 같은 운동한다든가, 함께 불우시설을 방문하여 불우이웃돕기를 하는 것들이 그 예라 할 것이다. 이 같은 팀빌딩 행사도 팀의 단결력과 팀워크(Team-work)를 높이는 데 그 목적이 있기에 노무관리의 좋은 방법이다.

셋째, 집체교육이나 워크숍 같은 학습을 통한 노무관리도 있을 수 있다. 노무관리가 부하직원이 조직의 목적에 매진하도록 하는 것이므로, 이러한 노무관리의 방법이 무조건 부하직원의 만족만을 목표로 두는 것은 아니다. 때로는 지속적으로 일탈행위를 하고 조직의 질서를 무너뜨리는 소위 문제 사원이 있을 경우에는 그러한 행위가 재발되지 않도록 해당 근로자를 훈계한다든가 벌을 주는 것도 하나의 방법이므로, 교육이나 워크숍을 통해서 잘못된 점을 지적할 필요도 있는 것이다.

2) 긍정적 관리와 부정적 관리

(1) 긍정적 관리

긍정적 관리란 노무관리 대상인 부하직원이 조직의 목표를 달성하도록 하기 위하여 상사인 현업관리자가 긍정적인 수단을 사용하는 것이다. 강화이론에서와 같이 긍정적 강화나 부정적 강화를 사용함으로 인해서 기대하는 결과를 유도하는

〈표 3-13〉 노무관리방법의 구분

구분	긍정적 관리	부정적 관리
개별관리	· 개별면담 · 고충처리 · 코칭 · 칭찬/격려 · 적극적 경청 및 공감 · 애경사 챙기기 · 상위 고과 부여 · 승진 · 포상 및 교육기회 부여 등	· 개별면담 · 질책 및 징계 · 배치전환(힘든 직무로) · 하위 고과부여 · 승진보류 · OT 미부여 · 포상 및 교육배제 등
집단관리	· 회식 · 부서회의 · 집체교육/워크숍 · 산행, 극기 훈련, 체육행사 등 팀빌딩	· 부서회의(질책성) · 극기 훈련(질책성) · 집체교육(질책성 정신교육 등)

방법이다. 긍정적 관리방법은 <표 3-13>에 언급된 바와 같이, 개별면담, 고충처리, 코칭, 칭찬/격려, 애경사 챙기기, 승진, 상위고과 부여, 포상 및 교육기회 부여 등과 같은 개별관리뿐만 아니라, 회식이나 교육, 산행이나 극기 훈련 등과 같은 팀빌딩 행사와 같은 집단관리방식도 있다.

한편 문제 사원에 대해서는 책임관리제를 통하여 문제 사원을 조직이 바라는 바람직한 방향으로 순화시키는 방법도 있다. 문제 사원을 관리할 1차 책임자, 2차 책임자, 3차 책임자를 지정하여 관리하는 것으로 1차 책임자는 직속 상사인 직반장이나 우호적인 건전 사원을 책임을 부여하고, 2차 책임자로는 중간관리자인 파트장이나 부서장이 그리고 3차 책임은 담당임원이 맡는 방식이다. 이러한 책임제를 바탕으로 책임자가 문제 사원을 건전 사원화하는 방식이다.

(2) 부정적 관리

부정적 관리방식은 부하직원을 노무관리하면서 부정적인 방법을 사용하는 것이다. 노무관리대상인 부하직원에게 부정적인 자극을 줌으로써 그 같은 행동을 하지 않도록 하는 방법으로 강화이론의 벌과 같이 조직이 기대하지 않는 행동을 함에 따라 그러한 행동을 약화시키거나 하지 못하도록 하는 방법이다. 이러한 방법으로는 개별면담을 통해 해당 근로자의 잘못된 행동을 질책하거나 힘든 업무로의 배치전환, 평가 시 하위고과부여, 승진누락, 포상이나 교육기회 배제 및 OT에서 배제 등과 같은 개별적인 방법이나 집체교육을 통해서 질책성 정신교육을 시키는 방법과 같은 집단관리방식이 있다.

> 원심판결 이유에 의하면, 원심은 1971.5.~1985.2. 피고회사의 노동조합 조합장을 역임하던 중 1985.2.9.에 실시된 노조조합장 선거에서 낙선되자 피고회사를 퇴직하였다가 1987.1.12. 운전기사로 재입사한 원고의 비위사실로서 판시와 같은 (1) 인쇄물 무단배포행위, (2) 부당탁송료 수수행위, (3) 동료와의 구타행위, (4) 근무(배차)거부행위, (5) 4일간 무단결근 사실, 위 각 비위행위는 개별적으로는 피고회사의 단체협약, 취업규칙 또는 종업원 징계규정 소정의 정직사유에 해당되고 면직사유는 아니나, 원고가 이 사건 면직처분을 받기 전인 1989.9.10.경에 중대한 교통사고를 야기하여 감봉 1월의 징계를 받았고, 위 각 비위행위는 수차에 걸쳐 저지른 것으로서 종업원징계규정 제9조와 제10조에 의하여 징계양정을 가중할 수 있으므로 피고회사는 원고에 대하여 정직보다 1단계 중한 면직처분을 한 사실을 인정한 다음 원고에 대한 이 사건 징계는 피고회사가 원고의 노동조합 분회장 당선을 저지하기 위하여 징계한 것이 아닌데다가 재입사 후 원고의 소행에 문제가 있었던 점에 비추어 보면 원고에 대하여 한 이 사건 징계면직처분이 징계권의 일탈이나 남용이라고 볼 수 없다고 판단하였는바, 기록에 의하여 살펴보면 원심의 위와 같은 사실인정과 판단은 정당한 것으로 수긍이 된다. 그리고 기록에 의하면 원고가 배포한 '운수노보'라는 인쇄물은 노조활동, 노사문제 등을 그 내용으로 삼고 있어 피고회사 단체협약 제11조의 적용을 받는 노동조합활동에 관련된 인쇄물에 해당함이 분명하고 또 위 규정의 취지에 비추어 보면 노동조합이 조합활동에 관련된 인쇄물을 배포할 경우뿐 아니라 조합원이 그것을 배포할 경우에도 위 규정이 적용된다고 본 원심의 조치도 정당하다(대법원 92다7061, 1992.11.24.).

특히 문제 사원을 관리함에 있어서는 부정적 관리가 효과적일 수가 있는데, 이는 지속적으로 문제를 일으키는 문제 사원에게 그 같은 행위가 재발하지 않도록 훈계하거나 질책을 하고 문제가 지속되면 징계함으로써 해당 근로자의 행동을 개선시킬 수가 있는 것이다. 특히 경미한 징계에 해당될 사유를 지속적으로 재발하는 경우에는 철저한 증거확보가 필요하고 이를 통해서 징계할 수 있다. 증거는 당사자의 자술서나 경위서가 가장 좋으며, 당사자가 그 같은 서류를 작성하지 않는다면 지시명령 위반으로 문제를 제기할 수도 있으며, 목격자의 진술서를 받아 두거나 해당 현장의 사진이나 유인물 채증 등으로 증거확보할 수 있다. 이러한 증거들을 토대로 해당 근로자에게 해당 사유에 맞는 징계를 하고, 이후 유사한 사유가 재발되는 경우에 이를 가중해서 징계를 할 수 있다. 이같이 징계를 누적 관리함으로 인해서 경미한 징계사유가 지속적으로 재발한다면 단계를 높여 종국적으로는 해고에 이를 수 있는 것이다.

미첼 쿠지와 앨리자베스 홀로웨이는 『당신과 조직을 미치게 만드는 썩은 사과』에서 썩은 사과는 치유될 수 없으며, 썩은 사과는 사과상자에 있는 건강한 사과도 썩게 만들고 심지어는 사과상자까지 망치게 되므로 썩은 사과를 제거시켜야 한다고 한다. 즉 기업에서 문제 사원의 경우 강화이론에 따라 조직이 원하는 긍정적인 방향으로 이끌어 갈 수도 있지만, 미첼 쿠지와 엘리자베스 홀로웨이의 견해에 의하면 문제 사원의 교화는 불가능하고 해당 직원을 해고하고 그 같은 인물이 적응할 수 없도록 조직문화를 바꿔야 한다고 한다.

〈조직을 미치게 만드는 썩은 사과〉

조직개발 컨설턴트이자 미국 안티오크 대학의 리더십 박사과정 교수인 미첼 쿠지(Mitchell Kusy)와 심리학자이며 미국 안티오크 대학의 리더십 박사과정 교수인 엘리자베스 홀로웨이(Elizabeth Holloway)가 쓴 책으로 사과상자에 썩은 사과가 있으면 건강한 다른 사과도 썩게 만드는 것처럼, 조직 속에서도 다른 사람, 심지어는 조직 전체를 병들게 하는 사람이 있는데 이런 '썩은 사과'라는 것이다. 조직 속의 이러한 썩은 사과는 절대 회복될 수 없기에 저자들은 충고와 조언은 시간낭비에 불과하다며 썩은 사과를 치워 버리고 썩은 사과에 물든 사과상자를 바꾸어야 된다고 한다. 즉 썩은 사과가 발붙일 수 없도록 조직시스템을 바꾸라고 주장한다.

출처: 미첼 쿠지와 엘리자베스 홀로웨이, 당신과 조직을 미치게 만드는 썩은 사과, 2011.

특히 문제 사원을 관리하기 위한 부정적 방법으로는 아래와 같은 것들이 있다.

① 압축관리전략

이는 건전 사원이 문제 사원을 고립시킴으로써 문제 사원이 사고나 행동을 조직이 원하는 방향으로 바꾸게 하거나 조직으로부터 떠나게 하는 일련의 방법이다. 과거에 사용했던 방식을 소개하면 아래와 같다.

> ・문제 사원의 주위에 건전 사원을 배치하여 대화의 주도권을 차단한다.
> ・문제 사원이 실수했을 때 건전 사원이 즉시 공격한다.
> ・부서 행사나 회식과 같은 행사 시에 절대로 문제 사원에게 주도권을 주지 않는다.
> ・문제 사원이 부도덕한 행동을 하였을 시 건전 사원에게 정보를 제공하여 입지를 약화시킨다.
> ・문제 사원에게 접근하는 직원을 건전 사원이 저지한다.
> ・문제 사원이 심정의 변화를 보이면 즉시 집중 상담을 실시한다.

② 집단분리전략

이는 문제 사원 집단을 분리하여 세력을 약화시키거나 고립시킴으로써 문제 사원의 사고나 행동을 조직이 원하는 방향으로 바꾸게 하거나 조직으로부터 떠나게 하는 일련의 방법이다. 과거에 사용했던 방식을 소개하면 아래와 같다.

> ・문제 집단의 목표 및 문제 사원의 성격, 생활, 습관, 경력 등 상세한 개인신상을 파악하여 문제 사원
> 간 이질적 요소가 있는가 분석한다.
> ・문제 사원에 건전 사원을 투입하여 분리 가능한 요인을 파악하고, 행동화 전략을 수립한다.
> ・두 사람의 건전 사원이 문제 사원을 상담하거나 관리감독자가 문제 사원을 상담함으로써 심경의 변
> 화를 유도한다.
> ・상황이 유리하게 전개되었다고 생각될 때는 압축전략이나 집중상담을 실시한다.
> ・문제 사원의 집단분리전략은 전 관리감독자, 건전 사원, 노무담당이 자기선언과 공감대 형성, 원활한
> 정보교류가 되었을 경우에만 가능하다.

③ 누적관리전략

이는 회사의 제 규정을 위반하는 문제 사원의 위반내용을 누적 관리하여 징계함으로써 문제 사원이 사고나 행동을 조직이 원하는 방향으로 바꾸게 하거나 조직으로부터 떠나게 하는 일련의 방법이다. 과거에 사용했던 방식을 소개하면 아래와 같다.

- 무단결근, 지각 등 규정위반 시에는 반드시 상담일지나 진술서를 작성한다. 이때 생산성 저하나 공정
 상에 문제발생 내용을 정량적으로 기록하면 더욱 좋다.
- 업무태만 시 정량적인 생산저해 요인을 작성한다.
- 관리감독자의 지시 또는 승인 없이 작업장을 이탈할 시 사실내용을 작성하여 본인의 확인을 받아 두
 고, 본인확인을 거부할 시 목격자 진술서를 받아 둔다.
- 기타 관리감독자의 명령, 지시, 업무분장을 위반할 시 확인서나 진술서를 징구한다.
- 누적관리제는 관리감독자가 노무지휘권을 이용하여 관리하는 제도이므로 솔선수범하여 제 규정을 철
 저히 이행함이 선행과제이며, 확인서나 진술서 작성 시 경솔한 언어로 상대방이 공격할 수 있는 허점
 을 보여서는 아니 된다.

임직원의 마인드 변화(M)

1. 마인드 변화의 대상

피시바인(Fishbein)과 아젠(Ajzen)의 태도-행동이론에 의하면 인간의 행동(Behavior)에 직접적인 영향을 미치는 요인은 그 행동을 취할 것인가 아닌가에 대한 개인의 태도(Attitude)에 달려 있다고 한다.[16] 따라서 임직원이 어떠한 태도를 가지고 있느냐는 임직원의 자발적 참여와 협력이라는 행동(behavior)을 유도한다는 점에서 대단히 중요하다 할 것이다. 특히 노동조합은 물론 임직원의 협력을 이끌어 내는 강한 노사관계 모델을 구축하는 데 있어서 임직원 모두가 합심하여 조직의 목표인 기업경쟁력 제고와 근로생활의 질(QWL) 향상에 매진하도록 하여야 하는데, 이는 조직을 구성하고 있는 각 구성주체의 태도나 의지에 달려 있는 것이다. 따라서 조직구성원이 목표를 향하여 적극적으로 나아가도록 마인드를 조성하는 것은 그 무엇보다도 중요하다 할 것이다.

임직원의 마인드를 변화시키는 대상은 최고 경영자에서 하급관리자인 일선감독자 등 관리자뿐만 아니라, 노동조합은 물론 일반 근로자까지 그 대상이다. 기업의 경영자는 중간관리자들에게 노무관리를 열심히 하라고 하면서 직원들의 마인드 전환을 위한 교육이나 노무관리 인프라에 대한 투자를 꺼린다면 중간관리자의 노무관리 마인드는 물론 부하직원들의 노무관리 마인드가 회사가 원하는 방향으로 변화되기 어렵다. 최고경영자에서부터 현장의 말단직원 그리고 노동조합의 조합원은 물론 조합간부까지의 건전마인드 형성을 위해서 관리자가 노력해야 하는 것이다.

---

16) Fishbein, M and Ajzen, I.(1980), "Understanding Attitudes and Predicting Social Behavior, p.8. Robert Kreitner & Angelo Kinicki, Organizational Behavior, McGraw Hill, 2001, p.153에서 재인용.

2. 각 주체별 필요 마인드

1) 최고경영층

회사가 노사관계를 주도하기 위해서 가장 중요한 것은 최고경영자의 마인드다. 우선, 최고 경영자가 노사관계를 주도하겠다는 확고한 의지가 중요하다. 최고 경영자의 이 같은 확고한 의지가 있어야 노사관계 인프라를 구축할 수 있고, 관리자의 노무관리 역량을 향상시키기 위해 교육을 시킬 수 있는 것이며, 관리자들이 적극적으로 부하직원에 대하여 노무 관리할 수 있도록 노무관리 비용을 투자할 수 있는 것이다. 국경 없는 무한경쟁의 기업환경하에서 노무관리에 실패하면 기업이 존재할 수 없다는 생각으로 노무관리에 대한 관심과 인적·물적 지원을 아끼지 않는 것이 중요하다 할 것이다. 그러나 최고경영자의 이 같은 의지는 일관된 행동으로 나타나야 한다. 최고 경영자가 노사관계의 중요성에 대하여 인지하고 실천하고자 하더라도 실천과정에서 나타나는 수많은 난관에 봉착하여 이를 포기한다면 회사가 노사관계를 주도하기란 요원한 것이다. 노사관계란 작업장의 통제권을 누가 가지고 있느냐의 게임이므로, 그동안 수많은 희생을 치르며 쟁취한 주도권을 노동조합이 회사에 순순히 내줄 리는 만무한 것이다. 회사에 노사관계의 주도권을 뺏기지 않으려고 노동조합은 임금교섭이나 단체교섭과정을 통해서나 파업과 같은 강경투쟁도 불사할 것이고 심지어는 회사나 경영진의 각종 불법행위를 수집·발굴하여 이를 통해 회사나 경영진을 압박할 수도 있다. 따라서 무너진 노사관계 주도권을 회사가 찾아오기 위해서는 많은 시간과 비용이 투입되고 일시적으로 노사관계는 혼란해질 수도 있다. 따라서 경영자는 회사의 경쟁력 제고와 근로자의 QWL 향상이라는 목표를 이루기 위해서 험난한 시간을 보낼 수도 있다고 생각하여야 한다. 따라서 경영자의 의지가 대단히 중요한 것이고 초지일관 장기적인 목표를 달성하기 위하여 확고하고 일관성 있는 입장을 견지해야 한다.

둘째, 인간존중과 건전한 노조관이 필요하다. 요즘에는 자본주의 체제를 전복하고 프롤레타리아 혁명을 이끄는 전위대로 노동조합을 보는 마르크시즘(Marxism)적 노조관을 가지고 있는 최고경영층은 없겠지만, 아직도 노동조합을 '노동력의 공급을 독점함으로써 정상적인 시장가격 이상으로 임금과 근로조건을 인상시키는 해악한 독점기구'로 보고 있는 경영자들이 있음을 부정할 수 없다. 이 같은 경영자의 노조관에 의할 경우 노조설립을 어떻게든지 막아야 하며, 설립된 노동조합이 존재한다 하더라도 노조를 파괴하려고 하는 형태를 보이게 된다. '내 눈에 흙이 들어가기 전에는 노동조합을 인정하지 못한다'는 일부 사용자의 노사관계철학은 이러한 노조관을 대변한다고 할 수 있다. 한편 노동조합을 경영의 파트너로 인정하여 경영의 중요사항을 노동조합과 협의를 통해서 추진하고자 하는 노조관을 가진 경영층도 있다. 이는 노사 상호 간 신뢰와 존중의 기반 위에 자발적 참여와 적극적 협력을 통해서 파이를 기울 수 있다는 인식을 바탕으로 하고 있다. 필자가 주장하는 "강한 노사관계"가 노동조합을 체제전복을 위한 도구로 본다든가, 자본주의 시장경제를 해하는 독점체로 보는 것이 아니다. 헌법이 보장하고 있는 노동3권, 그리고 노조법이 보장하고 있는 정상적인 단결권과 단체교섭권 및 단체행동권을 인정하는 바탕 위에서 근로자는 근로의무에 충실하고 경영자는 경영에 충실한 종속관계이면서도 협력관계라는 면을 인정하고 있는 것이다. 따라서 경영자는 노동조합이 근로자의 고용과 근로조건을 유지·향상시키는 주체로 인식하고 경영에 있어서 노동조합의 협력이 필요한 존재라는 사실을 인정하여야 한다. 노동조합/근로자의 협력을 유도하기 위해서는 그 기저에 고객감동(외부 및 내부고객) 내지는 인간존중의 이념이 포함되어 있어야 한다. 노사문제가 발생했을 때만 노사관계에 관심을 둘 것이 아니라 평소에 관심을 갖고 노조사무실도 방문하고 노조대표자와의 간담회도 개최하는 등 신뢰구축에 노력하여야 한다.

셋째, 최고경영자가 가져야 할 마인드로 법과 원칙의 일관된 입장견지이다. 노사관계는 일종의 관행이다. 즉 문화이다. 노사가 서로 유리한 문화를 구축하기 위하여 싸움을 벌이는 것이다. 회사는 노조와 근로자가 회사의 경영방침에 순응하여 업무에 몰입하기를 원하는 것이고, 노조는 조합원의 근로조건을 향상시키고 더 나아가 작업장의 통제권을 행사하기 위하여 인사경영권까지 요구하고 있는 현실이다. 따라서 이 같은 상황하에서 경영자가 의사결정의 기준으로 삼아야 할 것은 법과 원칙이라 할 수 있다. 2011년에 크게 문제가 되었던 한진중공업의 정리해고 사태에 있어서도 회사의 경영사정이 어려워 합법적인 테두리 내에서 정리해고를 했음에도 정리해고 반대를 이유로 파업을 하고, 외부인이 회사의 크레인에 올라가 농성하고, 희망버스라는 이름의 대규모 집회, 국회청문회 개최 및 회사대표자 소환 등 일련의 과정을 통해서 정리해고자 전원을 복직시키고 1인당 2천만 원의 위로금을 지급하는 내용의 합의는 결국 법과 원칙은 물론 당사자 간 자주적 해결원칙이 철저히 무너진 것이다.[17] 많은 노사전문가들은 앞으로 이 같은 대규모 정리해고는 불가능하게 될 것을 염려하고 있다. 유사한 문제가 발생할 시 노동계나 정치권 및 외부 시민사회단체는 한진중공업의 사례를 노사문제 해결의 모범답안이라고 생각할 수 있다. 필자가 당시 담당부서장으로서 해결하였던 하이닉스 사내하청 노사분규의 경우에 있어서 사내하청노조원이 고용을 주장하며 장장 2년 6개월간 농성하였지만 다른 유사한 경우와 달리 하청노조원의 고용주장을 받아들이지 않고 해결할 수 있었던 중요한 요인도 흔들림 없는 법과 원칙이라는 입장 견지였다. 예외는 또 다른 예외를 낳고, 편법은 또 다른 편법을 낳을 수 있으므로 법과 원칙이라는 기조는 노사관계에서 지켜야 할 핵심가치이다.

2) 중간 및 하급관리자

중간관리자와 하급관리자는 고위관리자인 경영층과 일반 직원의 중간에 놓여 있는 자로서 최고 경영층의 경영철학을 현장에 이식시키는 역할을 하기 때문에 중요한 위치에 놓여 있다. 따라서 이들이 어떠한 생각을 갖고 있는지에 따라서 일반 직원들의 마인드에 큰 영향을 미친다고 할 수 있다.

우선, 중간관리자나 하급관리자는 부하직원에 대한 노무관리가 자신들의 본연의 업무라는 인식이 무엇보다도 중요하다. 그러한 인식이 있어야만 자신의 부하직원에 대한 적극적인 노무관리를 하게 되는 것이다.

둘째, 이들 부류의 관리자는 사업주의 대리인이므로 회사의 재산을 지키고 관리함에 있어서 주인의식을 가져야 한다. 이들은 노동법상의 사용자의 지위를 가지면서 사업주로부터 인사경영권의 일부를 위임받아 사업주를 대신해서 행사하고 있다. 따라서 이들은 사업주의 대리인이므로 회사의 재산을 지키고, 인적 물적 자원을 활용하여 회사의 목표달성에 매진하여야 한다.

---

17) 윤찬성, 법과 원칙에 입각한 노사분규 해결방법, 월간노동법률, 2011년 12월호.

사용자 또는 사용자의 이익대표자의 범위에 대하여는 형식적인 직급 명칭이나 지위보다는 직무내용 및 회사규정의 운영실태, 근로자에 관한 사항에의 관여 정도 등 구체적인 사실관계를 토대로 인사·급여·후생·노무관리 등 근로조건의 결정 또는 업무상의 명령이나 지휘감독 등에 관한 권한과 책임을 사업주 또는 사업의 경영담당자로부터 부여받고 있는지 여부, 근무평정 권한 및 책임이 최종적으로 귀속되는지 여부, 근로관계에 대한 계획과 방침 등 사용자의 기밀에 속하는 사항을 접하고 있어 직무상의 의무와 책임상 조합원으로서의 성의와 책임에 직접적으로 저촉되는지 여부 등 구체적인 사실관계를 종합적으로 검토하여 판단하여야 할 것임(노조 01254-383, 1999.5.24.).

셋째, 이들 관리자는 조직단위를 책임지고 있다. 조장, 반장, 계장이나 파트장, 팀장과 같이 일정한 조직을 책임지고 있다. 따라서 이들에게 있어서 자신들이 맡고 있는 조직에 대해서는 자신이 책임을 진다는 책임의식을 갖도록 해 주어야 한다. 이러한 책임의식이 있어야만 자신의 부하직원의 고충사항을 처리하고 부하직원을 코칭하며 배려하는 등 적극적인 노무관리를 하게 되는 것이다.

3) 일반직원

일반 직원의 경우, 회사의 성장발전이 우선이라는 인식을 갖도록 하여야 한다. 치열한 기업 간 경쟁 속에서 회사의 성장발전을 위해서는 경쟁력이 우선하여야 하며, 경쟁력 없는 회사는 망할 수밖에 없는 것이다. 회사의 발전 없이는 고용도 근로조건의 개선도 기대할 수 없으며, 최근의 화두인 일과 삶의 균형(WLB: Work-Life Balance)도 기대할 수 없는 것이다. 또한 건전한 직업의식을 함양시켜야 한다. 자신이 맡은 직업을 하늘의 부름을 받아 맡겨진 직업이라고 생각하고 최선을 다하는 소명의식, 자신의 직업이 자신의 능력과 적성에 꼭 맞는다고 여기며 그 일에 열성을 가지고 성실히 임하는 천직의식, 자신의 직업이 사회나 기업, 타인을 위해 주요한 역할을 하고 있다고 믿으며 일을 수행하는 직분의식, 직업에 대한 사회적 역할과 책무를 충실히 수행하고 책임을 다하는 책임의식, 자신의 직업이 어느 누구나 할 수 있는 일이 아니라 이 분야의 전문 지식과 교육을 밑바탕으로 성실히 수행해야만 해낼 수 있다는 자부심을 갖고 직무에 임하는 전문가 의식, 직업을 통해 공동체에 대한 봉사정신을 갖추고 실천하는 봉사 의식 등 건전한 직업의식을 가져야 한다. 또한 최근에 주목받고 있는 조직시민행동(OCB: Organizational Citizenship Behavior) 의식이 필요하다고 할 수 있다. 조직시민행동이란 조직의 공식적 보상시스템에 의하여 직접적이거나 명시적으로 규정되어 있지 않는 자유재량적인 개인행동을 말하는 것이다. 즉 근로계약서나 직무기술서 등에 의해 직원의 의무로 규정되지 않았지만 조직의 긍정적 기능에 영향을 주는 자발적 행동을 말하는 것이다. 일반적으로 이러한 조직시민행동에는 이타심, 조직충성심, 스포츠맨십, 조직질서 순응, 양심, 시민정신, 자기개발 등이 있다고 한다.[18] 특히 일반 직원은 노동조합의 구성원인 조합원이 되고, 조합원은 선거 등을 통해서 노동조합지도부에 영향력을 행사할 수 있는 역학관계를 감안해 볼 때 일반 직원에 대한 건전한 직업의식 함양과 같은 마인드 변화는 그 중요성을 간과할 수 없는 것이다.

4) 노동조합

마지막으로, 노동조합의 마인드도 중요하다. 노동조합도 분배 위주의 투쟁만능주의에서 벗어나고 부가가치창출과 협력 중시의 마인드로 변화해야 한다. 회사가 우선이라는 생각으로 회사의 경영상 어려움이 있을 때는 함께 고통을 감내하는 자세가 필요하며, 회사의 성장 발전에 적극적으로 동참하여야 한다. 물론, 회사의 불합리한 부분과 조합원의 근로조건 향상이라는 부분에 대하여 포기하라는 이야기는 아니다. 하지만 치열한 무한경쟁의 기업환경 속에서 회사의 정책에 적극 협력하고 조합원이 자발적으로 참여를 유도하여 경쟁력을 제고시켜야 조합원의 고용유지와 근로생활의 질을 달성할 수 있다고 인식하여야 한다. 개별기업에서 실시하는 노사공동의 생산성 향상 운동이나 최근의 LG전자노동조합의 사회공헌활동 선언은 노동조합의 의미 있는 마인드 변화라 할 것이다. 이상의 내용을 간략히 정리하면 <표 3-14>와 같다.

---

18) 김용순, 호텔기업에서 직속상사의 리더십이 종사원의 조직시민행동에 미치는 영향 - 신뢰의 매개효과를 중심으로, 충북대학교 박사학위 논문, 2001, 16쪽.

〈표 3-14〉 임직원이 가져야 할 마인드 (예시)

구분	내용
최고경영층	• 노사관계의 중요성 인식하고 지속적으로 노사관계를 개선하겠다는 의지 • 건전한 노조관 및 인간존중 • 법과 원칙 준수의지
중간관리자	• 노무관리가 자신들의 본연의 업무라고 인식 • 노무관리 실패는 모든 것을 잃는다는 자세
일선감독자	• 내 부하직원은 내가 책임진다는 책임의식 • 나는 사업주의 대리인이라는 회사의 주인의식
일반직원	• 건전한 직업의식 • 회사발전이 우선 • 회사의 성장발전은 자신의 발전이라고 인식
노동조합	• 기업경쟁력 제고를 위한 협력중시 • 경영권 존중 • 법과 원칙 준수 • 특권의식 배격

3. 마인드 변화 방법

그렇다면 임직원의 이러한 마인드 변화를 위해서는 어떻게 해야 할까? 마인드는 인간의 내면적인 문제이므로 그 변화가 쉽지 않지만 다음과 같은 방법을 통해 마인드의 변화를 유도할 수 있다.

첫째, 마인드 변화를 위해서는 교육을 시켜야 한다. 교육의 중요성은 아무리 강조해도 지나치지 않은 것이므로 관리자에서부터 일반직원까지 건전마인드를 조성하기 위해서 교육계획을 수립하고 교육을 실시하여야 한다. 교육을 함에 있어서도 단순히 1회성 교육이 아닌 지속적인 교육을 실시하여야 하며, 또한 피교육생들이 교육을 단지 휴식기회로 삼지 않도록 교육에 대한 평가와 평가결과를 향후 인사에 반영할 수 있도록 하는 것이 필요하다. 교육의 방법에는 온라인 교육은 물론 집체교육인 오프라인교육 등 다양한 방법을 사용할 수 있다. 노사협력으로 고성과 조직을 구축한 초일류기업의 사례를 벤치마킹하는 산업연수도 유용한 방법이라 생각한다.

둘째, 봉사활동이나 체험행사의 방법도 유용한 방법이다. 장애인시설 등과 같은 복지시설에서의 봉사활동 등은 자신의 건강함에 대한 감사, 자신의 직장과 일에 대한 소중함을 느끼게 할 수 있다.

셋째, 건전마인드에 대한 상벌이다. 특히 관리자에 있어서 건전마인드를 가지고 있는지를 인사평가 등을 통해 평가하고 그러한 결과를 승진이나 보직부여 등에 반영하므로 인해서 건전마인드로 가득 찬 조직문화를 구축할 수 있게 된다.

아래의 사례와 같이 노조의 USR 운동은 임직원의 마인드변화와 관련하여 참으로 의미 있는 변화라 할 것이다.

노조조합의 사회적책임(USR) 실천선언

'기업의 사회적 책임'(CSR)에 대한 중요성이 커지고 있는 가운데 노동조합이 '노조의 사회적 책임'(USR)을 다짐하고 나섰다. 엘지전자 노조는 28일 경북 경주의 한 콘도에서 남용 부회장과 박준수 노조위원장을 비롯한 노사 관계자 300여명이 참석한 가운데 노조의 사회적 책임을 담은 '유에스아르(USR) 헌장' 선포식을 열었다. 국내 기업에서 노조가 사회적 책임을 표명하고 나선 것은 처음이다. 노조는 헌장에서 "엘지전자를 신뢰하고 성원해준 고객의 사랑이 없었다면 오늘의 노동조합은 존재하지 않았을 것"이라며 "고객의 사랑에 보답하기 위해 노조의 역할과 시명을 새롭게 정립하고자 한다"고 밝혔다. 이날 노조는 환경과 사회, 경제적 측면을 고려해 생태적 온전성 유지·노력, 사회적 약자 보호, 노사 투명성 제고, 업무 혁신 주도 등 4가지 실천 지침을 채택했다. 박 노조위원장은 "사회의 심각한 불균형을 더 이상 방치할 수 없어 헌장을 선포하게 됐다"고 설명했다. 남 부회장은 "회사가 지속성장 기반을 마련하는 계기가 될 것"이라고 화답했다. LG이노텍노조도 29일 사회적책임선포식을 열고 29일 는 LG이노텍노조는선포식에서 '행복한 내일을 약속하는 노동조합'이라는 비전과 함께 ▲조합원의 비전을 함께 창조하는 노동조합 ▲사회 속에서 함께 나누며 공존하는 노동조합 ▲회사와 함께 지속적으로 성장하는 노동조합이라는 USR의 3대 핵심 역할을 발표했다. 아울러 매년 USR 보고서를 통해 노조 조직구조 및 윤리, 노동인권, 사회공헌, 환경 등 각 부문별 활동 현황을 공유할 계획이다. LG이노텍 노조는 또 장애인 지원 및 지역사회 봉사, 환경정화 활동 등을 지속적으로 전개해 나간다는 방침이다. 이와 함께 오는 2014년부터는 USR 활동을 해외법인까지 확대해 나갈 계획이다. LG이노텍 노조 관계자는 "향후 지역경제 활성화뿐만 아니라 사회공헌 및 환경 분야까지 노조의 사회적 책임을 다하기 위해 적극 나설 것"이라고 말했다. 한편, 현대차노조는 조합원 1인당 매달 1,000원을 지역장애인 복지를 위해 내놓기로 하였고, 현대중공업노조는 매년 4,000만원정도를 매년 지역주민을 위한 사회공헌기금으로 사용하기로 했다.

(한겨레신문, 2010.1.29., 문화일보, 2012.2.29., 연합뉴스 2012.2.22.., 한국경제 2011.3.22. 기사를 바탕으로 재작성함)

참고문헌

Asch, S. E., Studies of Independence and Conformity: A minority of one against a unanimous majority, Psychological Monographs, Vol.70, No.9, 1956.

Cooke, W. N., Labor-Management Cooperation: New Partnership or Going in Circles? W. N. Upjohn Institute for Employment Research, Kalamazoo, Michigan, 1990.

Dunham, Organizational Behavior: People and Precesses in Management, Richard D. Irwin, 1984.

Fishbein, M. and Ajzen, I., Understanding Attitudes and Predicting Social Behavior, 1980.

Haire, M., Ghiselli, E. E. & Porter, L. W., Managerial Thinking: An International Study, John Wiley & Sons, 1966.

Hyman, R., Industrial Relations in Western Europe: An Era of Ambiguity? Industrial Relations, Vol.33, No.1, 1994.

Hofer, C. W. & Schendel, D., Strategy Formulation Analytical Concepts, West Publishing, 1978.

Katz, H. C. & Kochan T. A.(1992), A Introduction to Collective Bargaining and Industrial Relations, McGraw-Hill.

Katz, R. L., "Skills of an Effective Administrator", Hard Business Review, September-October 1974.

Kochan, T, A., Katz, H. C. & Cappelli, P., "Strategic Choice and Industrial Relations", Industrial Relations, Vol.23, 1984.

Kreitner, R. & Kinicki, A., Organizational Behavior, McGraw-Hill, 2001.

McGregor, D., The Human Side of Enterprise, McGraw-Hill, 1980.

Robbins, S. P., Organizational Behavior, Prentice Hall, 2000.

Rusbult, C. & Lowery, D., When Bureaucrats Get the Blues, Journal of Applied Social Psychology, Vol.15, No.1, 1985.

Skinner, B. F., Science and Behavior, New York: Free Press, 1953.

고용노동부, 『집단적 노사관계 업무 매뉴얼』, 2010.

_____, 『사업(사업장) 단위 복수노조 업무 매뉴얼』, 2010.

_____, 『복수노조 그 궁금증을 풀어드립니다』, 2011.

김식현, 『최신인사관리론』, 박영사, 1994.

김용순, 「호텔기업에서 직속상사의 리더십이 종사원의 조직시민행동에 미치는 영향 – 신뢰의 매개효과를 중심으로」, 충북대학교 박사학위 논문, 2001.

김주엽·송계충·정범구·박상언, 『조직행위론』, 경문사, 2011.

노병직·최영우·유각근·안정화, 『노사관계론』, 노동교육원, 2007.

미첼 쿠지·엘리자베스 홀로웨이,『당신과 조직을 미치게 만드는 썩은 사과』, 서종기 역, 예문, 2011.

박구진,『그게 노사관계야, 멍청아!』, 토라, 2011.

신수식·김동원·이규용,『현대고용관계론』, 박영사, 2008.

윤찬성,「노조간부의 파업성향결정요인 - 소속노총의 조절효과를 중심으로」, 충북대학교 박사학위 논문, 2005.

_____,「법과 원칙에 입각한 노사분규 해결방법」,『월간노동법률』, 2011년 12월호.

이영면,『고용관계론』, 경문사, 2008.

이원우·서도원·이덕로,『경영학의 이해』, 박영사, 2011.

이정일·태원유·김태정·유원수,『장수기업의 조건 - 노사관계를 중심으로』, 삼성경제연구소, 2007.

이춘우·허건,『HR에센스』, 휴넷, 2004.

이학용,『미시경제이론』, 다산출판사, 1988.

이학종,『경영전략론』, 박영사, 1987.

이학종·양혁승,『전략적 인적자원관리』, 박영사, 2005.

조성재·조준모·조동훈·이종현·황선웅,「노사관계 및 노동조합의 사회경제적 영향 분석」, 한국노동연구원,『노동부 학술연구용역사업 연구보고서』, 2007.

중앙노동위원회, 복수노조 업무 매뉴얼, 2011.

장세진,『글로벌경쟁시대의 경영전략』, 박영사, 2010.

최종태,『전략적노사관계론』, 경문사, 1999.

_____,『현대노사관계론』, 경문사, 1997.

하갑래,『집단적 노동관계법』, 중앙경제, 2011.

한국경영자총협회, 2011년 임금조정 기본방향, 2011.

황규대·박상진·이광희·이철기,『조직행동의 이해』, 박영사, 2007.

공정대표의무 위반 시정신청서 (작성 예)

[별지 제7호의9 서식] 〈신설 2010.8.9.〉

공정대표의무 위반 시정신청서				처리기간	
				30일	
신청인	노동조합명칭	백상반도체노동조합1	대표자	홍길동	
	소재지	서울시 영등포구 여의도동 35-2번지 (전화번호 02-785-0211)			
피신청인	노동조합명칭	백상반도체노동조합2	대표자	임꺽정	
	소재지	충북 청주시 향정동 1번지 (전화번호 043-785-0213)			
사용자	사업장명	백상반도체(주)	대표자	김사용	
	소재지	서울시 영등포구 여의도동 35-2번지 (전화번호 02-785-0210)			
신청 취지 및 이유 (별지 기재 가능)		별지 기재와 같음			

「노동조합 및 노동관계조정법」 제29조의4 제2항, 같은 법 시행령 제14조의12 제1항 및 같은 법 시행규칙 제10조의9 제1항에 따라 공정대표의무 위반에 대한 시정을 위와 같이 신청합니다.

2012년 8월 10일

신청인: 백상반도체노동조합 위원장 홍길동
위 대리인: 광장노무법인 공인노무사 윤찬성 (인)

○○노동위원회 위원장 귀하

첨부자료	공정대표의무 위반 신청 내용을 증명할 수 있는 자료

신청 취지

1. 이 사건 피신청인 사용자와 이 사건 피신청인 노동조합 간에 체결한 단체협약은 공정대표의무를 위반한 것임을 인정한다.

2. 이 사건 피신청인 사용자와 이 사건 피신청인 노동조합은 법정근로시간면제한도 내에서 전체 조합원의 비율에 따라 신청인 노동조합에게 근로시간면제한도를 부여하라는 결정을 구합니다.

신청 이유

I. 당사자

1. 신청인(이하 "신청노동조합"이라 함)은 이 사건 사용자의 서울사업장에 사무직과 영업직 근로자만으로 설립된 노동조합으로 조합원 수는 약 1,000명입니다.

[노 제1호증, 노동조합설립신고증]

[노 제2호증, 노동조합 규약]

2. 피신청인 (주)백상반도체(이하 "이 사건 사용자"라 함)는 위 주소지에 주 사무소를 두고 서울과 청주에 사업장을 두고 있어 반도체 제조 및 판매업을 하고 있는 자이며, 피신청인 백상반도체노동조합2(이하 "피신청인 노동조합"이라 함)이 사건 사용자의 청주사업장에서 생산직 근로자를 대상으로 설립된 노동조합으로 조합원은 2012.1.1. 현재 약 7,000명입니다.

II. 경과과정

1. 이 사건 사용자의 사업장에는 신청인 노동조합과 피신청인 노동조합 등 2개의 노동조합이 설립되어 있으며, 그동안 각각의 노동조합과 이 사건 사용자는 개별적으로 단체교섭을 진행하여 왔습니다.

구분	신청인노동조합	피신청인노동조합
설립일	2011.7.1.	1995.1.10.
조직대상	사무직과 영업직	생산직
조합원 수	1,000명	7,000명
대표자	홍길동	임꺽정
단협기간	미체결	2009.7.1.~2012.6.30.
교섭관행	개별교섭	개별교섭
근로시간면제	-	22,000시간(11명)

2. 신청노동조합은 단협 만료 3개월 전인 2012. 4. 1. 이 사건 사용자에게 교섭 요구를 하였고, 이에 이 이사건 사용자는 교섭 요구사실을 공고하자 피신청인 노동조합이 교섭창구 단일화 기간 내에 교섭 요구하여 과반수 노조로 교섭대표노동조합으로 확정되었습니다.

[노 제3호증, 교섭 요구 공문]

[노 제4호증, 과반수 노조에 대한 공고문]

3. 이에 따라 피신청인 노동조합과 이 사건 사용자는 신청인 노동조합을 배제한 채 2012. 5. 1. 부터 단체교섭을 진행하였고 수차례의 단체교섭을 통해 2012. 7. 31. 에 단체협약을 체결하였습니다.

4. 그러나 교섭대표노동조합인 피신청인 노동조합은 교섭대표노동조합의 지위를 남용하여 신청인 노동조합을 차별하는 단체협약을 이 사건 사용자와 체결하였고, 이에 신청인 노동조합은 피신청인들에게 2012. 8. 1. 에 시정요구를 하였으나, 피신청인이 거부하여 부득이 귀 위원회에 시정신청하게 된 것입니다.

[노 제5호증, 단협에 대한 시정요구 공문]

II. 공정대표 의무 위반인 이유

1. 관련법리

노조법 제29조의4 제1항에는 "교섭대표노동조합과 사용자는 교섭창구 단일화 절차에 참여한 노동조합 또는 그 조합원 간에 합리적인 이유 없이 차별을 하여서는 아니 된다"고 규정하고 있으며 또한 노조법 제24조 제3항 및 동법 시행령 제11조의2에 따른 근로시간면제한도는 조합원 5,000명~9,999명까지는 최대 22,000시간을 부여할 수 있도록 규정하고 있습니다.

따라서 교섭대표노동조합인 피신청인 노동조합과 이 사건 사용자는 단체협약을 체결하면서 공정성에 기하여 단체협약을 체결하는 등 공정대표의무를 부담하고 있습니다.

2. 공정대표 의무를 위한 내용

1) 피신청인 노동조합과 이 사건 사용자는 2012년도 단체협약을 체결하면서 근로시간 면제자를 규정한 단체협약 제15조에서 아래와 같이 규정하고 있습니다.

단체협약 제15조(근로시간 면제자)

① 회사는 광장반도체노동조합 B에게 노동조합 및 노동관계조정법에 의거 근로시간 면제한도를 연간 22,000시간을 부여하되, 인원수 기준으로는 11명으로 한다.

② <이하 생략>

[조 제6호증, 단체협약 해당조항]

2) 이처럼, 피신청인 노동조합과 신청인의 조합활동을 협오하고 있는 이 사건사용자는 신청인 노동조합의 활동을 위축시킬 목적으로 피신청인노동조합에만 근로시간 면제자를 부여할 뿐, 신청노동조합에게는 근로시간면제한도를 부여치 않고 있습니다.

3) 노조 간에 근로시간면제자에 대하여 합의가 되지 않았다면, 적어도 조합원 수의 비율에 의거 근로시간면제한도를 각각의 노조에 부여하여야 하는 것이 합리적이라 할 것인바, 조합원 수를 기준으로 산정할 경우 근로시간면제한도는 신청노동조합은 연간 2,750시간, 피신청인 노동조합은 19,250시간을 부여하는 것이 합리적이라 할 것입니다. 그럼에도 피신청인 노동조합과 이사건 사용자는 신청인 노동조합의 조합활동을 협오한 나머지 근로기간면제한도인 22,000시간을 피신청인 노동조합에 부여하였는바, 이는 합리적 이유가 없다 할 것입니다.

이상과 같이 피신청인 노동조합과 이 사건 사용자가 공정대표의무를 위반한 것을 명백하다 할 것이므로 청구취지와 같은 결정을 구합니다.

입증 방법

1. 노 제1호증, 노동조합 설립신고증
1. 노 제2호증, 노동조합 규약
1. 노 제3호증, 교섭 요구공문
1. 노 제4호증, 라반수 노조에 대한 공고문
1. 노 제5호증, 단협에 대한 시정요구 공문
1. 노 제6호증, 단체협약 발췌

첨부 서류

1. 위임장 1부
2. 위 입증 방법 각 1통
3. 공정대표 의무 위반 시정 신청서 부본 1부. 끝.

2012. 8. 10.

위 백상반도체 노동조합의 대리인

공인노무사 윤찬성 (서명 또는 인)

210mm×297mm(신문용지60g/㎡(재활용품))

〈부록 2〉

확정공고 이의신청 사실의
공고에 대한 시정신청서 (작성 예)

[별지 제7호의3 서식] 〈신설 2010.8.9.〉

교섭 요구 노동조합 확정공고 이의신청 사실의 공고에 대한 시정신청서				처리기간	
				10일	
신청인	노동조합명칭	백상반도체 노동조합	대표자	홍길동	
	소재지	서울시 영등포구 여의도동 35-2번지 (전화번호 02-785-0211)			
피신청인	사업장명	백상반도체(주)	대표자	김사용	
	소재지	서울시 영등포구 여의도동 35-2번지 (전화번호 02-785-021⑧)			
교섭 요구일		2012. 1. 1.	공고일	2012. 1. 2.~9.	
신청 취지 및 이유		별지 기재와 같음			

사용자가 「노동조합 및 노동관계조정법 시행령」 제14조의5 제2항에 따른 사용자의 공고 내용에 대한 신청인의 이의 신청에도 불구하고 같은 법 시행령 제14조의5 제3항에 따른 공고를 하지 아니하거나 사용자가 신청인이 제출한 내용과 다르게 공고하여 「노동조합 및 노동관계조정법 시행령」 제14조의5 제4항 및 「노동조합 및 노동관계조정법 시행규칙」 제10조의4 제2항에 따라 시정하여 줄 것을 요청합니다.

2012년 1월 20일

신청인: 백상반도체노동조합 위원장 홍길동
위 대리인: 광장노무법인 공인노무사 윤찬성 (인)

서울지방 **노동위원회 위원장** 귀하

첨부자료	1. 사용자에게 이의를 신청한 서류 사본 2. 사용자가 해당 노동조합이 신청한 내용과 다르게 공고하였다는 사실을 증명할 수 있는 자료

210mm×297mm(신문용지60g/㎡(재활용품))

<별지> 신청 취지 및 이유서

신청 취지

1. 이 사건 사용자의 교섭 요구노조 확정공고는 부당하다.
2. 이 사건 사용자는 이 사건 결정서를 송달받은 날로부터 5일간 신청인이 요구한 내용대로 조합원 수를 수정 공고하라는 결정을 구합니다.

신청 이유

1. 이 사건 사용자 (주)광장반도체(이하 '피신청인'이라 함)는 서울시 영등포구 여의도동 35-2번지에 주사무소를 두고 이천과 청주에 공장을 두고 있으며, 신청인(이하 '신청노조'라 함)은 피신청인 서울본사 사무직원을 조직대상으로 2011.7.1. 설립된 조합원 500명의 기업별 노동조합입니다.

2. 피신청인의 사업장에는 신청노조 외에도 이천공장의 생산직직원을 대상으로 한 약 2,500명 조합원의 이천노조와 청주공장의 생산직 직원들을 대상으로 한 약 2,000명 조합원의 청주노조가 존재하고 있습니다.

[노 제1호증, 노조설립신고증]

3. 신청인은 피신청인에게 피신청인 사업장에 존재하는 노조와 체결한 단체협약 중 2012.3.31.에 협약이 만료되는 단체협약을 기준으로 2012.1.1.에 단체교섭 요구를 하였으나, 피신청인은 교섭 요구노조를 확정공고(2012.1.2.~9.)하면서 공고내용을 사실과 다르게 공고하였습니다.

[노 제2호증, 단체협약 요구 공문]
[노 제3호증, 교섭 요구노조 확정 공고문]

4. 이에 신청인 피신청인에게 교섭 요구사실에 대한 확정공고에 대하여 <노 제4호증>과 같이 이의신청을 하였으나, 피신청인은 이러한 내용에 대하여 아무런 이유없이 수정공고하지 않아 귀 위원회에 시정신청을 하게 된 것입니다.

[노 제4호증, 교섭 요구노조 확정공고에 대한 이의신청서]

5. 피신청인의 교섭 요구노조 확정공고가 잘못된 점

1) 피신청인이 교섭 요구노조 확정 공고한 내용은 다음과 같습니다.

구분	신청인 노조	노조1	노조2
대표자	홍길동	임꺽정	장길산
교섭 요구 날짜	2012.1.1.	2012.1.4.	2012.1.5.
조합원 수	-	2,500명	2,000명

2) 그러나 <노 제2호증> 교섭 요구공문에서 알 수 있는 바와 같이, 신청인 노조가 교섭을 요구한 날인 2012.1.1. 현재 조합원 수는 500명입니다. 그런데도 불구하고 조합원 수를 공고하지 않았고, 이에 사실대로 수정공고해 달라는 이의신청에도 불구하고 이를 거부한 것은 명백한 잘못이라 할 것입니다.

3) 현재 신청인은 피신청인과 단체협약을 체결하지 못한 상태이므로 조합원에 대한 조합비공제를 해 주지 않아 피신청인이 조합원 수를 확인할 수 없었다 하더라도, 피신청인이 조합원 수에 대한 심사할 권한도 없으며, <노 제5호증> 조합원명부를 요구하면 제출해주었을 것인데도 아무런 이유도 없이 조합원 수를 공고치 않은 것은 피신청인이 신청조합을 혐오하여 교섭대표단에서 배제시키고자 하는 의도로밖에 해석할 수 없습니다.

따라서 피신청인이 수정공고하지 않은 것은 부당하므로 신청 취지와 같은 결정을 구합니다.

입증 방법 및 첨부 서류

1. 노동조합 설립신고증
2. 교섭 요구공문
3. 교섭 요구노조 확정 공고문
4. 확정공고에 대한 이의신청 공문
5. 조합원 명부
6. 시정신청서 부본

2012. 1. 2.

위 백상반도체 노동조합의 대리인

공인노무사 윤찬성(서명 또는 인)

210mm×297mm(신문용지60g/㎡(재활용품))

공동교섭대표단 구성 결정 신청서 (작성 예)

[별지 제7호의5 서식] 〈신설 2010.8.9.〉

공동교섭대표단 구성 결정 신청서				처리기간	
				10일	
노동조합	명칭	백상반도체 노동조합	조직 형태	단위노조(기업, 지역, 전국), 연합단체, 단위노조의 산하조직	
	대표자	홍길동	조합원 수	500명	
	주된 사무소 소재지	서울시 영등포구 여의도동 35-2번지 (전화번호 02-785-0211)			
	설립일		조직대상		
사용자	사업장명	백상반도체(주)	대표자	김사용	
	주소	서울시 영등포구 여의도동 35-2번지 (전화번호 02-785-0210)			
교섭창구 단일화 절차에 참여한 노동조합 수 및 전체 조합원 수		노동조합 수	3개		
		전체 조합원 수	약 4,900명		
신청 취지 및 이유 (별지 기재 가능)		별지 기재와 같음			

「노동조합 및 노동관계조정법」 제29조의2 제4항, 같은 법 시행령 제14조의9 제1항 및 같은 법 시행규칙 제10조의7 제1항에 따라 위와 같이 공동교섭대표단 구성 결정을 신청합니다.

2012년 1월 30일

신청인: 백상반도체노동조합 위원장 홍 길 동
위 대리인: 광장노무법인 공인노무사 윤찬성 (인)

서울지방 **노동위원회 위원장** 귀하

첨부자료	교섭창구 단일화 절차에 참여한 노동조합 전체 조합원의 100분의 10 이상인 노동조합이라는 사실을 증명할 수 있는 자료

210mm×297mm(신문용지60g/㎡(재활용품))

신청 취지

1. 이 사건 사용자와 교섭할 교섭대표단은 10명으로 구성하고 조합원 수 비율에 의거 신청 외 노조1은 4명, 신청 외 노조2는 4명, 신청노조는 2명으로 구성한다.
2. 공동교섭단의 대표는 신청 외 노조1의 대표자로 한다는 결정을 구합니다.

신청 이유

1. 이 사건 당사자 기속 및 다른 노조 존재사실 기속
   〈생략〉
2. 신청인은 피신청인의 교섭 요구사실공고에 따라 2012. 2. 1. 〈노 제1호증〉과 같이 교섭 요구하였고, 피신청인은 2012. 2. 10. 〈노 제2호증〉과 같이 교섭 요구노조 확정공고를 하였습니다.

<피신청인의 확정공고내용>

구분	신청인 노조	노조1	노조2
대표자	홍길동	임꺽정	장길산
교섭 요구 날짜	2012.1.1.	2012.1.4.	2012.1.5.
조합원 수	400명	2,500명	2,000명

[노 제1호증, 단체협약 요구 공문]

[노 제2호증, 교섭 요구노조 확정 공고문]

4. 그러나 신청인 노조의 조합원 수가 교섭 요구일인 2012. 1. 1. 현재 400명에서 교섭 요구노조 확정공고일 현재 500명으로 증가하였음에도 신청 외 노조들이 교섭대표단 구성에서 배제시키려고 하여 현재까지 공동교섭대표단 구성에 합의하지 못한 것입니다.

5. 신청 외 노조들은 신청노조의 조합원 수가 전체 조합원의 10%에 미치지 못한다고 주장하고 있으나 〈노 제3호증〉 조합원 명부 및 〈노 제4호증〉 조합가입원서에서 확인되는 바와 같이, 조합원 수가 500명으로 이는 전체조합원 수 4,900명의 10.2%에 해당합니다. 따라서 신청조합원은 공동교섭단 구성에 참여할 권한이 있는 것입니다.

[노 제3호증, 조합원명부]

[조 제4호증, 조합가입원서]

신규로 가입한 100명의 이전 소속을 확인해 본 결과, 신청 외 노조1에서 탈퇴하여 가입한 조합원이 70명, 신청 외 노조2에서 탈퇴하여 가입한 조합원이 20명, 그 외 비조합원이 가입한 사람이 10명으로 확인되었습니다.

[노 제5호증, 신청 외 노조1과 2에 보낸 노조탈퇴 내용증명 우편]

6. 노동조합 및 노동관계조정법 제29조의2에 의거 공동교섭대표단에 참여할 수 있는 자격은 창구단일화 절차에 참여한 전체 조합원의 10% 이상으로 규정하고 있으며, 동법 시행령 제14조의9 제2항에서 10명 이내에서 조합원 수의 비율에 의거 노동위원회가 공동교섭대표단을 구성하도록 규정하고 있으므로 조합원 비율을 산정해 보면 아래와 같습니다.

구분	조합원 수	비율	비고
신청인 노조	500명	10.2%	계 4,910명
노조1	2,430명	49.6%	
노조2	1,980명	40.4%	

7. 따라서 노동조합 및 노동관계조정법 시행령 제14조의9 제2항에 의거 공동교섭대표단을 구성할 경우 신청노조에는 1.02명, 신청 외 노조1에는 4.96명, 신청 외 노조2에는 4.0명이나 사람을 소수점 이하로 분할할 수 없는 것이고, 다수 노조인 신청 외 노조1이 대표단을 맡게 되는 점을 감안할 때 신청 외 노조1에는 4명, 신청 외 노조2에도 4명, 신청노동조합에 2명을 배정하여 공공교섭대표단을 구성하는 것이 합리적인 방법이라 사료됩니다.

따라서 신청 취지와 같은 결정을 구합니다.

(이하 생략)

210mm×297mm(신문용지60g/㎡(재활용품))

〈부록 4〉

답변서 (작성 예)

답변서

사건번호 서울2011교섭12 광장반도체교섭 요구노조 확정공고에 대한 이의신청사
실의 공고에 대한 시정신청

신청인 광장반도체노동조합
서울시 영등포구 여의도동 35-2번지
대표자 홍길동

피신청인 주식회사 광장반도체
서울시 영등포구 여의도동 35-2번지
대표이사 김사용

위 사건에 대하여 위 사건 피신청인은 다음과 같이 답변서(1)을 제출합니다.

2012. 7. 1.

피신청인 (주)광방반도체 대표이사 김사장
위 대리인 광장노무법인 공인노무사 윤찬성 (인)

○ ○ 지방노동위원회 귀중

답변 취지

이 사건 노동조합의 교섭 요구노조 확정공고에 대한 이의신청사실의 공고에 대한 시정신청은 이를 각하한다는 결정을 구합니다.

신청 이유

I. 당사자

1. 피신청인 (주)광장반도체(이하 '신청 외 회사'라 함)는 서울시 영등포구 여의도동 35-2번지에 주 사무소를 두고 이천과 청주에 공장을 두고 있으며,

   [사 제1호증, 법인등기부등본]

2. 신청인(이하 '신청노조'라 함)은 신청 외 회사 서울본사 사무직원을 조직대상으로 조합원 500명이라고 주장하는 노동조합입니다.

II. 사건경위

1. 피신청인의 사업장에는 이미 2개의 노동조합이 존재하는 상태에서 2011. 7. 1. 신청인 노조가 설립되었다는 통보를 받았습니다.
2. 그러던 중 단체협약 만료일 3개월 전인 2012. 1. 1. 신청인 노조로부터 교섭 요구 공문을 받았으나, 서면으로 요구하면서 조합원 수를 500명으로 기록하였습니다. 이에 피신청인이 조합원 수를 입증할 자료를 달라고 요구하였으나 신청인노조는 조합원 수에 대한 입증을 하지 못하여 조합원 수 난을 공란으로 하여 공고한 것입니다.

   [사 제2호증, 조합원 수 입증자료 제출요구 공문]

III. 사건경위

1. 노동조합 및 노동관계조정법 시행령 제14조의3 및 시행규칙 제10조의2에 의거 교섭을 요구함에 있어서는 "노동조합의 명칭과 대표자의 성명, 주된 사무소의 소재지, 교섭을 요구한 날 현재의 조합원 수" 등을 사실대로 기록한 서면으로 교섭을 요구하여야 하는바

1) 신청인 노조는 조합원 수를 500명으로 기록하여 통보하였습니다. 이에 조합원 수를 확인할 서류를 제출토록 요구하였음에도 불구하고 신청인노조는 회사로부터 조합원 명단이 노출되면 조합원이 피해와 불이익을 받을 수 있다며 조합원을 확인할 서류를 제출치 않았습니다.

그러나 피신청인 회사에는 이미 신청인노조 외에서 2개의 노조가 존재하여 활동하고 있고, 노조원이라고 하여 불이익을 주지도 않으며 노동조합 및 노동관계조정법 제81조에 의거 노동조합원이라는 이유로 불이익을 줄 수도 없기에 신청인노조의 주장은 사실과 다른 기우라 할 것입니다.

2) 신청인 노조는 2011.7.1. 설립된 이후 피신청인에게 조합원 명단을 제출하며 조합비 공제를 요청한 사실도 없어 주장하는 조합원 수 500명을 객관적으로 확인할 수 없었습니다.

3) 또한 노조에게 조합가입원서와 같은 조합원 수 확인서류를 요청하였음에도 신청인노조에서는 이를 거부하였습니다.

따라서 신청인노조가 조합원 수를 입증하지 못하였기에 확정공고 시에 조합원 수를 공란으로 기록한 것은 정당한 조치라 할 것입니다.

2. 한편 신청인은 교섭 요구노조 확정공고사실에 대한 시정신청서에서 피신청인에게 확정공고내용에 대하여 이의신청을 하였다고 하나

1) 이는 사실과 다릅니다. 확정공고 후에 전화로 왜 최초 교섭 요구 시 기록한 500명을 기록하여 공고하지 않았느냐고 묻기에 조합원 수를 입증하지 못하여 그럴 수밖에 없었다고 답변해 준 이후 이에 대한 어떠한 전화나 이의신청을 서면으로 한 사실도 없습니다. 따라서 신청인노조가 확정공고에 대한 이의신청을 했다는 것은 사실과 다릅니다.

2) 노동조합 및 노동관계조정법 시행령 제14조의5에서는 사용자의 교섭 요구노조 확정공고에 대한 노동위원회의 시정신청은 사전에 사용자에 대한 이의신청이 선행되는 것을 요건으로 하고 있습니다. 그러나 위에서 적시한 바와 같이 신청노조는 피신청인에게 확정공고에 대한 이의신청을 한 사실이 없습니다.

이상과 같이, 신청인 노조는 조합원 수 확인요청에 대하여 이를 확인치 못하였고, 또한 교섭 요구노조 확정공고에 대하여 피신청인에게 이의신청을 하지도 않았는바, 이는 신청요건에 해당되지 않는 것입니다.

따라서 신청인의 이건 신청은 답변 취지와 같이 각하되어야 하므로 신청인의 신청은 이를 각하한다는 결정을 구합니다.

입증 방법

1. 법인등기부등본
1. 조합원 수 입증요구 공문

첨부 서류

1. 위 입증 방법 각 1부
2. 답변서 부본 1부

2012. 1. 15.

(주) 광장반도체
대표이사 김사용(인)

210mm×297mm(신문용지60g/㎡(재활용품))

노동위원회의 결정 (예)

서울지방노동위원회

결정서

사건번호 서울2011교섭2 ○○교섭 요구노조 확정공고에 대한 이의신청사실의 공고
에 대한 시정신청

노동조합 ○○노동조합
서울시 강남구 개포동 ***
대표자 ○ ○ ○

사용자 ○○공사
서울시 강남구 영동대로 ***
대표이사 ○ ○ ○

우리 위원회는 위 교섭 요구 노동조합 확정공고 이의신청 사실의 공고에 대한 시정
신청사건에 대하여 심의하고 주문과 같이 결정한다.

주문

이 사건 노동조합의 교섭 요구 노동조합 확정공고 이의신청 사실의 공고에 대한 시
정신청을 기각한다.

신청 취지

1. 이 사건 사용자는 이 사건 노동조합이 교섭 요구하였음에도 불구하고 교섭 요구 노동조합 확정공고에서 이 사건 노조를 누락시켰는바, 이에 대하여 이 사건 노동조합이 이의신청을 하였으나 수정공고하지 않은 것을 시정하라.

2. (생략) 이 사건 사용자는 교섭 요구 노동조합에 이 사건 노동조합을 포함시켜 재공고하라.

이유

1. 당사자 개요

가. 노동조합

○○○(이하 '이 사건 노동조합'이라 한다)은 위 주소지에 주된 사무실을 두고, ○○전력 및 이와 관련 있는 사업부문에 종사하는 3직급 이상 근로자들을 조직대상으로 2010.12.30. 설립되었다.

〈노동조합 개요〉

노동조합명	이 사건 노동조합	○○전력노동조합
소재지	서울시 강남구 ***	서울시 강남구 ***
대표자	이○○	김○○
노조설립일	2010.12.30.	1961.10.02.
조합원 수	128명	14,729명
임협만료일	최초	2009.12.16.~2010.12.15.(1년)
단협만료일	최초	2009.12.30.~2011.12.29.(2년)

나. 사용자

○○○공사(이하 '이 사건 사용자'라 한다)는 1961.7.1. 설립되어, 위 주소지에서 상시 근로자 19,388명을 사용하여 전기업을 경영하는 법인이다.

2. 신청경위

이 사건 노동조합은 이 사건 사용자가 교섭 요구 노동조합 확정공고기간 중인 2011.7.11. 교섭 요구 노동조합 확정공고 시 누락되어 있음을 확인하고 이의를 신청하였음에도 이 사건 사용자가 이를 수정공고하지 아니하여 2011.7.19. 우리 위원회에 시정 신청하였다.

3. 당사자 주장 요지

가. 노동조합

이 사건 노동조합은 2010.12.30. 노동조합설립신고서를 행정관청에 제출하였으나 반려 받았으며, 행정심판을 통하여 복수노조 시행일 이전 2011.6.21. 행정관청의 반려처분을 취소한다는 재결을 받았다.

행정심판 재결의 효력은 행정심판법 제48조 제2항에 의거 재결서가 서울강남지청에 송달된 2011.7.4. 발생하므로 이 사건 노동조합이 교섭 요구 노동조합 공고기간 중인 2011.7.6. 교섭 요구를 하였음에도 불구하고 교섭 요구 노동조합 확정공고 시 노동조합 설립신고증이 없다는 이유로 이 사건 노동조합을 누락시켰는바, 이에 대하여 이 사건 노동조합이 이의신청을 하였으나 이 사건 사용자가 수정공고하지 않은 것은 부당하다는 주장이다.

나. 사용자

이 사건 사용자는 이 사건 노동조합이 교섭 요구를 한 사실이 있고, 교섭 요구 노동조합 확정공고에 대해 2011.7.11. 이의제기한 사실은 있으나 공고기간 만료일 이후인 2011.7.18. 노동조합 설립신고증을 교부받아 교섭창구 단일화 절차 진행 당시 노조법상의 노동조합으로 인정될 수 없어 이 사건 노동조합의 수정요구를 받아 줄 수 없는 것이므로 동 확정공고는 정당하다는 주장이다.

4. 인정사실

가. 이 사건 노동조합은 2010.12.30. 서울강남지청에 노동조합설립신고서를 제출하였다.

나. 이 사건 노동조합은 2011.1.4. 서울강남지청으로부터 조합원 48명에 대한 근로자성을 확인할 수 있는 증빙자료를 제출하라는 이유로 보완요구서를 받았다.

다. 이 사건 노동조합은 2011.1.12. 조합원 보직현황과 직무별 업무내용을 정리하여 보완자료를 제출하였고, 조합원 전원의 직위가 팀원이어서 근로자성을 인정받았다.

라. 서울강남지청은 이 사건 노동조합이 2011.1.12. 노동조합 설립신고사항 보완 요구사항을 완료하였으나 ○○전력노동조합과 조직대상이 중복되어 복수노조에 해당된다는 이유를 들어 2011.1.24. 노동조합 설립신고서를 반려하였다.

마. 이 사건 노동조합은 2011.3.4. 중앙행정심판위원회에 노동조합설립신고 반려처분을 취소하라는 행정심판을 청구하였다.

바. 중앙행정심판위원회는 2011.6.21. 이 사건 노동조합의 행정심판 청구를 "인용재결"하였다.

사. 이 사건 사용자는 2011.6.15, 2011.7.1. ㅇㅇ전력노동조합으로부터 교섭을 요구받은 후 동 교섭 요구사실을 2011.7.1.부터 7.8.(7일간)의 기간 동안 공고하였다.

아. 서울강남지청은 중앙행정심판위원회로부터 행정심판 재결서를 2011.7.4.수령하였다.

자. 이 사건 노동조합은 중앙행정심판위원회로부터 행정심판 재결서를 2011.7.5. 수령하였다.

차. 서울강남지청은 2011.7.4. 노동조합 규약 중 위법한 사항에 대하여 이 사건 사용자로부터 이의신청을 받았으며, 2011.7.5. 이 사건 노동조합에 동 규약내용 중 노동조합 대표자의 단체협약 체결권을 침해하여 노조법 제29조 제1항에 위반되므로 보완 요청을 하였다.

카. 이 사건 노동조합은 위 '사'항의 교섭 요구사실의 공고기한(7일) 내인 2011.7.6. 교섭 요구일 현재 조합원 수를 128명으로 기재한 교섭 요구서를 제출하였다.

타. 이 사건 사용자는 2011.7.9.부터 7.14.(5일)의 기간 동안 교섭창구 단일화 절차에 참여한 ㅇㅇ전력노동조합을 확정공고하였다.

파. 위 '타'항의 확정공고와 관련하여 이 사건 사용자는 이 사건 노동조합이 2011.7.8. 현재 노동조합 설립신고증 교부사실을 행정관청으로부터 통보되지 않았기 때문에 교섭 요구 노동조합 확정공고 대상에서 제외됨을 2011.7.8. 안내하였다.

하. 이 사건 노동조합은 교섭 요구 노동조합 확정공고 기간 중인 2011.7.11. 이 사건 사용자에게 교섭 요구한 사실이 공고되지 않았으므로 수정하여 공고해달라는 이의신청을 하였으나, 이 사건 사용자는 이 사건 노동조합의 이의신청에 대해 수정공고를 하지 아니하였다.

거. 2011.7.18. 이 사건 노동조합은 서울강남지청으로부터 노동조합 설립신고증을 교부받았다.

5. 판단

이 사건 교섭 요구 노동조합 확정공고 이의신청 사실의 공고에 대한 시정신청의 당사자 주장요지가 위와 같으므로 핵심쟁점은 2011.7.18. 노동조합 설립신고증을 교부받은 이 사건 노동조합이 2011.7.6. 이 사건 사용자에 대하여 행한 교섭 요구 노동조합 공고 요청과 교섭 요구 노동조합 확정공고 기간인 2011.7.9.부터 2011.7.14.까지의 기간 동안 법령이 정한 절차에 따라 교섭 요구 노동조합의 확정공고에 대한 이의신청을 할 수 있는 노동조합의 자격을 갖추고 있는지 여부이다.

이에, 위 쟁점사항에 대하여 이 사건 당사자의 주장, 관련 증거자료의 기재내용 등을 토대로 다음과 같이 판단한다.

먼저, 노조법 시행령 제14조의5 제1항에 의하면, 사용자는 교섭 요구 노동조합의 확정공고 시 교섭을 요구한 노동조합의 명칭, 그 교섭을 요구한 날 현재의 조합원 수 등을 공고하도록 규정하고 있고, 교섭 요구 노동조합은 공고의 내용이 자신이 제출한 내용과 다르게 공고되거나 공고되지 아니한 경우 사용자에게 그 공고기간 내 이의를 신청할 수 있도록 정하고 있다.

노조법 제29조의2 제6항 및 동법 시행령 제14조의5 제4항에 따라 이 사건 노동조합은 2011.7.18. 관할 행정관청인 서울강남지청으로부터 노동조합설립신고증을 교부 받은 후 2011.7.19. 우리 위원회에 교섭 요구 확정공고 이의신청 사실의 공고에 대한 시정신청을 하였으므로 이 시정 신청의 당사자 적격은 인정된다.

이 사건 노동조합은 2011.7.6. 이 사건 사용자를 상대로 교섭 요구하였음에도 이 사건 사용자가 교섭 요구 노동조합 확정공고 기간인 2011.7.9.부터 2011.7.14.까지의 기간 동안 이 사건 노동조합을 누락하여 위 확정공고기간 중인 2011.7.1. 이 사건 사용자에게 이의신청을 하였으나 수정공고를 하지 아니하였고, 이 사건 노동조합은 2011.7.19. 우리 위원회에 교섭 요구 확정공고 이의신청 사실의 공고에 대한 시정신청을 한 사실이 인정된다.

이 사건 노동조합은 2010.12.30. 노동조합 설립신고서를 관할 행정관청에 제출하였으나 반려되었고 그 후 행정심판을 통하여 복수노조 시행일 이전인 2011.6.21. 행정관청의 반려처분을 취소한다는 재결을 받았으며, 행정심판 재결서는 2011.7.4. 관할 행정관청인 서울 강남지청에 송달되었고 2011.7.5. 이 사건 노동조합에 송달된 바 있다.

따라서 이 사건 노동조합의 설립신고 반려처분을 취소하라는 행정심판 재결에 의하여 행정심판법 제48조 제2항에 따라 위 반려처분은 적법하게 취소되었고, 그에 따라 반려처분은 없었던 것으로 되었다. 그러나 그 취소재결만으로는 행정관청의 설립신고증 교부를 의제하는 효력이 발생하는 것은 아니고, 행정심판법 제49조 제2항에 따라 당해 행정관청은 지체 없이 재처분을 해야 할 의무를 부담하는 데 그친다. 이때 행정관청은 당초 반려처분 사유 이외의 법령상 특별한 사유가 없다면 노동조합 설립신고증을 교부해야 할 의무를 부담한다.

그런데 당해 행정관청은 인정사실 "차"항의 내용으로 노조법 제12조 제2항에 따라 보완요구를 하였고, 이 사건 노동조합이 행정관청의 보완요구에 응하여 2011.7.18. 노동조합 설립신고증을 교부한 것에 대해서는 당사자 사이에 다툼이 없다.

사정이 이러하다면 당해 행정관청의 보완요구가 위법·월권의 처분이었는지는 별론으로 하고, 이 사건 노동조합은 2011.7.18. 적법하게 노동조합 설립신고증을 받았고, 이에 따라 최초 설립신고서가 접수된 때에 설립된 것으로 보지만, 노동조합 설립신고증의 교부라는 조건이 성취되기 이전에는 노조법상 노동조합으로 볼 수는 없다.

따라서 이 사건 노동조합이 2011.7.6. 이 사건 사용자에게 행한 교섭 요구와 2011.7.11. 이 사건 사용자에게 행한 교섭 요구 확정공고 이의신청은 노동조합 설립신고증을 교부받기 이전에 노조법상 노동조합 설립 여부를 확인할 수 없는 상태에서 행한 것이므로 교섭창구 단일화 절차와 관련하여 그 효력이 인정되지 않는다고 할 것이다.

6. 결론

그렇다면, 이 사건 노동조합의 교섭 요구 노동조합 확정공고 이의신청 사실의 공고에 대한 시정신청을 기각하기로 하여 노조법 제29조의2 및 노동위원회법 제15조 제3항에 따라 주문과 같이 결정한다.

2010.7.26.

서울지방노동위원회
심판위원회

위원장 공익위원 장신철
공익위원 박지순
공익위원 박근후

노동부 복수노조 업무 매뉴얼

I. 사업(사업장) 단위 복수노조 제도 개요

1. 의의

□ 2010.1.1. 노동조합 및 노동관계조정법이 개정됨에 따라 2011.7.1.부터 근로자들은 사업(장) 단위에서 2개 이상의 노동조합을 자유롭게 설립하거나 가입할 수 있음.

  ○ 또한 교섭창구 단일화제도를 도입하여 하나의 사업(장)에 하나의 단체협약이 적용되도록 함으로써 복수노조 허용에 따른 중복교섭 등 교섭질서의 혼란, 근로조건의 통일성 훼손과 노동조합 간 과도한 세력다툼 및 분열과 같은 산업현장의 혼란을 방지함.

□ 복수노조 제도의 시행으로 13년간 묵은 최대 노동현안이 해결되는 한편 근로자들의 단결권이 제한 없이 보장되고 1사 1교섭 원칙이 확립됨으로써 우리 노사관계가 원칙을 지키면서 균형과 조화 속에 안정적으로 발전할 수 있는 디딤돌이 마련되었음.

  ○ 이와 함께 ILO와 OECD 등 국제기구로부터 지속적인 개선요구를 받았던 노동현안이 해소됨으로써 국제기준에 부합하는 선진적인 노사관계제도를 갖추게 되었음.

□ 또한 노동조합 간의 건전한 경쟁을 바탕으로 조합원이 중심이 되는 민주적 노조활동이 활성화되고 기업의 경영 투명성과 효율성도 한층 높아지는 등 '경쟁과 책임'의 성숙된 노사 관계로 진일보하는 전기(博機)가 마련되었음.

2. 복수노조제도의 주요 내용

□ 사업(사업장) 단위 복수노조 설립 허용

  ○ 2011.7.1.부터는 사업(사업장) 단위에서 복수노조를 설립할 수 있도록 허용됨으로써 초기업단위 노동조합은 물론 기업단위에서 2개 이상의 노동조합을 자유롭게 설립할 수 있게 되었음.

□ 교섭창구 단일화 제도 도입

  ○ 사업 또는 사업장 내에서 사용자와 교섭하기 위해서는 모든 노동조합은 교섭창구를

단일화하여 교섭대표노동조합을 정해야 함.

　※ 다만, 교섭대표노동조합을 자율적으로 결정하는 기한 내에 사용자가 교섭창구 단
　　일화 절차를 거치지 아니하기로 동의한 경우에는 예외

　○ 교섭창구 단일화 기본단위는 사업 또는 사업장이나, 현격한 근로조건의 차이, 고용
　　형태, 교섭관행 등을 종합적으로 고려하여 노동위원회의 결정으로 동일한 사업장에
　　서 교섭단위를 분리할 수 있음.

□ 합리적 교섭창구 단일화 절차 마련

　○ 교섭창구 단일화는 노사 간 자율결정 원칙을 최대한 보장하면서 단계적으로 진행되
　　도록 함.

　－(자율적 단일화) 노동조합 간 자율적으로 교섭대표노동조합을 정하여 사용자와 교섭

　－(과반수 노동조합) 자율적 단일화가 되지 않는 경우에는 교섭창구 단일화에 참여한
　　노동조합의 전체 조합원 과반수로 조직된 노동조합을 교섭대표노동조합으로 하여
　　사용자와 교섭

　－(공동교섭대표단) 과반수 노동조합이 없는 경우에는 창구 단일화에 참여한 노동조합
　　의 전체 조합원의 10% 이상인 노동조합이 공동교섭대표단을 구성(노동조합이 자율
　　적으로 결정하지 못할 경우에는 노동위원회 에서 결정)하여 사용자와 교섭

□ 공정대표 의무제도 도입

　○ 교섭창구 단일화에 따라 발생할 수 있는 소수 노동조합에 대한 불합리한 차별을 방
　　지하기 위해 공정대표의무 위반에 대해서는 노동위원회를 통해 시정할 수 있도록
　　하였음.

3. 복수노조허용에 따른 법적 문제

(1) 사업 또는 사업장 판단

　○ 교섭창구를 단일화해야 하는 단위는 "사업 또는 사업장"임.

　○ 사업이란 장소적 관념을 기준으로 판단하는 것이 아니라 장소에 관계없이 경영상의
　　일체를 이루면서 유기적으로 운영되는지 여부에 따라 판단하여야 함.

－사업이란 경영상의 일체를 이루는 기업체 그 자체를 의미하는 것이며, 사업장은 장소적으로 분산되어
　있는 사업의 하부조직을 말함.

※ 사업이란 경영상의 일체를 이루는 기업체 그 자체를 말하며, 경영상의 일체를 이루면서 유기적으로
　운영되는 기업조직은 하나의 사업임(대법원 1993.2.9, 91다21381; 대법원 1993.10.12, 93다18365 등).

　○ 하나의 법인체는 하나의 사업에 해당하므로 수 개의 사업장이나 사업부서는 인사·노

무관리에 있어 일정부분 재량권이 위임되어 있다 하더라도 전사적인 방침이나 목표 등에서 제약이 있는 것이 일반적이므로 법인의 일부에 해당함.

o 따라서 경영주체인 법인체는 하나이므로 그 법인 내에 있는 모든 사업장 및 사업부서 전체를 하나의 교섭단위로 봄.

- 다만, 하나의 법인체라 하더라도 각 사업장 또는 사업부문별로 근로 조건의 결정권이 있고, 인사·노무관리, 회계 등이 독립적으로 운영되는 등 독립성이 인정되는 경우에는 예외적으로 개별 사업장 또는 사업 부문을 하나의 교섭단위로 봄.

(2) 두 개 이상의 노동조합 가입(중복가입)

o 노동조합을 조직하거나 가입하는 것은 근로자의 자유의사에 따라 선택할 수 있는 것이므로, 2개 이상의 노동조합에 가입하는 것도 '단결선택의 자유'에 포함된다 할 것임.

- 이러한 취지에서 노조법 시행령에서 동일인이 2개 이상의 노동조합에 가입할 수 있다는 것을 전제로 이중 가입 조합원에 대한 조합원 수 산정방법을 규정(시행령 제14조의7 제6항)

o ILO 단결 선택의 자유 취지상 노조법에서 근로자의 이중 가입을 제한하지는 않으나, 노동조합 스스로 조합원의 이중 가입을 금지·제한하는 것은 가능함.

- 노동조합의 소속 조합원이 다른 노동조합에 가입하는 것은 단결을 저해할 수 있으므로 규약으로 그 조합원을 제명하거나 권리를 제한하는 것은 노동조합의 내부적 통제권에 의한 합리적 규율에 해당하며, 근로자의 단결권 자체를 봉쇄하는 것이 아니기 때문임.

(3) 노동조합의 집단적 탈퇴와 노동조합의 재산분할

o 사업(사업장) 단위에서의 복수노조가 허용됨에 따라 일부 조합원들이 개별 또는 집단적으로 탈퇴하여 다른 노동조합에 가입하거나 새로운 노동조합을 설립하는 사례가 예상됨.

※ 조합원들의 집단적 탈퇴는 노동조합 내부의 의사결정 없이 이루어진다는 점에서 충회 또는 대의원회의 결의에 의한 노동조합의 분할과 구분됨.

o 기존 노동조합에서 개별 또는 집단적으로 탈퇴하더라도 기존 노동조합의 채권·채무나 단체협약은 새로이 가입하거나 설립된 노동조합에 승계되지 않는 것이 원칙

- 따라서 노동조합에서 탈퇴한 조합원은 기존 노동조합의 재산에 대한 일체의 권리를 상실하는 것이므로 재산분할에 관한 합의 등 별도의 법률행위가 존재하지 않는 이상 재산분할을 요구할 수 없는 것이 원칙임.

[집단적 탈퇴 관련 판례]

 법인 아닌 사단의 구성원들이 집단적으로 사단을 탈퇴한 다음 사단으로서의 성립요건을 갖추어 새로운 단체를 형성하는 행위는 사적 자치의 원칙상 당연히 허용되나, 이 경우 신설 사단은 종전 사단과 별개의 주체로서 그 구성원들은 앞서 본 바와 같이 종전 사단을 탈퇴한 때에 그 사단 구성원으로서의 지위와 함께 사단 재산에 대한 권리를 상실한다. 따라서 신설 사단의 구성원들이 종전 사단의 구성원들과 종전 사단 재산에 관하여 합의하는 등 별도의 법률행위가 존재하지 않는 이상, 종전 사단을 집단적으로 탈퇴한 구성원들은 종전 사단 재산에 대한 일체의 권리를 잃게 되고, 이와 마찬가지로 탈퇴자들로 구성된 신설 사단이 종전 사단 재산을 종전 사단과 공유한다거나 신설 사단 구성원들이 그 공유지분권을 준공유한다는 관념 또한 인정될 수 없다(대법원 2006.4.20, 2004다37715 전원합의체 판결).

---

(4) 유일교섭단체 조항의 효력
  ○ 유일교섭단체 조항이란 통상 '사용자는 특정 노동조합이 해당 기업의 근로자를 대표하여 근로조건 등에 관하여 교섭하는 유일한 노동단체임을 인정하고 다른 어떠한 제2의 노동단체도 인정하지 않는다'는 취지의 단체협약 조항을 말함.
  ○ 이러한 조항은 당사자 간의 합의를 통해 다른 노동조합의 단체교섭권을 근본적으로 박탈하는 것으로 헌법 제33조 제1항 및 노조법 제5조에 위배되어 무효임.
  ※ 헌법 제33조 ① 근로자는 근로조건의 향상을 위하여 자주적인 단결권·단체 교섭권 및 단체 행동권을 가진다.
  ※ 노조법 제5조: 근로자는 자유로이 노동조합을 조직하거나 이에 가입할 수 있다. 다만, 공무원과 교원에 대하여는 따로 법률로 정한다.
  ○ 따라서 사용자가 유일교섭단체 조항을 근거로 다른 노동조합과의 교섭을 거부하는 것은 단체교섭 거부의 정당한 사유에 해당하지 않으므로 부당노동행위에 해당

(5) 유니온숍협정의 효력
  ○ 유니온 숍(Union shop)이란 근로자를 채용할 때에 특정 노동조합의 조합원이 될 것을 고용조건으로 하는 단체협약으로 근로자들의 단결을 강제하는 대표적인 수단의 하나임.
  − 이 경우 노동조합은 신규 근로자가 일정한 기간 내에 노동조합에 가입하지 않거나, 노동조합을 자진 탈퇴한 경우 사용자에게 해고할 것을 요구할 수 있고, 사용자는 이에 응할 의무를 부담함.
  ○ 현행 노조법은 유니온숍협정을 체결하기 위해서는 해당 노동조합이 당해 사업(장)에 종사하는 근로자의 2/3 이상을 대표해야 한다고 규정하면서
  − 근로자가 노동조합으로부터 제명된 것뿐만 아니라 복수노조가 허용되는 2011.7.1.부

터는 노동조합을 탈퇴하여 새로 노동조합을 조직하거나 다른 노동조합에 가입한 것을 이유로도 신분상 불이익한 행위를 할 수 없도록 하였음(법 제81조 제2호).

○ 따라서 2011.7.1. 이후에는 유니온숍협정이 있더라도 근로자는 자유롭게 해당 노동조합을 탈퇴하여 새로운 노동조합을 설립하거나 다른 노동조합에 가입할 수 있음.

II. 교섭창구 단일화 절차

1. 개요

○ 하나의 사업 또는 사업장에서 사용자와 교섭하기 위해서는 해당 사업 또는 사업장의 모든 노동조합은 교섭창구 단일화를 거쳐 교섭대표 노동조합을 정하여야 함(법 제29조의2 제1항).

○ 교섭창구 단일화에 관한 규정은 강행규정으로 노동조합과 사용자는 반드시 이에 따라야 하므로

- 사업 또는 사업장의 근로자들이 가입하거나 조직한 모든 노동조합은 노동조합의 '조직형태'와 '조직대상의 중복' 여부에 관계없이 교섭창구 단일화 절차에 참여하여야 함.

○ 교섭창구 단일화는 i) 교섭창구 단일화 절차에 참여하는 노동조합(교섭 요구 노동조합)을 확정하고, ii) 그 노동조합들 중에서 교섭대표노동조합을 정하는 절차를 거치게 됨.

※ 교섭창구 단일화 절차에 참여하는 노동조합은 노조법 시행령 제14조의2부터 제14조의5에 따라 교섭 요구 노동조합으로 확정된 노동조합을 말함.

- 예외적으로 교섭 요구 노동조합이 확정된 후 14일 이내에 사용자의 동의에 의해 개별교섭을 하는 것은 가능

○ 2009.12.31. 현재 1사 다수노조 사업(장)에 대해서는 단일노조 사업(장)과 달리 2012.7.1.부터 교섭창구 단일화제도를 적용함(법 부칙 제6조).

2. 교섭 요구 노동조합의 확정

(1) 교섭 요구

가. 개요

○ 사용자와의 교섭을 원하는 노동조합은 어느 노동조합이든지 노조법 시행령 제14조의2에 따라 단체협약 만료일 이전 3개월이 되는 날부터 사용자에게 명칭, 조합원 수 등을 기재한 서면으로 교섭을 요구할 수 있음(시행령 제14조의2 제1항).

- 해당 사업(장)의 노동조합 중 어느 한 노동조합이 사용자에게 교섭을 요구하면서 교섭창구 단일화 절차가 개시됨.

○ 하나의 사업(장)에 노동조합이 2개 이상 존재하는지 여부는 사용자가 교섭 요구사실

을 공고하고, 공고기간 내에 교섭참가 신청을 하는 노동조합이 없을 때 비로소 확정되는 것이므로
- 해당 사업(장)에 하나의 노동조합만 있다고 판단하더라도 해당 노동조합은 노조법 시행령 제14조의2에 따라 사용자에게 교섭을 요구하고, 사용자는 이를 공고하여야 함.

나. 교섭을 요구할 수 있는 노동조합

① 해당 사업(장)의 근로자가 가입한 노동조합이라면 기업별 노동조합, 산업별·직종별·지역별 노동조합의 지부·분회 등 '조직형태에 관계없이' 교섭을 요구할 수 있음.
- 다만, 초기업단위 노동조합의 경우에는 해당 사업(장) 소속 근로자가 해당 노동조합에 가입한 것이 객관적으로 입증되어야 함.

〈초기업단위 노동조합 가입인정 예시〉

◇ 노동조합이 해당 기업의 조합원 명부를 첨부하는 경우
◇ 근로자가 은행 등 공신력 있는 금융기관을 통하여 조합비를 납부한 경우
◇ 해당 노동조합과 사용자가 체결한 단체협약이 있는 경우
◇ 기타 이에 준하여 객관적으로 노동조합에 가입한 사실이 확인되는 경우

---

② 노동조합 간에 조직대상이 중복되지 않은 경우에도(생산직과 사무직, A공장과 B공장) 모든 노동조합은 교섭을 요구할 수 있으며, 교섭창구 단일화 절차에도 참여하여야 함.
③ 교섭을 요구할 수 있는 노동조합은 노조법상 노동조합을 의미하므로 행정관청으로부터 설립신고증을 교부받은 노동조합 또는 설립신고증을 교부받은 노동조합의 지부·분회이어야 함.
④ 해당 사업(장)의 사용자와 직접적인 사용종속관계에 있지 않은 근로자로 조직된 노동조합은 그 사용자에 대하여 교섭을 요구하거나 교섭창구 단일화 절차에 참여할 수 없음.

다. 교섭 요구 시기

① 의의
○ 교섭창구 단일화 절차의 개시를 위한 교섭의 요구는 노조법 시행령 제14조의2에 따라 '단체협약 만료일 이전 3개월이 되는 날부터 할 수 있음.
※ 하나의 사업(장)에서 교섭단위가 분리될 경우에는 해당 교섭단위별로 교섭창구 단일화 절차가 진행
- 여기서 단체협약이란 임금협약, 단체협약 등 그 명칭을 불문하고 노조법상 단체협약에 해당되는 것은 모두 포함

※ 노조법상 단체협약이란 노동조합과 사용자 또는 사용자단체가 임금, 근로시간 등에 대하여 법적 절차에 따른 단체교섭을 통해 합의한 사항을 서면으로 작성하여 서명 또는 날인한 문서를 말함.

○ 만약, 해당 사업(장)에 2개 이상의 단체협약이 있고 그 유효기간이 다른 경우에는 먼저 도래하는 단체협약의 유효기간 만료일 이전 3개월이 되는 날임.

(예시) 단체협약의 유효기간이 2010.4.1.~2012.3.31.이고, 임금협약 유효기간이 2011.1.1.~2011.12.31.인 경우, 최초 도래하는 임금협약 유효기간 만료일(2011.12.31.) 이전 3개월이 되는 날인 2011.10.1.부터 교섭 요구 가능

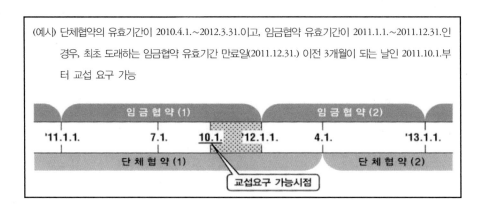

② 교섭을 요구할 수 있는 시기 이전에 교섭을 요구하는 경우

○ 노조법 시행령 제14조의2 제1항에서 교섭 요구 시기를 규정한 취지는 교섭창구 단일화 절차 진행에 필요한 시간을 부여함과 동시에

– 그 기간 이전에 교섭을 요구하는 것은 노조법 제30조의 교섭권한의 남용에 해당하는 것으로 본다는 것임.

○ 따라서 단체협약 유효기간 만료일 3개월 이전에 노동조합이 교섭을 요구하는 경우 사용자는 이를 거부할 수 있음.

라. 교섭 요구 방법

○ 노동조합은 교섭을 요구하는 때에는 반드시 다음의 사항을 기재한 서면으로 하여야 함(시행령 제14조의2 제2항).

※ 기재사항: ⅰ) 노동조합의 명칭, ⅱ) 대표자의 성명, ⅲ) 주된 사무소의 소재지(있는 경우에 한함, ⅳ) 교섭을 요구한 날 현재의 조합원 수

○ 이 경우 조합원 수는 해당 사업 또는 사업장(교섭단위가 분리된 경우 에는 해당 교섭단위)에 소속된 조합원 수만을 의미함.

〈교섭 요구 서면 (예시)〉

○○사 노동조합

문서번호: 노조 제 00 호

시행일자: 2011. 10. 1.

수   신: ○○사 대표이사 ◇◇◇

제   목: 교섭 요구

귀사와 체결한 단체협약의 유효기간 만료일(2011. 12. 31)이 다가옴에 따라 「노동조합 및 노동관계조정법 시행령」 제14조의2에 의거 단체협약 체결을 위한 교섭을 요구합니다.

가. 노동조합의 명칭: ○○사 노동조합

나. 대표자의 성명: 위원장 △△△

다. 주된 사무소의 소재지: ○○도 ○○시 ○○로 00번지 ○○사 노조사무실

라. 2011. 10 . 1. 현재의 조합원 수: 170명. 끝.

○○사 노동조합 위원장 △△△

---

(2) 교섭 요구사실의 공고

  ○ 교섭 요구를 받은 사용자는 교섭 요구를 받은 날로부터 7일간 교섭 요구사실을 해당 사업(장)의 게시판 등에 공고하여야 함(시행령 제4조의3, 시행규칙 제10조의3 제1항).

  ※ 공고 내용: ⅰ) 교섭을 요구한 노동조합의 명칭, ⅱ) 대표자 성명, ⅲ) 교섭 요구 일자, ⅳ) 교섭을 하려는 다른 노동조합이 교섭을 요구할 수 있는 기한

  ○ 사용자가 해당 사업(장)에 노동조합이 1개만 있는 것으로 알고 있더라도 산업별·지역별 노동조합에 가입된 근로자가 있을 수 있으므로 반드시 교섭 요구사실을 공고하여 교섭창구 단일화 절차를 거쳐 교섭 대표노동조합을 결정하도록 해야 함.

  ※ 사용자가 공고를 하지 않은 상태에서 최초로 교섭을 요구한 노동조합과 단체협약을 체결한 경우 노조법 및 시행령에 따른 절차를 거치지 않음으로 인해 해당 협약의 효력이 문제될 수 있으므로 반드시 공고해야 함.

  ○ 공고 장소

  - 해당 사업 또는 사업장 전체를 대상으로 공고해야 하며, 사업(장)의 게시판은 예시한 것이므로 노동조합과 조합원들이 쉽게 그 사실을 알 수 있는 장소와 방법이라면 내부 전산망에 공지하는 것도 가능함.

※ 교섭단위가 분리된 경우에는 해당 교섭단위를 대상으로 공고하면 됨.

○ 공고 기간

- 최초로 노동조합으로부터 교섭을 요구받은 날부터 7일간이며, 초일은 산입하지 않음.

〈사용자의 교섭 요구사실 공고문 (예시)〉

교섭요구 사실의 공고문

2011. 10. 1. ○○사 노동조합으로부터 교섭 요구가 있어 그 사실을 아래와 같이 공고하니 우리 회사와 교섭하려는 노동조합은 공고기간(2011. 10. 1.~10. 8.) 내에 우리회사(참조: 노사협력팀)에 아래 사항을 기재하여 교섭을 요구하시기 바랍니다.

○ 교섭을 요구한 노동조합의 명칭: ○○사 노동조합

○ 그 대표자: 노조위원장 △△△

○ 교섭요구일자: 2011. 10. 1.

○ 다른 노동조합이 교섭을 요구할 수 있는 기간: 2011. 10. 1.~10. 8.

○ 교섭요구시 서면에 기재해야 하는 사항

- 노동조합의 명칭 및 대표자의 성명

- 사무소가 있는 경우 주된 사무소의 소재지

- 교섭을 요구한 날 현재의 조합원 수

2011. 10. 1.

○○사 대표이사 △△△

○ 교섭 요구사실의 시정신청

- 사용자가 노동조합의 교섭 요구를 받았음에도 공고하지 않거나 사실과 다르게 공고한 경우에 해당 노동조합은 노동위원회에 시정을 요청할 수 있으며(시행령 제14조의3 제2항)

※ 사실과 다르게 공고한 경우란 노동조합이 제출한 서류와 달리 노동조합의 명칭, 대표자의 성명 또는 교섭 요구 일자를 잘못 공고한 경우를 말함.

- 독립성이 없는 사업장임에도 불구하고 전체 사업을 대상으로 공고하지 않고 해당 사업장에 대해서만 공고한 경우에도 노동위원회에 시정을 신청할 수 있음.

- 노조법 시행규칙 <별지 제7호의2 서식>의 '교섭 요구사실의 공고에 대한 시정신청서'를 작성하여 노동위원회에 제출

◇ 공고하지 않은 경우: 사용자에게 교섭을 요구한 서면 사본
◇ 해당 노동조합이 신청한 내용과 다르게 공고한 경우: 그 사실을 증명할 수 있는 자료

○ 노동위원회에서의 처리절차
- 노동위원회는 시정 요청을 받은 날부터 10일 이내에 사실관계를 조사한 후 그에 대한 결정을 해야 함.
- 신청인 노동조합이 제출한 자료의 사실 여부를 확인한 후 사실일 경우 사용자에게 공고명령을 하거나 노동위원회가 직접 공고를 하고 사실이 아닐 경우 기각 결정
- 노동위원회 결정이 위법·월권인 경우에 한해 중앙노동위원회에 이의제기 가능
○ 사용자의 자율적인 시정조치
- 교섭 요구사실 공고에 대한 노동위원회의 시정권한은 사용자의 자율적 시정공고를 금지하는 것이 아니므로 노동조합이 사용자에 대해 공고와 관련된 이의를 제기하고 사용자가 이를 수용하여 수정공고를 하는 것은 가능함.

(3) 다른 노동조합의 참가신청
○ 사용자와 교섭하려는 다른 노동조합은 교섭 요구사실에 대한 공고기간 내에 사용자에게 교섭을 요구하여야 함(시행령 제14조의4).
○ 교섭 요구 시기
- 교섭 요구사실에 대한 공고기간(공고일부터 7일간) 내에 하여야 하며, 그 기간에 교섭을 요구하지 않을 경우에는 교섭창구 단일화 절차에 참여할 수 없음.
- 교섭을 요구하는 경우에는 아래의 사항을 기재한 서면으로 함(시행규칙 제10조의2).
※ 기재사항: ⅰ) 노동조합의 명칭과 대표자의 성명, ⅱ) 사무소가 있는 경우에는 주된 사무소의 소재지, ⅲ) 교섭을 요구한 날 현재의 조합원 수

(4) 교섭 요구 노동조합의 확정공고 및 통지
○ 사용자는 교섭 요구사실에 대한 공고기간(7일)이 끝난 후에 공고기간 동안 참가신청을 한 교섭 요구 노동조합 등을 확정하여 해당 노동조합에 통지하고
※ 공고대상인 노동조합은 시행령 제14조의2 및 제14조의4에 따라 교섭을 요구한 노동조합 전체임.
- 교섭 요구사실에 대한 공고기간이 끝난 다음 날부터 5일간 공고하여야 함(시행령 제14조의5 제1항).
○ 공고내용(시행규칙 제10조의4 제1항)

- ⅰ) 교섭 요구 노동조합의 명칭과 대표자 성명, ⅱ) 각각 교섭을 요구한 일자, ⅲ) 교섭을 요구한 날 현재의 조합원의 수, ⅳ) 공고 내용이 노동조합이 제출한 내용과 다르게 공고되거나 공고되지 아니한 경우에는 공고기간 중에 사용자에게 이의를 신청할 수 있다는 사실

교섭요구 노동조합의 확정 공고문

「노동조합 및 노동관계조정법 시행령」 제14조의5 제1항의 규정에 따라 2011. 10. 1.~10.8. 교섭요구 사실에 대한 공고기간 중 우리 회사에 교섭을 요구한 노동조합에 대하여 아래와 같이 공고합니다.

－아 래－

○ 공고기간: 2011. 10. 9.~2011. 10. 14.

○ 교섭 요구 노동조합

교섭 요구 노동조합의 명칭	○○사 노동조합	○○노조 ○○사 지회	○○지역노조 ○○사 지부
교섭요구 노동조합 대표자	△△△	○○○	◇◇◇
교섭을 요구한 일자	2011. 10. 1.	2011. 10. 6.	2011. 10. 7.
조합원수(교섭요구일 현재)	170명	80명	50명

○ 공고내용이 노동조합이 제출한 내용과 다르게 공고되거나 공고되지 않은 경우에는 공고기간 중에 회사(참조: 노사협력팀)로 이의를 신청하여 주시기 바랍니다.

2011. 10. 9.

○○사 대표이사◇◇

---

(5) 교섭 요구 노동조합 확정 공고에 대한 이의제기

가. 사용자에 대한 이의신청

○ 교섭을 요구한 노동조합은 교섭 요구 노동조합 확정공고 내용이 '자신이 제출한 내용'과 다르게 공고되거나 공고되지 않은 것으로 판단한 경우에는 그 '공고기간(5일) 중'에 사용자에게 이의를 신청할 수 있음(시행령 제14조의5 제2항).

- 이의 신청은 자신이 제출한 내용과 관련된 경우에만 허용되므로 다른 노동조합과 관련된 공고 내용에 대한 이의 제기는 할 수 없음.

※ 초기업단위 노동조합 해당 사업(장) 근로자의 가입 여부에 대한 다툼으로 공고하지 않은 경우에는 노동위원회가 실제로 가입 여부를 확인하여 결정해야 함.

나. 사용자의 수정공고
　○ 사용자는 노동조합의 이의신청에 대해 그 내용이 타당하다고 인정하는 경우에는 확정공고일이 끝난 날로부터 5일간 시정 신청한 내용대로 공고하고, 이의를 제기한 노동조합에 그 사실을 통지하여야 함(시행령 제14조의5 제3항).
다. 노동위원회에 의한 시정조치
　○ 사용자에 대한 이의신청에도 불구하고 사용자가 그에 따른 조치를 하지 않을 경우에는 해당 노동조합은 노동위원회에 시정을 요청할 수 있음(시행령 제14조의5 제4항).
　○ 시정신청 기간
　－ 사용자가 수정공고를 하지 않은 경우. 확정공고기간이 끝난 다음 날부터 5일 이내
　－ 사용자가 해당 노동조합이 신청한 내용과 다르게 수정공고를 한 경우: 그 공고기간이 끝난 날부터 5일 이내
　○ 노동조합은 노조법 시행규칙 <별지 제7호의3 서식>의 '교섭 요구 노동조합 확정공고 이의신청 사실의 공고에 대한 시정신청서'를 작성하여 노동위원회에 제출
　○ 노동위원회에 제출 시 첨부자료
　－ i) 사용자에게 이의를 신청한 서류 사본, ii) 사용자가 해당 노동조합이 신청한 내용과 다르게 공고하였다는 사실을 증명할 수 있는 자료
　※ (예시) 사용자에게 교섭을 요구한 서류 사본, 사용자에게 이의를 신청한 서류 사본 및 사용자의 공고문 사본 또는 사진 등.
　○ 노동위원회는 시정 요청을 받은 날부터 10일 이내에 신청인 노동조합이 제출한 자료와 사실관계를 조사·확인한 후 교섭 요구 노동조합에 대한 확정 결정을 하여야 함.
라. 노동위원회의 시정결정에 대한 불복
① 불복 절차
　○ 노동위원회의 교섭 요구 노동조합의 확정 결정에 대한 불복 절차는 중재재정의 불복 절차에 관한 규정(법 제69조)을 준용함(법 제29조의2 제7항).
　－ 따라서 노동위원회 결정이 위법·월권인 경우에 한해 중앙노동위원회에 이의제기를 할 수 있음.

[위법·월권 관련 판례]

중재재정은 그 절차가 위법하거나 그 내용이 근로기준법 위반 등으로 위법한 경우 또는 당사자 사이에 분쟁의 대상이 되어 있지 않은 사항이나 정당한 이유 없이 당사자의 분쟁범위를 벗어나는 부분에 대하여 월권으로 중재재정을 한 경우와 같이 위법이거나 월권에 의한 것임을 이유로 하는 때에 한하여 불복할 수 있고, 중재재정이 단순히 노사 어느 일방에게 불리한 내용이라는 사실만으로는 불복이 허용되지 않는다(대법원 2009.8.20, 2008두8024; 대법원 2007.4.26, 2005두12992 등).

○ 당사자는 지방노동위원회의 결정이 위법이거나 월권에 의한 것이라고 인정하는 경우

- 그 결정서를 송달받은 날부터 10일 이내에 중앙노동위원회에 재심을 신청할 수 있음.

○ 중앙노동위원회의 재심결정에 대해 그 결정이 위법이거나 월권에 의한 것이라고 인정하는 경우

- 재심결정에 불복하려는 당사자는 그 결정서를 송달받은 날부터 15일 이내에 행정소송을 제기할 수 있음.

② 불복 신청에 따른 효력

○ 교섭 요구 노동조합의 확정에 대한 지방노동위원회의 결정이나 중앙노동 위원회의 재심결정은 그에 대한 불복에도 불구하고 중앙노동위원회의 재심 절차 또는 행정소송에서 취소되지 않는 한 효력이 인정됨(법 제29조의2 제7항, 제70조 제2항).

○ 따라서 노동위원회의 결정이 법원의 확정 판결에 의하여 취소되기 전까지는 노동위원회가 결정한 교섭 요구 노동조합을 대상으로 노동조합 결정 절차를 진행하여야 함.

(6) 교섭 요구 노동조합의 확정

○ 교섭 요구 노동조합으로 확정되는 노동조합

- 사용자의 교섭 요구 노동조합 확정공고에 대해 그 공고기간 중 이의가 없을 때에는 공고된 노동조합

- 노동조합의 이의제기에 의한 사용자의 수정공고에 대해 5일간 이의가 없을 때에는 그 공고된 노동조합

- 노동조합의 시정요청에 의해 노동위원회에서 결정한 때에는 노동위원회가 결정한 노동조합

○ 교섭 요구 노동조합 확정에 따른 효과

- 교섭 요구 노동조합으로 확정된 노동조합만이 교섭대표 노동조합 결정 절차에 참여할 수 있음(법 제29조의2, 시행령 제14조의6 등).

- 교섭대표 노동조합이 사용자와 교섭하여 체결한 단체협약은 교섭창구 단일화 절차에 참여한 노동조합7, 즉 확정된 교섭 요구 노동조합 전체에 대하여 적용됨(법 제29조 제2항).

- 쟁의행위를 하기 위해서는 확정된 교섭 요구 노동조합 전체 조합원 과반수의 찬성이 있어야 함(법 제41조 제1항).

- 교섭 요구 노동조합으로 확정된 노동조합만이 교섭대표노동조합의 공정대표의무 위반 시정신청을 할 수 있음(법 제29조의4).

○ 교섭창구 단일화 절차에 참여하지 않은 노동조합의 법적 지위

- 확정된 교섭 요구 노동조합이 아닌 노동조합이 사용자와 교섭하여 단체협약을 체결하는 것은 허용되지 않으며

- 노동위원회에 조정신청을 할 수 없으며, 쟁의행위를 할 경우에는 그 정당성이 인정될 수 없음.

3. 교섭대표 노동조합의 결정

(1) 개요

○ 확정된 교섭 요구 노동조합이 1개인 경우에는 그 노동조합이 교섭대표노동조합이며, 사용자와 교섭하여 단체협약을 체결할 수 있음.

○ 확정된 교섭 요구 노동조합이 2개 이상인 경우에는 원칙적으로 조직 대상의 중복 조직형태에 관계없이 교섭대표 노동조합을 결정하여 사용자와 교섭해야 함(1사 1교섭 원칙).

- 다만, 예외적으로 일정한 기한 내에 사용자가 동의하는 경우에는 노동조합과 개별교섭이 가능함.

○ 교섭대표노동조합은 ① 노동조합 간 자율적 단일화, ② 과반수 노동조합으로 교섭대표 노동조합 결정, ③ 공동교섭대표단(자율→노동위원회 결정)의 3단계 방식으로 결정됨.

(2) 사용자의 동의에 의한 교섭

① 개별교섭 동의 기한과 방법

○ 개별교섭을 하기 위해서는 교섭 요구 노동조합이 확정된 때부터 14일 이내에 사용자가 개별교섭에 대한 동의를 하여야 함(법 제29조의2 제1항·제2항, 시행령 제14조의6 제1항).

- 해당기간 내에 사용자의 동의가 없거나, 자율적으로 단일화가 이루어지지 않으면 과반수 노동조합이 교섭대표권을 갖게 되는 단계로 전환됨.

○ 개별교섭 동의기한의 의미

- 개별교섭 동의는 1사 1교섭 원칙의 교섭창구 단일화 원칙에 대한 예외로 인정되는 것이므로 노조법 제29조의2 제1항 단서에 따른 개별교섭 동의 기한은 강행규정에 해당하여 교섭 요구 노동조합이 확정된 경우에만 사용자의 개별교섭 동의가 허용됨.

- 노조법 제29조의2 제1항의 '기한 내'의 의미는 시행령 제14조의5에 따라 교섭 요구 노동조합이 '확정 또는 결정된 날로부터 14일이 되는 날까지'를 의미함.

○ 따라서 해당 기한(교섭 요구 노동조합이 확정된 날부터 14일간) 외에 노사가 교섭창구 단일화를 하지 않고 개별교섭하기로 합의하였다 하더라도 이는 강행규정을 위반한 것으로 효력이 없음.

○ 개별교섭 동의 방법

- 어느 한 노동조합의 개별교섭 요구에 사용자가 동의함으로써 성립되며, 그 동의는

반드시 서면으로 하여야 하는 것은 아니지만, 향후에 발생할 수 있는 분쟁을 방지하기 위하여 서면으로 작성하는 것이 바람직함.

② 개별교섭 동의의 효과

  ○ 동의에 따른 효과

  − 사용자가 개별교섭에 동의한 경우에는 확정된 교섭 요구 노동조합은 각각 사용자와 교섭하여 단체협약을 체결할 수 있음.

  − 이 경우 개별교섭 동의에 의해 사용자가 교섭의무를 부담하는 노동조합은 '확정된 교섭 요구 노동조합'이므로 교섭 요구 노동조합 확정 이후 신설된 노동조합이나 교섭창구 단일화 절차에 참여하지 않은 기존 노동조합에 대한 사용자의 교섭의무는 없음.

  ○ 동의의 효력기간

  − 동의의 효력은 그에 따라 체결된 단체협약의 유효기간 만료일까지만 유효하고 그 동의 후 신설된 노동조합 등 확정된 교섭 요구 노동조합이 아닌 경우에는 먼저 도래하는 단체협약의 유효기간 만료일 이전 3개월이 되는 날부터 교섭을 요구할 수 있음.

(3) 자율적 교섭대표 노동조합의 결정

① 결정방식

  ○ 교섭 요구 노동조합이 확정된 후 노동조합은 교섭 요구 노동조합이 확정 또는 결정된 날로부터 14일 이내에 자율적으로 교섭대표 노동조합을 정할 수 있음(법 제29조의2 제2항, 시행령 제14조의6 제1항).

  ○ 노동조합 간 자율적 단일화의 방식에 대해서는 특별한 절차나 제한이 없으므로 참여 노동조합들의 합치된 의사가 반영되는 형태라면 자유롭게 정할 수 있음.

② 교섭대표 노동조합의 확정

  ○ 노동조합 간에 자율적으로 교섭대표 노동조합을 정하기로 합의할 경우 모든 노동조합은 교섭대표 노동조합의 대표자, 교섭위원 등을 연명으로 서명 또는 날인하여 사용자에게 통지함으로써 교섭대표 노동조합으로 확정됨.

  − 이 경우 서명 또는 날인은 교섭창구 단일화 절차에 참여하는 모든 노동조합이 해야 함.

  ○ 교섭대표 노동조합의 의사결정방식 등 교섭대표 노동조합으로서의 역할 수행에 필요한 주요 사항에 대해서도 서면으로 작성하여 서명 또는 날인하는 것도 필요

③자율적 교섭대표 노동조합 결정 후 일부 노동조합이 그 이후의 절차에 참여하지 않을 경우의 효력(시행령 제14조의6 제2항)

  ○ 자율적 교섭대표 노동조합 결정 이후 교섭을 시작하기 전 또는 진행 중 일부 노동조합의 탈퇴 또는 불참은 노동조합 간의 합의를 위반하는 것이므로 교섭대표 노동조합의 지위는 그대로 유지됨.

○ 또한 일부 노동조합이 교섭대표 노동조합 결정 이후의 절차에 참여하지 않더라도 교섭대표 노동조합이 체결한 단체협약이 그대로 적용되고, 쟁의행위 찬반투표를 하는 경우 그 대상에 포함되어야 하며, 불참 노동조합은 독자적으로 쟁의행위를 할 수 없음.

(4) 과반수 노동조합
① 과반수 노동조합의 개념
○ 교섭창구 단일화 절차에 참여한 노동조합 전체 조합원의 과반수를 차지하는 노동조합을 의미(시행령 제14조의7 제1항)
※ 해당 사업(장) 전체 근로자의 과반수로 조직된 노동조합을 의미하는 것이 아님.
− 조합원 수는 교섭 요구 노동조합의 확정공고일을 기준으로 산정(시행령 제14조의7 제5항)
○ 위임·연합에 의한 과반수 노동조합(법 제29조의2 제3항, 시행령 제14조의7 제1항)
− 과반수 노동조합이 없더라도 2개 이상의 노동조합이 위임 또는 연합 등의 방법으로 전체 조합원의 과반수가 되는 경우에도 과반수 노동조합으로 인정
※ 위임이란 노조법 제29조 제3항에 따라 교섭대표권을 획득하기 위하여 특정 노동조합에 교섭권을 위임하는 것을 의미
※ '연합'이란 2개 이상의 노동조합이 교섭대표권 획득을 위해 하나의 노동조합인 것으로 의제하기 위한 노동조합 간의 계약을 의미
− 위임의 경우 교섭대표 노동조합의 대표자는 위임받은 노동조합의 대표자가 되는 것이 일반적이나, 연합의 경우에는 노동조합 간 협의하여 결정하는 것이 일반적이라는 점에서 차이가 있음.
− 위임·연합을 통해 과반수 노동조합으로 인정되어 교섭대표 노동조합이 된 이후에 위임·연합의 의사를 철회하더라도 교섭대표 노동조합으로서의 지위가 유지됨.
② 과반수 노동조합의 통지
○ 과반수 노동조합이라고 주장하는 노동조합은 사용자에게 자신이 전체 조합원의 반수 이상을 차지하는 과반수 노동조합으로서 교섭대표 노동조합이라는 사실을 통지해야 함(시행령 제14조의7 제1항).
○ 사용자에게 통지할 수 있는 기한 및 내용
− 자율적 단일화 결정 기한이 만료되는 날부터 5일 이내에 과반수 노동조합은 노동조합의 명칭, 대표자, 과반수 노동조합이라는 사실을 통지(시행령 제14조의7 제1항)
− 위임 또는 연합의 방법에 의한 과반수 노동조합의 경우에는 위임 또는 연합에 참여하는 노동조합의 명칭, 대표자 등을 포함하여 통지
③ 사용자의 공고 및 교섭대표 노동조합 확정

○ 사용자는 과반수 노동조합임을 통지받은 때에는 그 통지를 받은 날부터 5일간 그 내용을 공고하여 다른 노동조합과 근로자가 알 수 있도록 하여야 함(시행령 제14조의7 제2항).

○ 공고기간 중 공고 내용에 이의가 없을 때에는 공고된 노동조합이 교섭대표 노동조합으로 확정됨.

- 교섭대표 노동조합으로 확정된 후 조합원 수가 감소하여 과반수가 되지 않더라도 교섭대표 노동조합의 지위 유지기간 동안에는 그 지위를 유지함.

[과반수 노동조합에 대한 공고문 (예시)]

과반수 노동조합에 대한 공고문

2011. 10. 15. ○○노동조합이 과반수 노동조합임을 통지하는 바 「노동조합 및 노동관계조정법 시행령」 제14조의7 제2항에 따라 그 사실을 아래와 같이 공고합니다.

○ 과반수 노동조합: ○○ 노동조합

○ 대표자: 노도위원장 △△△

○ 확정된 교섭요구 노동조합의 전체 조합원 수: 300명

○ ○○노동조합의 조합원 수: 170명

○ 공고기간: 2011. 10. 15.~2011. 10. 20.

이 공고에 대하여 이의가 있는 노동조합은 공고기간(2011. 10. 15.~10. 20.)내에 노동위원회에 이의를 신청할 수 있으며, 같은 기간 내에 이의를 신청하는 노동조합이 없는 경우에는 관련법에 의거 ○○사 노동조합이 과반수 노동조합으로서 교섭대표 노동조합으로 확정됨을 알려드립니다.

2011. 10. 15.

○○사 대표이사 ◇◇◇

---

④ 노동위원회에 의한 교섭대표 노동조합 결정

○ 과반수 노동조합의 공고에 대해 이의가 있는 노동조합은 그 공고기간 중에 노동위원회에 이의를 신청할 수 있으며

- 노동위원회는 조합원 수를 확정하여 과반수 노동조합을 교섭대표 노동조합으로 결정(시행령 제14조의7 제3항)

- 과반수 노동조합에 대한 이견이 있다는 이유 등으로 사용자가 공고 자체를 하지 않

는 경우에도 노동조합은 노동위원회에 이의 신청이 가능

※ 그러나 사용자가 교섭을 거부·해태할 목적으로 과반수 노동조합에 대한 공고를 하지 않은 경우에는 부당노동행위에 해당될 수 있음.

○ 신청 절차

- 공고에 이의가 있는 노동조합은 노조법 시행규칙 <별지 제7호의4 서식>의 '과반수 노동조합에 대한 이의신청서'에 과반수 노동조합에 대한 이의신청 내용을 증명할 수 있는 자료를 첨부하여 관할 노동위원회에 이의를 신청하여야 함(시행규칙 제10조의5 제1항).

○ 처리기간(시행령 제14조의7 제8항)

- 노동위원회는 이의신청을 받은 날부터 10일 이내에 과반수 여부를 확인하여 과반수 노동조합이 있는 경우 그 노동조합을 교섭대표 노동조합으로 결정하여 노동조합과 사용자에게 통지

- 조합원 수가 많거나, 소속 노동조합을 확인하기 어려운 경우 등의 사정으로 그 기간 내에 조합원 수를 확인하기 어려운 경우에는 1회에 한하여 10일의 범위에서 그 기간을 연장할 수 있음.

○ 처리 절차 및 요령

- 노동위원회는 이의신청을 받은 경우 다른 노동조합과 사용자에게 그 사실을 통지하고, 조합원 명부 등 서류를 제출하게 하거나 출석하게 하는 등의 방법으로 조합원 수에 대하여 조사·확인해야 함(시행령 제14조의7 제4항).

- 노동조합 또는 사용자가 서류제출 요구 등 필요한 조사에 따르지 않은 경우에 고용노동부령으로 정하는 인정기준에 따라 조합원 수를 계산하여 각 노동조합별 조합원 수를 확인(시행령 제14조의7 제7항)

[노동위원회의 제출요구 서류(시행규칙 제10조의5 제2항)]

노동조합	사용자
· 조합원 명부(조합원 서명 또는 날인이 있는 것으로 한정) 또는 노동조합 가입원서 · 조합비 납부 증명서 · 노동조합 규약 사본 · 단체협약이 있는 경우 단체협약 사본 · 그 밖에 해당 노동조합의 조합원임을 증명할 수 있는 서류	· 근로자 명부 · 조합비를 임금에서 공제하는 경우에 공제대상 근로자 명단과 해당 노동조합의 명칭 · 단체협약이 있는 경우 단체협약 사본 · 그 밖에 해당 교섭단위에 소속된 근로자임을 증명할 수 있는 서류

※ 사용자가 제출하는 근로자명부에는 근로자의 보직, 담당업무 등을 기재

○ 조합원 수 산정방법

- 교섭 요구 노동조합의 확정공고일을 기준으로 조합원 수 산정(시행령 제14조의7 제5항)

- 2개 이상의 노동조합에 가입한 조합원에 대한 조합원 수 산정방법(시행령 제14조의7 제6항)

  ▲ 조합비를 납부하는 노동조합이 1개인 경우: 그 노동조합의 조합원 수에 숫자 1을 가산

  ▲ 조합비를 납부하는 노동조합이 2개 이상인 경우: 숫자 1을 조합비를 납부하는 노동조합의 수로 나눈 후에 산출된 숫자를 그 조합비를 납부하는 노동조합의 조합원 수에 각각 가산

  ▲ 조합비를 납부하는 노동조합이 없는 경우: 숫자 1을 조합원이 가입한 노동조합의 수로 나눈 후에 그 산출된 숫자를 그 가입한 노동조합의 조합원 수에 각각 가산

○ 노동위원회의 서류 제출 요구 등 조사에 따르지 아니한 경우의 처리 기준(시행규칙 제10조의6)

- 노동위원회는 제출된 서류 등 처리기한 내 조사된 결과를 토대로 교섭대표 노동조합을 결정할 수 있으며, 다만 노동위원회가 다른 자료를 통하여 조합원 수를 판단할 수 있는 경우에는 그에 따라 직권으로 결정을 할 수 있음.

- 이의를 신청한 노동조합은 서류 제출 등 필요한 조사에 따르고 그 노동조합 외에 다른 노동조합은 서류 제출 등 필요한 조사에 따르지 아니한 경우에는 제출된 자료를 기준으로 조합원 수를 계산하여 확인

- 이의를 신청한 노동조합이 서류 제출 요구 등 필요한 조사에 따르지 아니한 경우에는 시행령 제14조의7 제1항에 따라 과반수 노동조합임을 통보한 노동조합을 교섭대표 노동조합으로 결정

⑤ 노동위원회 결정에 대한 불복

○ 노동위원회의 과반수 노동조합에 관한 결정에 대한 불복 절차 및 효력은 중재재정 불복 절차(법 제69조) 및 효력(법 제70조 제2항)을 준용

※ 자세한 내용은 노동위원회의 교섭 요구 노동조합 확정 결정에 대한 불복 절차 및 효력 부분 참조

(5) 공동교섭대표단

① 개요

○ 과반수 노동조합이 없는 경우에는 확정된 교섭 요구 노동조합은 공동 교섭대표단을 구성하여 사용자에게 교섭을 요구하여야 합(법 제29조의2 제4항).

- 공동교섭대표단은 먼저 노동조합 간 자율적으로 구성하고, 합의가 되지 않을 경우 노동위원회 결정에 따라 구성(법 제29조의2 제4항·제5항)

○ 공동교섭대표단에 참여할 수 있는 노동조합은 조합원 수가 교섭창구 단일화 절차에 참여한 노동조합 전체 조합원의 10% 이상인 노동조합으로 제한(법 제29조의2 제4항 후단)

— 조합원 수가 전체 조합원의 10% 미만 노동조합 및 그 조합원이라 하더라도 공동교섭대표단이 사용자와 체결한 단체협약은 적용되며, 쟁의행위 찬반투표 대상 인원에도 포함됨.

② 자율적인 공동 교섭단 구성

○ 확정된 교섭 요구 노동조합에 소속되어 있는 전체 조합원의 10% 이상을 조합원으로 확보하고 있는 노동조합은 자율적인 공동교섭대표단 구성에 참여할 수 있음.

— 자율적인 공동교섭대표단의 결정 방식에 대한 제한은 없으므로 참여 노동조합들의 합치된 의사가 반영되는 형태라면 자유롭게 공동교섭대표단을 정할 수 있음.

○ 교섭대표 노동조합의 확정과 통지

— 공동교섭대표단에 참여할 수 있는 모든 노동조합 간에 자율적으로 공동교섭대표단을 구성하기로 결정한 경우에는 공동교섭대표단의 대표자, 교섭위원 등을 정하여 연명으로 서명 또는 날인한 후 사용자에게 통지함으로써 교섭대표 노동조합으로 확정

※ 서명 또는 날인은 공동교섭대표단에 참여할 수 있는 모든 노동조합이 해야 효력이 있음.

— 사용자에 대한 통지는 과반수 노동조합에 대한 통지·공고가 없는 경우에는 자율적 단일화 결정 기한으로부터 10일 이내, 노동위원회가 과반수 노동조합이 없음을 결정한 때에는 그날부터 5일 이내에 하여야 함(시행령 제14조의8 제1항).

○ 자율적 공동교섭대표단 통지 후 일부 노동조합이 그 이후의 절차에 참여하지 않을 경우의 효력(시행령 제14조의8 제2항)

— 자율적 공동교섭대표단 통지 후 교섭을 시작하기 전 또는 진행 중에 일부 노동조합이 탈퇴하거나 참여하지 않더라도 교섭대표 노동조합의 지위는 그대로 유지됨.

— 일부 노동조합의 불참으로 대표자, 교섭위원 등을 변경할 필요가 있는 경우에는 이를 변경하여 남은 노동조합이 변경사실을 연명으로 서명 또는 날인하여 사용자에게 통지할 수 있음.

— 또한 교섭대표 노동조합이 체결한 단체협약은 교섭대표 노동조합 결정 이후의 절차에 참여하지 않은 노동조합에 대해서도 적용되며, 쟁의행위 찬반투표 대상 인원에도 포함하여야 함.

③ 노동위원회에 의한 공동교섭대표단 결정

○ 노동조합 간 자율적으로. 공동교섭대표단을 결정하지 못할 경우에는 해당 노동조합의 신청에 의해 노동위원회가 조합원 비율을 고려하여 공동교섭대표단을 결정(법 제29조의2 제5항, 시행령 제14조의9)

- 공동교섭대표단에 참여할 수 있는 노동조합(전체 조합원 10% 이상 노동조합)에 해당하는지 여부에 대해 다툼이 있는 경우에도 노동 위원회에 신청을 하여 공동교섭대표단을 결정

○ 노동위원회에 신청할 수 있는 노동조합은 공동교섭대표단 구성에 참여할 수 있는 노동조합(조합원 수가 전체 조합원의 10% 이상인 노동조합)임

○ 노동위원회의 결정

- 노동위원회는 노동조합이 제출한 교섭 요구 노동조합 확정공고일 현재의 조합원 수를 기준으로 하여 신청일부터 10일 이내에 공동교섭대표단에 참여하는 인원수를 결정하고 노동조합과 사용자에게 통지(시행령 제14조의9 제2항 · 제3항)

※ 10일 내에 결정하기 어려운 경우에는 1회에 한하여 기간 연장 가능

- 노동조합별 공동교섭대표단에 참여하는 인원수는 총 10명 이내에서 각 노동조합의 조합원 비율을 고려하여 결정(시행령 제14조의9 제2항)

- 노동위원회는 공동교섭대표단 구성에 참여할 수 있는 노동조합의 수, 전체 조합원 규모 등을 고려하여 노동조합별 공동교섭대표단에 참여하는 인원수를 정해야 함.

○ 조합원 수 확인 기준일, 2개 이상의 노동조합에 가입한 조합원에 대한 조합원 수 산정방법, 서류 제출하지 않은 경우의 처리 방법 등은 과반수 노동조합 결정에 대한 규정을 준용(시행령 제14조의9 제3항)

○ 교섭위원 및 대표자의 결정

- 공동교섭대표단에 참여하는 노동조합은 노동위원회가 결정한 인원수에 해당하는 교섭위원을 선정하여 사용자에게 통지해야 함(시행령 제14조의9 제4항).

- 공동교섭대표단의 대표자는 공동교섭대표단 참여 노동조합이 합의하여 정하되, 합의가 안 될 경우 조합원 수가 가장 많은 노동조합의 대표자를 그 대표자로 함(시행령 제14조의9 제5항).

※ 사후 분쟁을 방지하기 위하여 공동교섭대표단의 대표자는 각 노동조합이 선정하여 사용자에게 통보한 교섭위원 명단 전체를 포함한 명단과 대표자를 사용자에게 통지하는 것이 바람직함.

④ 노동위원회 결정에 대한 불복

○ 노동위원회 결정에 대한 불복 절차 및 효력에 대해서는 중재재정의 불복 절차(제69조) 및 효력에 관한 규정(제70조 제2항)을 준용

※ 자세한 내용은 노동위원회의 교섭 요구 노동조합 확정 결정에 대한 불복 및 효력 부분 참조

4. 복수노조 유형별 교섭대표 노동조합 결정 및 교섭방식

(1) 원칙

- 기업별 노동조합은 교섭창구 단일화 절차를 거쳐 교섭대표 노동조합으로 결정 또는 확정된 경우에는 사용자와 단체협약 체결을 위한 교섭을 할 수 있음.
- 산업별 노동조합 등 초기업단위 노동조합의 지부·분회도 사용자와 교섭하기 위해서는 기업별 노동조합과 동일하게 교섭창구 단일화 절차를 거쳐 교섭대표 노동조합으로 결정 또는 확정되어야 함.
- 따라서 교섭대표 노동조합으로 결정 또는 확정되지 못한 초기업단위 노동조합의 지부·지회나 기업별 노동조합은 사용자와 교섭할 수 없으며
- 초기업단위 노동조합의 집단교섭 등의 요구에 대해 사용자가 이를 거부 하더라도 부당노동행위에 해당하지 않음.
- 초기업단위 노동조합은 사용자와 집단적으로 교섭하기 위해서는 개별사업(장)에서 해당 노동조합의 지부·지회가 교섭대표 노동조합으로 결정되거나 사용자가 개별교섭 동의한 사업장을 대상으로 해야 함.

(2) 사례별 교섭대표 노동조합 결정 및 교섭방식

① 2개의 기업별 노동조합이 있는 경우

- 우선, A노동조합과 B노동조합이 자율적으로 교섭대표 노동조합을 합의하여 결정
- 자율적 단일화가 이루어지지 않을 경우 전체 조합원 500명 중 A노동조합이 과반수를 차지하므로 A노동조합이 교섭대표 노동조합으로 결정됨.

② 기업별 노동조합 조직 사업(장)에 산업별·지역별 노동조합 지부가 있어 3개 노동조합이 공존하는 경우

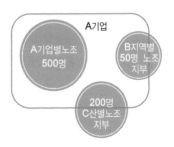

- 우선, A기업별 노동조합, B지역별 노동조합 지부, C산업별 노동조합 지부 간 자율적으로 교섭대표 노동조합을 결정
- 자율적 단일화가 이루어지지 않을 경우 전체 조합원 750명 중 A기업별 노동조합이 과반수(500명/750명)를 차지하므로 A기업별 노동조합이 교섭대표 노동조합으로 결정됨.

③ 1개의 산별 노동조합과 2개의 기업별 노동조합이 공존하는 경우

○ 우선, 3개의 노동조합 간 합의에 의해 자율적으로 교섭대표 노동조합을 결정

○ 자율적 단일화가 이루어지지 않을 경우 전체 조합원 수 1,050명 중 과반수를 차지하는 노동조합이 없으므로 연합이나 위임에 의해 과반수를 차지하는 경우 그 연합체가 과반수 노동조합으로서 교섭대표 노동조합의 지위를 획득

※ A기업별 노동조합과 C기업별 노동조합이 연합하는 경우 과반수 노동조합(550명/1,050명)으로 그 연합체가 교섭대표 노동조합의 지위를 획득

○ 과반수 노동조합에 의한 교섭대표 노동조합이 결정되지 않을 경우 공동교섭대표단 구성을 통한 교섭대표 노동조합 결정단계로 이행

(3) 산업별 교섭의 절차와 방식

○ A산별 노동조합은 기존 80개 기업별 지부에서 획득한 교섭대표권과 신규로 획득한 25개 교섭대표권 등 모두 105개의 교섭대표권을 통해 해당 기업 사용자와 교섭하여 단체협약을 체결하는 것이 가능함.

－ 또한 교섭대표권을 획득한 기업의 사용자에 대해 사용자 단체를 구성토록 하여 통일교섭을 요구하는 것도 가능

○ 그러나 교섭대표권을 획득하지 못한 20개 사업(장)의 사용자에 대해서는 단체협약 체결을 위한 교섭을 요구할 수 없음.

5. 09.12.31. 현재 1사 다수노조 사업장의 교섭창구 단일화제도 적용

(1) 내용

○ 2009.12.31. 현재 1다 다수노조 사업(장)에 대해서는 노조법 부칙 제6조에 의거 2011.7.1.부터 근로자의 노동조합 설립·가입의 자유는 보장하되

－ 교섭창구 단일화 관련 규정은 2012.7.1.부터 적용되므로 2012.6.30.까지 사용자는 개별노동조합과 각각 교섭하여야 함.

○ 따라서 이 경우에는 2012.7.1. 이후 최초로 도래하는 단체협약의 유효 기간 만료일 이전 3개월이 되는 날부터 노동조합이 교섭을 요구함으로써 교섭창구 단일화 절차가 진행되며

－ 2011.7.1. 이후 2012.6.30.까지는 기존 노동조합은 종전과 동일하게 교섭창구 단일화를 거치지 않고 사용자와 개별적으로 단체협약 체결을 위한 교섭을 할 수 있음.

(2) 1사 다수노조 사업(장)의 개념

　　ㅇ 조직형태와 조직대상의 중복 여부에 관계없이 하나의 사업 또는 사업장의 근로자가
　　　 가입하거나 설립한 노동조합이 2개 이상 있는 경우를 말함.

　　ㅇ 이 경우 노동조합이란 기업별 노조, 산별 노조 지회 등 모든 형태의 노동조합을 포
　　　 함함.

　　- 다만, 노동조합의 지회 등은 그 내부적 조직에 불과하므로 해당 사업 또는 사업장의
　　　 근로자가 동일한 산별 노조에 가입하고, 사업장별 각각 지회 등을 구성한 경우는 1
　　　 사 다수노조 사업장이 아니며

　　※ 갑기업의 A공장, B공장, C공장 소속근로자들이 초기업단위 노동조합에 가입하여
　　　 각각 A공장 지부, B공장 지부, C공장 지부를 구성한 경우에는 동일한 노동조합에
　　　 가입한 것이므로 1사 다수노조 사업장이 아님.

　　- 기업별 노동조합이 사업장별로 지부 등을 구성한 경우에도 1사 다수 노조 사업(장)
　　　 에 해당하지 않음.

　　ㅇ 또한 사업(장) 독립성이 없는 공장의 경우에는 노동조합의 조직대상이 각 공장으로
　　　 한정되어 있더라도 1사 다수노조 사업장에 해당됨.

　　ㅇ 2009.12.31. 현재 1사 다수노조 사업(장)이라는 사실이 객관적으로 입증된 경우에
　　　 한정되며 노동조합이 객관적으로 입증하지 못한 경우에는 교섭창구 단일화 절차가
　　　 적용됨.

(3) 적용사례

　　ㅇ 기업합병 등에 의한 경우

　　- 합병 전 회사에 각각 노동조합이 조직되어 있었으나, 기업합병 후에도 노동조합이
　　　 통합되지 않은 채 1사 다수 노동조합으로 운영되는 경우를 말함.

　　ㅇ 법원판결에 의해 1사 다수노조가 된 경우

　　- 기존 노동조합과 조직대상이 중복되어 노동조합 설립신고 반려처분에 대한 취소소
　　　 송에서 확정판결로 반려처분이 취소되는 등 법원 판결에 의해 노동조합으로 인정된
　　　 경우를 말함.

　　ㅇ 하나의 사업 내 조직대상을 달리하는 경우

　　- 각 공장별로 조직된 노동조합의 조직범위가 해당 공장으로 한정되어 그 노동조합과
　　　 별도로 교섭을 하는 경우와

　　※ 모든 공장에 노동조합이 있어야 하는 것은 아니며 그중에 2개 이상의 노동조합이
　　　 있으면 노조법 부칙 제6조가 적용됨.

- 사무직, 생산직 등 직종별로 각각의 노동조합이 조직되어 별도로 교섭을 하는 경우를 말함.

6. 교섭창구 단일화의 예외: 교섭단위 분리

(1) 의의

○ 교섭단위란 단체교섭의 단위와 구조를 결정하는 기준으로, 노조법 제 29조의 3에 의거 교섭창구를 단일화하여야 하는 단위, 즉 교섭대표노동조합을 결정하여야 하는 단위를 말함(법 제29조의3 제1항).

○ 교섭단위는 하나의 사업 또는 사업장이 원칙이나, 당사자의 신청에 의해 현격한 근로조건의 차이, 고용형태, 교섭 관행 등을 고려하여 노동위원회 결정으로 교섭단위를 분리할 수 있음(법 제29조의3 제2항).

○ 노조법상 교섭단위 분리결정은 노동위원회의 전속사항이므로 노사 당사자 간의 합의에 의한 임의적인 교섭단위 분리는 허용되지 않음.

(2) 교섭단위 분리 결정

① 신청주체 및 신청시기

○ 교섭단위 분리 결정은 노동관계 당사자의 양쪽 또는 어느 한쪽이 신청할 수 있음.

- 신청은 시행규칙 별지서식의 '교섭단위 분리결정 신청서'를 작성하여 사업(장) 관할 노동위원회에 제출하여야 하며

- 현격한 근로조건의 차이, 고용형태, 교섭 관행 등 교섭단위를 분리할 필요가 있다는 사실을 증명할 수 있는 자료를 첨부해야 함.

○ 교섭단위 분리결정은 교섭대표노동조합 결정의 선행 절차에 해당하므로 양 절차가 중복되는 경우 교섭단위 분리 여부에 따라 교섭 대표노동조합이 달라지는 등 혼란이 초래됨.

- 이를 감안하여 ⅰ) 사용자의 교섭 요구사실 공고 전, 또는 ⅱ) 교섭대표 노동조합 결정 이후에 신청할 수 있도록 규정(시행령 제14조의11)

- 따라서 노동위원회의 교섭단위 분리결정기간(30일)을 감안, 최소한 단체협약 유효기간 만료일 4개월 전에 교섭단위 분리결정 신청을 하는 것이 바람직함.

② 교섭단위 분리결정 신청에 따른 효과

○ 사업(장) 관할 노동위원회의 교섭단위 분리 결정 이전에 노동조합이 사용자에게 교섭을 요구한 때에는 노동위원회 결정이 있을 때까지 교섭창구 단일화 절차의 진행이 정지(시행령 제14조의11 제5항)

○ 따라서 사용자는 노동위원회의 결정이 있을 때까지 교섭 요구사실 공고 등 교섭창구 단일화를 위한 후속 절차를 진행해서는 아니 되며,

– 노동위원회의 교섭단위 분리결정 이후에 교섭 요구사실에 대한 공고 등 교섭창구 단일화 절차를 진행하여야 함.

③ 노동위원회의 교섭단위 분리 결정

○ 교섭단위 분리 신청을 받은 노동위원회는 그 사실을 해당 사업(장)의 모든 노동조합과 사용자에게 통지하고, 노동조합과 사용자에게 노동위원회가 지정하는 기간까지 의견을 제출할 수 있도록 해야 함.

○ 노동위원회는 노동조합과 사용자가 제출한 자료 등을 토대로 교섭단위 분리결정 신청을 받은 날부터 30일 이내에 교섭단위 분리 결정을 하고, 해당 사업(장)의 모든 노동조합과 사용자에게 통지해야 함.

○ 노동위원회는 교섭단위 분리결정을 할 때에는 원칙적으로 당사자가 신청한 내용의 인용 여부를 결정하되,

– 신청한 내용이 다른 노동조합 등의 교섭단위에 영향을 미치는 경우에는 당사자가 신청한 내용에 반드시 기속되어 결정해야 하는 것은 아님.

④ 교섭단위 분리결정 기준

○ 노동위원회는 현격한 근로조건의 차이, 고용형태, 교섭관행 등을 종합적으로 고려하여 교섭단위 분리를 결정(법 제29조의3 제2항)

○ 외국에서는 근로조건의 차이 외에 노사 당사자의 의견, 이해관계의 공통성(community of interest)을 판단기준으로 활용하고 있으나

– 우리나라의 경우는 사용자의 동의에 의한 개별교섭을 허용하고 있으므로 교섭단위 분리 기준은 노사당사자의 의견 등 주관적인 요소는 배제하고 근로조건의 차이 등 객관적인 요소와 교섭단위 분리 필요성 등을 동시에 고려해야 함.

⑤ 노동위원회 결정에 대한 불복

○ 노동위원회의 교섭단위 분리 결정에 대한 불복 절차는 중재재정의 불복 절차에 관

한 규정(법 제69조)을 준용함(법 제29조의3 제3항).

- 따라서 노동위원회 결정이 위법·월권인 경우에 한해 중앙노동위원회에 이의제기를 할 수 있음.

○ 노동위원회의 교섭단위 분리 결정에 대한 효력은 중재재정의 효력(법 제70조 제2항) 을 준용하므로 노동위원회의 결정이 확정된 판결에 의하여 취소되기 전까지는 노동 위원회가 결정한 교섭단위별로 교섭창구 단일화 절차를 진행하여야 함.

※ 자세한 내용은 노동위원회의 교섭 요구 노동조합 확정 결정에 대한 불복 절차 및 효력 부분 참조

(2) 교섭단위 분리 결정의 효과

○ 노동위원회의 교섭단위 분리결정 통보를 받은 노동조합은 각각의 교섭단위별로 교 섭대표노동조합의 결정 절차를 진행하여야 함.

- 분리된 교섭단위 내에 하나의 단체협약이 있는 경우에는 단체협약 유효 기간 만료 일 이전 3개월이 되는 날부터 교섭을 요구할 수 있음.

- 교섭단위별로 복수의 단체협약이 있는 경우에는 노동조합은 교섭단위 분리결정 이 후 먼저 도래하는 단체협약의 유효기간 만료일 이전 3개월이 되는 날부터 사용자에 게 교섭을 요구할 수 있음.

- 유효한 단체협약이 없는 경우 노동조합은 교섭단위 분리 결정 통지를 받은 후 언제 든지 사용자에게 교섭을 요구할 수 있음.

○ 근로시간면제 한도는 해당 사업 또는 사업장의 전체 조합원 수를 기준으로 적용(법 제24조 제4항)되므로 교섭단위 분리와 관계없이 하나의 사업(장) 전체 조합원 규모 에 따라 근로시간면제 한도가 적용됨.

III. 교섭대표 노동조합의 지위

1. 개요

○ 교섭창구 단일화 제도의 취지상 단체교섭, 쟁의행위 등은 개별 노동조합이 아닌 교 섭대표 노동조합을 중심으로 이루어져야 하므로

- 노조법 제29조 제2항 및 제29조의5에 의거 교섭대표 노동조합에 당사자의 지위를 부여하고 있음.

○ 따라서 교섭대표 노동조합은 독립적으로 단체교섭, 단체협약의 체결, 쟁의행위 주도 등의 노조법상의 권한과 의무를 가지며

※ 다만, 교섭대표 노동조합은 민주성의 원칙상 교섭창구 단일화 절차에 참여한 노동
　조합의 의사를 합리적으로 반영해야 할 의무를 부담
－교섭대표 노동조합이 아닌 노동조합은 교섭대표 노동조합이 체결한 단체협약의 적
　용을 거부하거나 독자적으로 쟁의행위에 돌입하는 등의 행위를 할 수 없음.
○교섭대표 노동조합은 단체교섭 및 단체협약을 체결할 권한(법 제29조 제2항) 외에
　다음과 같은 노동조합의 권한과 의무를 행사함(법 제29조의5).

- 제2조 제5호: 노동관계 당사자 정의
- 제29조 제3항・제4항: 교섭권 위임 관련
- 제30조: 교섭 등의 원칙(성실교섭 등)
- 제37조 제2항: 노조가 쟁의행위 주도
- 제38조 제3항: 노조의 쟁의행위 적법수행 지도의무
- 제42조의6: 필수유지업무 근무 근로자 통보 주체
- 제44조 제2항: 쟁의기간 중 임금지급 목적 쟁의행위 금지
- 제46조 제1항: 노조의 쟁의행위 개시 이후 직장폐쇄 가능
- 제55조 제3항: 조정위원회 구성 시 사용자위원 추천
- 제72조 제3항: 특별조정위원회 구성 시 공익위원 순차배제
- 제81조 제3호: 교섭거부 관련 부당노동행위 구제신청 제기권

---

2. 교섭대표 노동조합의 지위 유지기간

(1) 의의

○단체교섭 및 협약체결권을 가진 교섭대표 노동조합 결정에 많은 시간과 비용이 소
　요되고, 그 결정과정에서 노동조합 간, 노사 간 갈등이 초래될 가능성이 높으므로
－교섭대표 노동조합이 결정된 경우 일정한 기간 동안 그 지위를 안정적으로 유지하
　도록 법정화함으로써 교섭비용을 절감하고 노사관계 안정을 도모할 필요
○이에 노조법(법 제29조의2 제8항 및 시행령 제14조의10)은 교섭대표 노동조합의 지
　위 유지기간을 명시적으로 규정하여
－교섭대표 노동조합으로 결정된 날부터 일정한 기간까지 안정적으로 그 지위를 유지
　하도록 하였음.
○따라서 교섭대표 노동조합의 지위 유지기간 중 유효기간 만료일이 도래하는 단체협
　약이 있는 경우 그 협약을 갱신하기 위한 교섭 및 협약 체결의 권한은 기존 교섭대
　표 노동조합이 행사함.
－다만, 그 지위 유지기간 만료일 또는 그 이후에 만료되는 단체협약의 갱신을 위해서

는 새로운 교섭대표 노동조합을 결정해야 함.

(2) 교섭대표 노동조합의 지위 유지기간

① 일반 원칙(시행령 제14조의10 제1항)

○ 교섭대표 노동조합은 단체협약 유효기간에 관계없이 2년을 기준으로 그 지위를 유지하도록 규정

○ 우선, 사용자와 체결한 첫 번째 단체협약의 유효기간이 2년인 경우에는 교섭대표 노동조합으로 결정된 날부터 그 단체협약의 유효기간 만료일까지(1호) 그 지위를 유지함.

※ 예시 1) 2011.9.1. 교섭대표 노동조합으로 결정되어 2011.11.1.~2013.10.31.을 유효 기간으로 하는 단협을 체결한 경우: 2011.9.1.~2013.3.31.(2년 2월)

※ 예시 2) 2009.9.1. 교섭대표 노동조합으로 결정되어 그 유효기간을 소급하여 2011.8.1.~2013.7.31.로 하는 단협을 체결한 경우: 2011.9.1.~2013.7.31.

(1년 8월)

○ 사용자와 체결한 첫 번째 단체협약의 유효기간이 2년 미만인 경우에는 교섭대표 노동조합으로 결정된 날부터 단체협약의 효력이 발생하는 날을 기준으로 2년이 되는 날까지(2호) 그 지위를 유지함.

※ (예시) 2011.9.1. 교섭대표 노동조합으로 결정되어 유효기간이 1년(2011.11.1.~2012.10.31.)인 단체협약을 체결한 경우: 2011.9.1.~2013.10.31.(2년 1월)

[교섭대표 노동조합으로 결정된 날]

· 자율적 교섭대표노동조합을 결정한 경우: 대표자 등을 결정하여 사용자에게 통지한 날(시행령 제14조의6 제1항)

· 과반수 노동조합에 관한 공고에 이의가 없는 경우: 그 공고기간이 끝난 날(과반수 노동조합으로 확정된 날)(시행령 제14조의7 제3항)

· 과반수 노동조합에 관한 공고에 대해 노동위원회에 이의신청을 한 경우: 노동위원회가 과반수 노동조합을 결정·통지한 날(시행령 제14조의7 제8항)

· 공동교섭대표단을 구성하는 경우: 교섭위원, 대표자 등을 사용자에게 통지한 날(시행령 제14조의8 제1항, 제14조의9 제4항)

---

② 새로운 교섭대표 노동조합이 결정된 경우 기존 교섭대표 노동조합의 지위 유지기간(시행령 제14조의10 제1항 후단)

○ 교섭대표 노동조합 유지기간 만료일 이후 유효기간이 만료되는 단체협약 갱신을 위해 새로운 교섭대표 노동조합이 결정됨으로써 기존 교섭대표 노동조합과 새로운 교

섭대표 노동조합이 같이 병존할 경우에는

- 기존 교섭대표 노동조합은 새로운 교섭대표 노동조합이 결정된 때까지만 그 지위를 유지함.

○ 이는 기존 교섭대표 노동조합의 지위 유지기간 중에 다른 교섭대표 노동조합이 결정되는 경우에 발생하는 대표권의 중복에 따른 혼란을 방지하기 위한 조치임.

※ 단협 만료일 이전 3개월이 되는 날 교섭 요구를 하여 1개월 만에 새로운 교섭대표 노동조합이 결정된 경우: 기존 단체협약 만료일까지 2개월이 남아 있으나 기존 대표 노동조합의 지위는 새로운 교섭대표 노동조합이 결정된 날에 종료

③ 지위 유지기간 만료 후 새로운 교섭대표 노동조합이 결정되지 못한 경우(시행령 제14조의10 제2항)

○ 교섭대표 노동조합의 지위 유지기간이 만료되었으나, 새로운 교섭대표 노동조합이 결정되지 못한 경우

- 기존 교섭대표 노동조합은 새로운 교섭대표 노동조합이 결정될 때까지 기존 단체협약의 이행과 관련하여 계속 그 지위를 유지

○ 이는 새로운 교섭대표 노동조합의 선출 지연에 따른 교섭대표 노동조합의 공백상태를 메우기 위한 조치로

- 임시적으로 기존 단체협약의 이행과 관련된 범위 내에서 제한적으로 교섭대표 노동조합의 역할을 수행할 수 있도록 한 것임.

④ 1년간 단체협약을 체결하지 못한 경우(시행령 제14조의10 제3항)

○ 교섭대표 노동조합으로 결정된 후 1년간 사용자와 단체협약을 체결하지 못한 경우에는 어느 노동조합이든지 사용자에게 교섭을 요구함으로써 새로운 교섭대표 노동조합을 정하기 위한 교섭창구 단일화 절차가 개시됨.

○ 이는 교섭대표 노동조합이 사용자와 1년간 교섭하였음에도 단체협약을 체결하지 못한 것은 교섭대표 권한을 행사할 의사가 없거나 해태 또는 그 권한을 남용한 것으로 보아야 하기 때문임.

⑤ 사례로 보는 교섭대표 노동조합의 유지기간

(사례 1) 임금협약의 유효기간은 1년(2012.1.1.~2012.12.31.), 단체협약 유효 기간은 2년(2012.7.1.~2014.6.31.)으로 유효기간 기산일이 다르고, 교섭창구 단일화 절차 개시가 임금협약 유효기간 만료로 인한 경우

○ 교섭대표 노동조합 확정일은 2011.11.26.이고, 임금협약은 2012.2.5. 체결하면서 유효기간은 2012.1.1.로 소급하여 1년간으로 정함.

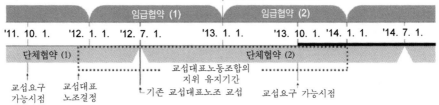

'11. 10. 1.   '12. 1. 1. '12. 7. 1.   '13. 1. 1.   '13. 10. 1. '14. 1. 1.   '14. 7. 1.

- 교섭대표노동조합의 지위 유지기간: 2011.11.26.~2013.12.31.
- 체결 가능 임·단협: 단체협약(2), 임금협약(1), 임금협약(2)
- 새로운 교섭대표노동조합 결정절차 개시 가능일: 2013.10.1. 이후

> (사례 2) 단체협약의 유효기간은 1년 6개월(2012.1.1.~2013.6.30.), 임금협약의 유효기간은 1년
> (2012.7.1.~2013.6.30.)이고, 교섭창구 단일화 절차 개시가 단체협약 유효기간 만료로 인한 경우

○ 교섭대표노동조합 확정일은 2011.11.26.이고, 단체협약은 2012.2.5. 체결하면서 유효
기간은 2012.1.1.로 소급하여 1년 6개월간으로 정함.

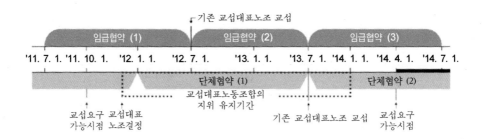

'11. 7. 1. '11. 10. 1.   '12. 1. 1.   '12. 7. 1.   '13. 1. 1.   '13. 7. 1. '14. 1. 1.   '14. 4. 1. '14. 7. 1.

- 교섭대표노동조합의 지위 유지기간: 2011.11.26.~2013.12.31.
- 체결 가능 임·단협: 단체협약(1), 임금협약(1, 3), 단체협약(2)
- 새로운 교섭대표노동조합 결정절차 개시 가능일: 2014.4.1. 이후
- 2014.1.1. 이후 새로운 교섭대표노동조합이 결정되기 전까지는 기존 교섭대표노동조합에 대해 단체협약 이행관련 지위를 인정
  ※ 2013.7.1. 임금협약과 단체협약 유효기간 기산일을 동일하게 함으로써 반복적 교섭에 따른 번거로움과 비용 절감을 도모할 필요
  가 있음.

3. 교섭대표 노동조합의 권한과 의무

(1) 단체교섭의 당사자

○ 교섭대표 노동조합의 대표자는 교섭을 요구한 모든 노동조합 및 조합원을 위해 사
용자와 교섭하고 단체협약을 체결할 권한을 가짐(법 제29조 제2항).

- 교섭대표 노동조합의 지위 유지기간 중 새로운 단체교섭(임금교섭 포함)을 하게 되
는 경우에는 별도의 교섭창구 단일화 절차를 거치지 않고 기존의 교섭대표 노동조

합이 교섭당사자가 됨.

　※ 교섭대표 노동조합의 대표자는 단체협약을 체결할 때에 해당 단체 협약은 교섭창
　　구 단일화 절차에 참여한 모든 노동조합을 위해 체결된 것임을 명시하는 것이 바
　　람직함.

　○ 보충협약은 본 협약을 보충하는 것이므로 본 협약의 유효기간 범위 내에서 효력을
　　인정하는 것이 원칙

　− 보충협약을 체결하면서 본 협약과 유효기간을 다르게 정한 경우 본 협약의 유효기
　　간을 넘는 부분은 기존 교섭대표 노동조합의 교섭대표권의 범위를 넘는 권한을 행
　　사한 것이므로 무효임.

　○ 교섭대표 노동조합은 신의에 따라 사용자와 성실하게 교섭하고 단체협약을 체결하
　　여야 하며, 그 권한을 남용하여서는 아니 됨(법 제30조 제1항).

　− 또한 정당한 이유 없이 사용자와의 교섭이나 단체협약의 체결을 거부하거나 해태하
　　여서는 아니 됨(법 제30조 제2항).

(2) 단체교섭 및 협약 체결권한의 위임

　○ 교섭대표 노동조합은 교섭권한을 위임하는 것이 보다 효율적인 교섭에 도움이 된다
　　고 판단하는 경우 제3자에게 단체교섭 권한을 위임할 수 있음(법 제29조 제3항, 제
　　29조의5).

　○ 단체교섭 및 단체협약 체결권한을 제3자에게 위임한 때에는 그 사실을 상대방에게
　　통보해야 함(법 제29조 제4항).

　− 교섭권한 등을 위임한 사실을 통보할 때에는 ① 위임을 받은 자의 성명(그자가 단체
　　인 경우에는 그 명칭 및 대표자의 성명), ② 교섭사항과 권한범위 등 위임의 내용을
　　포함하여야 함(시행령 제14조 제2항).

(3) 조정 및 쟁의행위 지도・관리・통제

　○ 교섭대표 노동조합은 사용자와의 교섭에도 불구하고 더 이상 당사자 간 자주적 교섭
　　에 의한 합의의 여지가 없다고 판단되는 경우 노동위원회에 조정신청을 할 수 있음.

　※ 개별 노동조합은 자신의 명의로 교섭창구 단일화 절차 참여 여부와 관계없이 노동
　　위원회에 조정신청을 할 수 없음.

　○ 교섭대표 노동조합은 쟁의행위 결정 주체이며, 쟁의행위가 적법하게 수행될 수 있도
　　록 지도・관리・통제할 책임이 있음(법 제29조의5, 제38조 제3항).

(4) 쟁의행위 찬반투표 관리

　○ 쟁의행위 결정은 교섭창구 단일화에 참여한 전체 조합원의 과반수 찬성으로 의결하

여야 하며(법 제41조 제1항)

- 공동교섭단 구성에 포함되지 않은 조합원 10% 미만 노동조합의 조합원도 포함되어야 함.

○ 또한 쟁의행위를 하기 위해서는 반드시 전체 조합원의 직접・비밀・무기명 투표를 거쳐야 함.

- 쟁의행위 찬반투표는 교섭에 참여한 모든 노동조합의 조합원들을 대상으로 하므로 교섭대표노동조합은 찬반투표의 절차가 정당하게 수행되는 데 필요한 조치를 취하고 이를 관리・통제할 의무가 있고

- 쟁의행위 찬반투표 후에 투표자명부, 투표용지 등을 상당기간 동안 보존해야 함.

○ 교섭대표 노동조합의 대표자는 교섭창구 단일화에 참여한 모든 노동조합과 협의하여 중립적인 기구를 구성하여 쟁의행위 투표 전반에 대한 관리를 하는 것이 바람직함.

<쟁의행위 찬반 투표 시 지켜야 할 사항>

・투표자 명부: 노조사무실 등에 비치하고 조합원의 자유로운 열람을 보장

・투표함: 고정된 장소에 비치하고, 기표행위의 비밀을 보장

・투표용지: 반드시 투표장에서 교부하고, 사전에 신분증을 대조・확인

・출입통제: 투표장소에 참관인 등 관계자 이외의 자는 출입을 금지

・감시활동: 선거관리위원과 참관인단의 현장투표 감시활동을 전개

・투표함 봉인: 투표 완료 시 투표함의 투입구와 자물쇠를 봉쇄・봉인

・개표: 선거관리위원과 참관인단의 감시하에 특정장소에서 일괄 개표

・결과 공고: 개표 종료 후 즉시 투표결과를 공고

・사후관리: 투표자 명부 및 투표용지는 반드시 상당기간 보존

---

(5) 필수 유지업무 협정 체결 및 대상자 통보

○ 교섭대표 노동조합은 쟁의행위 기간 중에 필수 유지업무가 정당하게 유지・운영되도록 하기 위해 필수 유지업무 협정을 체결하거나 노동위원회에 결정을 신청하여야 함(법 제42조의3, 제42조의4).

○ 필수 유지업무 협정이나 결정이 있는 경우, 사용자에게 쟁의행위 기간 동안 근무하여야 할 조합원을 사용자에게 통보하여야 함(법 제42조의6 제1항).

- 필수 유지업무에 종사하는 근로자가 소속된 노동조합이 2개 이상 있는 경우, 교섭대표 노동조합은 각 노동조합의 해당 필수 유지업무에 종사하는 조합원 비율을 고려하여 필수 유지업무 근무 근로자를 통지하여야 함(법 제42조의6 제2항).

- 사용자도 쟁의행위 기간 중 필수 유지업무에 근무해야 할 근로자를 지명・통보하는

경우, 각 노동조합의 해당 필수 유지업무에 종사하는 조합원 비율을 고려해야 함.
- ○ 교섭대표 노동조합이 자의적으로 필수 유지업무에 근무할 근로자를 통지·지명하는 경우에는 공정대표의무를 위반할 가능성이 있음.

(6) 공정대표의무

가. 의의

- ○ 공정대표의무란 교섭대표 노동조합이 교섭창구 단일화 절차에 참여한 노동조합과 조합원의 이익을 합리적인 이유 없이 차별하지 않고 공정하게 대표하여야 할 의무를 말함.
- ○ 교섭대표 노동조합은 교섭창구 단일화 절차에 참여한 모든 노동조합과 조합원을 대표하여 사용자와 단체협약을 체결할 권한을 가지며, 다른 노동조합은 교섭대표 노동조합을 통하여 간접적으로 단체교섭권을 행사하므로
- − 교섭창구 단일화를 할 경우에는 그 취지상 교섭대표 노동조합이 공정대표의무를 부담함.
- ○ 이에 따라 노조법은 교섭대표 노동조합에 명시적으로 공정대표 의무를 부과하고 있음(법 제29조의4).
  - ※ 미국의 경우 공정대표의무는 전국노동관계법(NLRA)에 명시되어 있지는 않으나, 판례는 교섭창구 단일화 제도와 표리일체의 관계에 있다고 일관되게 인정

나. 공정대표의무의 주체와 내용

- ○ 공정대표의무를 부담하는 자는 원칙적으로 교섭대표 노동조합이나 사용자도 합리적 이유 없이 노동조합 간에 차별을 하지 말아야 할 의무를 부담하고 있음.
  - ※ 공정대표의무의 개념상 교섭대표 노동조합이 부담 주체이지만, 사안에 따라 사용자도 공정대표의무를 위반할 수 있기 때문에 노조법에서 사용자도 공정대표의무를 부담하도록 하고 있음.
- ○ 교섭대표 노동조합은 공정대표의무의 내용으로 교섭 및 단체협약 등을 불편부당하게 체결하지 않아야 할 의무를 부담
- − 그 외 고충처리, 단체협약의 적용, 조합활동 등에 있어서 합리적 이유 없이 차별해서는 안 됨.
  - ※ 합리적 이유가 있는 차별인 경우에는 그 효력을 인정
- − 합리적 이유는 "자의적이지 않아야 함", "불성실하지 않아야 함" 등을 의미하며, 합리적 이유 여부에 대한 판단은 구체적인 사실관계에 따라 개별적으로 판단하여야 함.

다. 공정대표의무 위반의 시정

① 시정신청 주체 및 신청기한

ㅇ 불공정한 교섭과 협약 체결로 인해 권리를 침해받았거나 합리적 이유 없이 차별을 받는 등 교섭대표 노동조합이 공정대표의무를 위반한 경우 교섭창구 단일화 절차에 참여한 노동조합은 관할 노동위원회에 그 시정을 신청할 수 있음.

– 교섭창구 단일화 절차에 참여하지 않은 노동조합이나 개별 조합원은 노동 위원회에 시정신청을 할 수 없음.

※ 개별 조합원의 경우에는 소속 노동조합을 통하여 시정 신청을 할 수 있음.

ㅇ 시정신청 기간은 단체협약의 내용이 공정대표의무 위반인 경우에는 단체협약 체결일부터 3개월 이내이며

– 공정대표의무 위반인 차별의 행위가 단체협약의 내용과 다른 경우에는 그 차별의 행위가 있은 날부터 3개월 이내임.

② 노동위원회에서의 처리 절차

ㅇ 노동위원회는 노동조합으로부터 공정대표의무 위반에 대한 시정신청을 받은 경우 지체 없이 필요한 조사와 관계 당사자에 대한 심문을 하여야 함.

– 심문을 할 때에는 관계 당사자의 신청이나 직권으로 증인을 출석하게 하여 필요한 사항을 질문할 수 있고, 관계 당사자에게 증거의 제출과 반대심문을 할 수 있는 충분한 기회를 주어야 함.

ㅇ 노동위원회는 공정대표의무에 위반된다고 인정하는 경우 관계 당사자에게 불합리한 차별의 시정에 필요한 조치를 명하고, 공정대표의무를 위반하지 않는다고 인정하는 경우에는 기각 결정을 하여야 함.

- 결정·명령은 서면으로 하여야 하며, 교섭대표 노동조합, 사용자 및 그 시정을 신청한 노동조합에게 각각 통지해야 함.
○ 공정대표의무 위반에 대한 시정명령은 불합리한 차별의 시정에 필요한 내용을 포함하여야 함.
- 교섭대표 노동조합 또는 사용자가 확정된 시정명령을 이행하지 않은 경우에는 각각의 책임범위에 따라 벌칙이 부과됨.
※ 3년 이하의 징역 또는 3천만 원 이하의 벌금 부과(법 제89조 제2호)

② 노동위원회 결정·명령에 대한 불복
○ 노동위원회의 시정명령 또는 기각결정에 대한 불복 절차 및 벌칙규정에 대해서는 부당노동행위 구제명령에 대한 불복 절차 및 벌칙규정(제85조, 제86조, 제89조 제2호) 준용함.
※ 불복사유가 노동위원회 명령·결정이 위법·월권에 의한 경우로 제한되는 것이 아님.
○ 지방노동위원회의 시정명령 또는 기각결정에 대해 이의가 있는 때에는 그 명령서 또는 결정서를 송달받은 날부터 10일 이내에 중앙노동위원회에 재심을 신청할 수 있으며, 중앙노동위원회의 재심판정에 대하여 이의가 있는 때에는 그 재심 판정서를 송달받은 날부터 15일 이내에 행정소송을 제기할 수 있음.
○ 노동위원회의 시정명령·기각결정 또는 재심판정은 중앙노동위원회의 재심신청이나 행정소송의 제기에 의하여 그 효력이 정지되지 않으므로 관계 당사자는 이에 따라야 함.
○ 중앙노동위원회의 재심신청기간이나 행정소송 제기기간에 재심신청이나 행정소송을 제기하지 않은 경우에는 노동위원회의 시정명령·기각 결정 또는 재심판정은 확정됨.
※ 확정된 시정명령을 불이행할 경우 3년 이하의 징역이나 3천만 원 이하의 벌금

IV. 복수노조와 부당노동행위

1. 개요
○ 부당노동행위란 노조법 제81조에서 금지하고 있는 사용자에 의한 단결권, 단체교섭권, 단체행동권의 침해행위를 말하며
- 사용자에게 침해행위를 금지하여야 할 의무를 지우면서, 노동위원회에 의한 구제신청 또는 벌칙을 통해 그 의무 이행을 담보하고 있음.
○ 노조법에서는 사용자의 부당노동행위의 유형으로 ① 불이익 취급, ② 불공정 고용

계약의 체결, ③ 단체교섭의 거부·해태, ④ 지배·개입, ⑤ 보복적 불이익 대우 등을 규정하고 있음(법 제81조).

ㅇ 이러한 부당노동행위는 복수노조가 허용되는 경우 개별 노동조합에 대한 부당노동행위 문제뿐만 아니라

– 사용자의 공정의무 또는 중립 유지의무를 위반하는 특정 노동조합에 대한 차별적 대우, 노동조합 간 차별 대우 등이 문제될 수 있음.

ㅇ 즉, 사용자가 특정 노동조합에 대한 교섭을 거부하거나 특정 노동조합 또는 조합원에 대한 불합리한 차별 또는 인사상 불이익 취급 등을 한 것이 부당노동행위에 해당하는지가 문제될 수 있음.

2. 복수노조제도에서의 부당노동행위 판단기준

(1) 불이익 취급

ㅇ 정당한 노동조합 활동을 이유로 근로자에게 불이익을 주는 유형의 부당노동행위로서

– 부당노동행위가 성립하기 위해서는 근로자의 정당한 노동조합 활동과 근로자에 대한 불이익 취급 사이에 인과관계가 성립해야 함.

〈불이익 취급관련 대법원 판례〉

사용자가 근로자를 해고함에 있어서 표면적으로 내세우는 해고사유와는 달리 실질적으로는 근로자의 정당한 노동조합 활동을 이유로 해고한 것으로 인정되는 경우에 있어서는 그 해고는 부당노동행위로 보아야 할 것이고, 근로자의 노동조합 업무를 위한 정당한 행위를 실질적으로 해고 사유로 한 것인지의 여부는 사용자 측이 내세우는 해고사유와 근로자가 한 노동조합 업무를 위한 정당한 행위의 내용, 해고를 한 시기, 사용자와 노동조합과의 관계, 동종 사례에 있어서 조합원과 비조합원에 대한 제재의 불균형 여부, 종래의 관행에 부합 여부, 사용자의 조합원에 대한 언동이나 태도 기타 부당노동행위 의사의 존재를 추정할 수 있는 제반사정 등을 비교 검토하여 종합적으로 판단하여야 한다(대법원 1999.11.9, 99두4273 등).

ㅇ 기존 노동조합이 있는 경우에 새로운 노동조합을 조직 또는 조직하려고 하거나 다른 노동조합에 가입 또는 가입하려고 한 것을 이유로 해고 등 불이익 취급을 할 경우에 정당한 이유가 없다면 부당노동 행위가 성립함.

1. 근로자가 노동조합에 가입 또는 가입하려고 하였거나 노동조합을 조직하려고 하였거나 기타 노동조합의 업무를 위한 정당한 행위를 한 것을 이유로 그 근로자를 해고하거나 그 근로자에게 불이익을 주는 행위

5. 근로자가 정당한 단체행위에 참가한 것을 이유로 하거나 또는 노동위원회에 대하여 사용자가 이 조의 규정에 위반한 것을 신고하거나 그에 관한 증언을 하거나 기타 행정관청에 증거를 제출한 것을 이유로 그 근로자를 해고하거나 그 근로자에게 불이익을 주는 행위

(2) 불공정 고용계약
   ○ 불공정 고용계약은 종업원이 되기 전의 상태에서 단결권 행사를 제한하려는 성격의 부당노동행위로서
   - 예외적으로 노동조합이 당해 사업장에 종사하는 근로자의 3분의 2 이상을 대표하고 있을 때 제한적으로 유니온숍협정의 효력을 인정
   ○ 근로자와 근로계약을 체결할 때에 특정 노동조합에 가입하지 않거나 특정 노동조합의 조합원이 될 것을 고용조건으로 할 경우에는 부당노동 행위가 성립함.
   ○ 유효한 유니온숍협정이 있더라도 근로자가 노동조합으로부터 제명되거나 그 노동조합 탈퇴 후 새로운 노동조합을 조직하거나 다른 노동조합에 가입한 경우에는 신분상 불이익한 행위를 할 수 없음.

〈법 제81조 제2호〉

2. 근로자가 어느 노동조합에 가입하지 아니할 것 또는 탈퇴할 것을 고용조건으로 하거나 특정한 노동조합의 조합원이 될 것을 고용조건으로 하는 행위. 다만, 노동조합이 당해 사업장에 종사하는 근로자의 3분의 2 이상을 대표하고 있을 때에는 근로자가 그 노동조합의 조합원이 될 것을 고용조건으로 하는 단체협약의 체결은 예외로 하며, 이 경우 사용자는 근로자가 제명된 것 또는 그 노동조합을 탈퇴하여 새로 노동조합을 조직하거나 다른 노동조합에 가입한 것을 이유로 근로자에게 신분상 불이익한 행위를 할 수 없다.

(3) 단체교섭 거부·해태
   ○ 노동조합의 교섭 요구에 대하여 정당한 이유 없이 단체협약 체결 등 단체교섭을 거부하거나 해태하는 형태의 부당노동행위로서
   - 단체교섭 거부·해태의 정당한 이유에 대해서는 노동조합 측의 교섭권자, 노동조합 측이 요구하는 교섭시간, 교섭장소, 교섭사항 및 그간의 교섭 태도 등을 종합하여

개별적·구체적으로 판단해야 함.

○ 교섭대표 노동조합과의 교섭 또는 노조법 제29조의2 제1항 단서에 따른 사용자의 동의에 의한 개별 노동조합과의 교섭을 정당한 이유 없이 거부·해태하는 것은 부당노동행위에 해당함.

- 교섭창구 단일화 절차에 참여하지 않은 노동조합 또는 신설 노동조합은 해당 단체협약이 있는 경우에 단체협약 유효기간 만료일 이전 3개월이 되는 날부터 교섭을 요구할 수 있으므로 그 전에 행한 교섭 요구에 대해 교섭을 거부하는 것은 정당성이 인정됨.

〈법 제81조 제3호〉

3. 노동조합의 대표자 또는 노동조합으로부터 위임을 받은 자와의 단체협약 체결 기타의 단체교섭을 정당한 이유 없이 거부하거나 해태하는 행위

---

(4) 노동조합 운영 등에 대한 지배·개입

○ 노동조합 활동에 영향을 미치기 위한 사용자의 제반 지배·개입 행위와 노동조합에 대한 운영비 원조 및 노동조합의 전임자에 대한 급여 지원을 부당노동행위로 규정한 것으로

- 노동조합의 조직준비행위 등 노동조합 결정을 위한 일체의 행위 노동조합 대내적 운영 및 대외적 활동 등을 포함한 전반적인 운영 등을 사용자가 지배하거나 개입하는 것을 금지하는 것임.

○ 특정 노동조합의 조직을 방해하거나 조합원의 노동조합 탈퇴를 종용하거나 제2의 단체를 통한 노동조합 조직의 와해 및 노동조합 활동을 방해하는 경우에는 부당노동행위가 성립함.

○ 복수의 노동조합 간에 합리적인 이유 없이 노동조합에 대한 편의제공 등을 차별하거나 교섭대표 노동조합의 교섭대표권한을 침해하는 것은 부당노동행위에 해당하나

※ 특정 노동조합에 대해서만 조합비 일괄공제(Check-off)를 허용하지 않는 것은 지배·개입의 부당노동행위에 해당

- 근로시간면제한도 적용에 있어서 교섭대표 노동조합인 노동조합에 조합원 수 비례에 의한 한도보다 많이 인정한다 하더라도 그것만을 이유로 부당노동행위라고 할 수 없음.

〈법 제81조 제4호〉

4. 근로자가 노동조합을 조직 또는 운영하는 것을 지배하거나 이에 개입하는 행위와 노동조합의 전임자에게 급여를 지원하거나 노동조합의 운영비를 원조하는 행위. 다만, 근로자가 근로시간 중에 제24조 제4항에 따른 활동을 하는 것을 사용자가 허용함은 무방하며, 또한 근로자의 후생자금 또는 경제상의 불행 기타 재액의 방지와 구제 등을 위한 기금의 기부와 최소한의 규모의 노동조합사무소의 제공은 예외로 한다.

복수노조 대응 경영계 특별지침(2011.6.)

〈복수노조 대응 단체협약 체결지침〉

◈ **복수노조하의 교섭원칙**

① 교섭창구 단일화에 따른 '1사 1교섭 1단체협약' 원칙을 준수한다.

◈ **단체교섭 진행: 교섭창구 단일화 절차 준수**

① 7월 1일 이전 기존 노조와 교섭을 시작해 7월을 도과할 경우 필요 시 단체교섭창구 단일화 절차
를 거쳐 교섭을 진행한다.

> ※ 고용노동부는 노조법 부칙 4조의 법 시행일은 2010.1.1.이라는 입장

② 교섭창구 단일화 절차를 진행한 이후 교섭창구 단일화 절차에 참여하지 않은 노동조합, 단일화
절차 진행 중 이탈한 노동조합의 교섭 요구는 거부한다.

③ 산별 노조 등 초기업단위 노조의 경우에도 교섭창구 단일화에 참여하지 않을 경우에 별도 교섭권
이 부여되지 않는다는 점을 유의한다.

④ 개별교섭에 대한 동의는 사업장 상황 및 사업장에 미치는 영향 등을 감안해 신중히 결정한다.

◈ **단체협약 체결: 합리적 내용으로 제·개정**

① 교섭원칙(횟수, 방식 등), 교섭위원 수, 교섭대표의 단체협약 체결권 확인, 보충교섭 불가 등 교섭
원칙을 합리적으로 정한다.

② '개별교섭 동의조항', '별도교섭 인정조항' 등을 단체협약에 규정하지 않는다.

③ 노조별 실무교섭 요구, 찬반투표 부결로 인한 재논의 요구, 교섭대표 노조의 임의적 변경 등 교섭
창구 단일화 취지를 훼손하는 요구는 수용하지 않는다.

④ 시설편의제공, 유일교섭단체, Union shop 등 기존 단체협약 중 복수노조 발생 시 문제가 될 수
있는 조항들을 합리적으로 개정한다.

⑤ 조합원 이중 가입과 관련한 단체협약의 적용, 조합비 일괄공제(Check-off) 실시 여부 등을 명확히

규정한다.

⑥ 교섭창구 단일화 취지에 반하는 일부 노조의 집단행동 등 불법투쟁에 대해서는 법과 원칙에 따라 적극 대응한다.

⑦ 근로시간면제제도는 교섭단위분리 여부와 무관하게 해당 사업 또는 사업장 내 전체 조합원 수를 기준으로 한다.

⑧ 공정대표의무 위반·부당노동행위 등에 해당되지 않도록 유의한다.

◈ 복수노조하의 교섭원칙

① 교섭창구 단일화에 따른 '1사 1교섭 1단체협약' 원칙을 준수한다.

○ 노동조합 및 노동관계조정법(이하 '노조법')은 복수노조 허용 이후 혼란을 최소화하기 위해 '1사 1교섭 원칙'을 전제하고 교섭창구 단일화 절차를 규정함.

※ 교섭창구 단일화 규정은 강행규정으로 조직형태 및 조직대상의 중복 여부와 관계없이 사업 또는 사업장 내 모든 노동조합은 원칙적으로 교섭창구 단일화 절차에 참여해야 함.

○ 각각의 노조와 교섭을 할 경우 중복교섭으로 인한 교섭비용의 증가, 유리하게 타결하기 위한 노조 간 경쟁, 부당노동행위 시비 등으로 인해 혼란이 우려되는바, '1교섭 1단체협약'을 기본원칙으로 하는 것이 필요함.

복수노조 설립 가능 여부와 교섭원칙

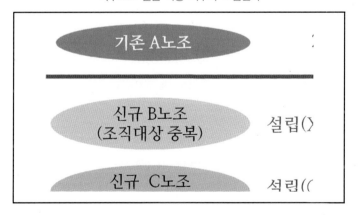

○ 다만, 교섭관행, 사업장 분포 등을 감안해 별도 교섭을 진행하는 것이 불가피한 경우에는 기업 상황에 맞는 교섭방식을 택하는 것이 바람직함.

※ 별도 교섭을 진행하고자 할 경우 ⅰ) 사업장별 교섭, ⅱ) 개별교섭 동의, ⅲ) 노동위원회 교섭단위분리 결정 등을 활용할 수 있는바, 각 유형별 장단점을 분석해 기업의 상황에 맞게 교섭단위를 확정하도록 함.

◈ 단체교섭 진행: 교섭창구 단일화 절차 준수

① 7월 1일 이전 기존 노조와 교섭을 시작해 7월을 도과할 경우 필요 시 단체교섭창구 단일화 절차를 거쳐 교섭을 진행한다.

○ 노조법 부칙 제4조의 '이 법 시행일'은 '2010년 1월 1일'이라는 것이 고용노동부의 입장인바, 이에 따르면 2011년 7월 1일 전후로 교섭을 진행하더라도 노조법 부칙 제4조의 교섭대표 노조 지위가 인정되지 않음.

〈참고 조문〉

부칙 제4조(교섭 중인 노동조합에 관한 경과조치) 이 법 시행일 당시 단체교섭 중인 노동조합은 이 법에 따른 교섭대표 노동조합으로 본다.

○ 따라서 복수노조 발생 가능성이 높으면, 7월 1일 이후 교섭창구 단일화 절차를 거친 후 노조법상 교섭대표 노조를 정하고, 교섭을 계속 진행하는 것이 바람직함.

– 만약 단일화 절차를 거치지 않는다면, 신규 노조가 생겨 교섭을 요구할 경우 새롭게 단일화 절차를 거쳐야 하거나 별도 교섭이 발생할 수 있다는 점을 유의해야 함.

② 교섭창구 단일화 절차를 진행한 이후 교섭창구 단일화 절차에 참여하지 않은 노동조합, 단일화 절차 진행 중 이탈한 노동조합의 교섭 요구는 거부한다.

○ 사용자가 개별 교섭에 동의하지 않는 이상 하나의 사업 또는 사업장에서 존재하는 2개 이상의 노조는 조직형태에 관계없이 교섭대표노동조합을 정해 교섭을 해야 함(제29조의2 제1항).

○ 따라서 사용자에게 교섭을 요구한 노동조합이 있는 경우에 그 요구를 사용자가 받은

날부터 7일간 다른 노조가 서면으로 교섭을 요구하지 않을 경우에는 이후 이 노조의
별도 교섭 요구에 대해서는 응하지 않아도 무방함.
－교섭을 요구하지 않은 노조는 이후 교섭창구 단일화 절차에 참여할 수 없음.

○또한 교섭대표 노조 선정 가능성이 낮거나 노조 간 갈등 등으로 인해 단일화 절차 진
행 중 이탈한 노조는 개별교섭을 사용자에게 요구할 수 없으며, 요구할 경우 사용자는
거부할 수 있음.

③ 산별 노조 등 초기업단위 노조의 경우에도 교섭창구 단일화에 참여하지 않을 경우 별도 교섭권이
부여되지 않는다는 점을 유의한다.

○산별 노조, 지역노조 등 초기업단위 노조도 사용자의 동의가 없는 이상 교섭창구 단일
화 절차에 참여해야 함.

○초기업단위 노조의 지부・지회가 사용자와 교섭하기 위해서는 기업별노조와 동일하게
교섭창구 단일화 절차를 거쳐 교섭대표 노동조합으로 결정 또는 확정되어야 함.
－따라서 교섭대표 노동조합으로 확정되지 않은 초기업단위 노조의 교섭 요구를 거부해
도 무방함.

○만약 산별 노조 지부・지회가 교섭대표 노조가 된다고 해도 사용자가 사용자단체를
구성해 산별교섭에 응해야 하는 것은 아님.

〈참고〉 산별교섭의 절차와 방식

▶ 산별 노조는 기업별 지부에서 교섭대표권을 획득한 사업(장)의 사용자를 상대로 교섭해 단체협약을
체결하는 것이 가능
▶ 교섭대표권을 획득하지 못한 사업(장)의 사용자에 대해서는 교섭 요구 불가
▶ 교섭대표권을 획득한 사업(장)의 사용자에 대해 사용자단체 구성 및 산별 교섭 요구도 가능

* 고용부, 사업(사업장) 단위 복수노조 업무매뉴얼, 32면.

④ 개별교섭에 대한 동의는 사업장 상황 및 사업장에 미치는 영향 등을 감안해 신중히 결정한다.

○ 노동조합이 개별교섭을 요구할 경우 사용자는 '교섭 요구 노동조합이 확정된 후 14일 이내' 개별 교섭에 동의하고 개별교섭을 할 수 있음(노조법 제29조의 2 제1항).
- 다만, 개별교섭과 창구단일화 중 어느 교섭방식이 좋을지에 대해서는 사업장 상황에 맞게 신중하게 판단해야 할 것임.
  ※ 개별교섭 동의 시 고려할 사항: 각 노동조합의 성향, 교섭창구 단일화 시 교섭단 구성, 기존 교섭 관행, 사업장 분포 등

○ 노조의 개별교섭 요구에 대한 동의는 사용자의 전속적 권한인바, 당연히 수용해야 하는 것이 아님. 따라서 노조의 부당한 압력행사를 통한 개별교섭 요구에 대해서는 거부하고, 불법행위 발생 시 민·형사상 또는 징계 등의 조치를 통해 적극 대응해야 함.

○ 한편 개별교섭에 대한 동의는 교섭창구 단일화 원칙에 대한 예외로 인정되는 것으로 교섭 요구 노동조합이 확정된 때부터 14일 이내에서만 가능함.
- 따라서 '교섭 요구 노동조합이 확정된 날부터 14일 간' 외의 기간에 노조가 개별 교섭을 요구할 경우에는 거부해야 할 것임.

〈참고 조문〉

노조법 제29조의2(교섭창구 단일화 절차) ① 하나의 사업 또는 사업장에서 조직형태에 관계없이 근로자가 설립하거나 가입한 노동조합이 2개 이상인 경우 노동조합은 교섭대표 노동조합(2개 이상의 노동조합 조합원을 구성원으로 하는 교섭대표기구를 포함한다. 이하 같다)을 정하여 교섭을 요구하여야 한다. 다만, 제2항에 따라 교섭대표 노동조합을 자율적으로 결정하는 기한 내에 사용자가 이 조에서 정하는 교섭창구 단일화 절차를 거치지 아니하기로 동의한 경우에는 그러하지 아니하다.
② 교섭대표 노동조합 결정 절차에 참여한 모든 노동조합은 대통령령으로 정하는 기한 내에 자율적으로 교섭대표 노동조합을 정한다.

시행령 제14조의6(자율적 교섭대표 노동조합의 결정 등) ① 제14조의5에 따라 교섭을 요구한 노동조합으로 확정 또는 결정된 노동조합은 법 제29조의2 제2항에 따라 자율적으로 교섭대표 노동조합을 정하려는 경우에는 제14조의5에 따라 확정 또는 결정된 날부터 14일이 되는 날을 기한으로 하여 그 교섭대표 노동조합의 대표자, 교섭위원 등을 연명으로 서명 또는 날인하여 사용자에게 통지하여야 한다.

◆ 단체협약 체결: 합리적 내용으로 제 · 개정

○ 교섭창구 단일화 절차 외의 구체적인 교섭진행에 대해서는 규정이 없는바, 단체교섭을 진행하기에 앞서 노사 간 교섭원칙을 명확하게 정할 필요가 있음.
− 교섭원칙을 사전에 명확히 하지 않을 경우 노조가 임의로 교섭위원 수를 정한다거나 교섭대표의 대표권이 사실상 제한을 받아 타결에 어려움을 겪는 등 문제가 우려됨.

○ 구체적으로 교섭위원 수, 노조별 실무교섭 진행 불가, 교섭대표의 체결권 확인 등을 내용에 포함하도록 함.

○ 기존 노조(특히, 금속 · 보건 등 산별 노조)가 단체협약에 '개별교섭 동의조항'을 삽입할 것을 요구하는 예도 많을 것으로 예상되는바, 개별교섭 동의조항을 단체협약에 규정해서는 안 됨.
− 교섭창구 단일화 절차에 대한 노조법 규정은 강행규정으로 개별교섭에 대한 사용자의 동의는 '교섭 요구 노동조합이 확정된 때부터 14일 이내'에 해야 하며, 해당 기한 외에 개별교섭에 동의하더라도 효력이 없음.

○ 개별교섭 동의조항을 단체협약에 규정하는 이상 노조는 이 조항을 근거로 산별교섭에 참여를 요구한다거나 사용자가 개별교섭에 동의했다는 식의 주장을 할 수 있는바, 불필요한 논란을 막기 위해서는 개별교섭 동의조항을 단협에 규정하지 않는 것이 바람직함.

○ 교섭창구 단일화에 대한 편법으로 노조가 본 교섭에서는 교섭대표 노조를 정해 형식

적으로 진행하고 실무교섭을 각 노조별로 진행할 것을 요구할 것이 우려됨.
- 이는 사실상 교섭창구 단일화를 무의미하게 만들 수 있는 것으로 사측 입장에서는 그에 따른 교섭비용 증가 등 부담을 그대로 떠안을 수밖에 없음.

○ 또한 교섭에서 노사가 합의해도 노조 내부 찬반투표를 거친 후 최종 타결하고 부결될 경우 다시 교섭을 하는 식의 잘못된 관행이 존재했던바, 이는 복수노조가 있을 경우 더욱 문제가 될 것으로 예상됨.

○ 따라서 교섭창구 단일화 취지에 반하는 노조별 실무교섭 또는 교섭위원이 사안에 따라 바뀌는 식의 교섭을 진행해서는 안 되며, 이러한 요구는 거부해야 함.

○ 또한 노조 간 갈등으로 인해 사실상 교섭대표의 대표권이 유명무실해질 수 있고 교섭의 안정적 진행이 어려워질 수 있으므로 교섭대표와 합의한 내용에 대해 노조 내부의 찬반투표 부결로 인한 재교섭 요구는 거부해야 함.
- 교섭대표는 교섭권과 체결권을 가지고 있는바, 단체교섭 결과에 대해 조합원 찬반투표를 거쳐 단체협약을 체결하도록 한 규약 등은 노조법 위반으로 찬반투표 부결을 이유로 한 재교섭 요구를 거부해도 무방함.
- 노사가 '잠정합의'를 명시해 합의할 경우 명시한 대로 잠정적 효력이 인정될 수 있는바, 최종 타결 전 잠정합의서를 작성하고, 조합원 찬반투표를 거쳐 최종 타결하는 관행을 개선할 필요가 있음.

○ 한편 교섭 진행 중에 교섭대표 노조의 자격을 둘러싼 노·노 갈등이 발생해 교섭 진행에 차질이 생기는 등의 상황도 발생할 수 있는바, 한 번 결정된 교섭대표 노조를 임의로 변경하는 것을 허용해서는 안 됨.
  ※ 구체적으로 ⅰ) 노측에서 임의로 교섭대표 노조를 변경하거나, ⅱ) 과반수인 교섭대표 노조의 조합원 수가 탈퇴로 인해 과반수에 미달하는 경우의 자격 논란, ⅲ) 각 노조가 연합으로 과반수를 넘겨 교섭대표 노조가 된 경우 위임 철회 등으로 조합원 수가 과반수에 미달하는 경우 등이 있을 수 있음.

○ 교섭 중 교섭대표 노조의 변경을 인정하는 것은 기존에 진행한 교섭을 처음부터 다시 해야 하는 결과를 낳을 수 있으므로 인정해서는 안 됨.
  ※ 다만, 교섭대표 노조와 1년간 단체협약을 체결하지 못한 경우 다른 노조가 사용자에게 교섭을 요구할 수 있으며, 다시 교섭창구 단일화 절차가 개시됨.

○ 교섭창구 단일화에 참여한 노조들은 잠정합의안에 대한 추인 절차 명문화, 찬반투표의 주체를 각 노조로 분리, 일부 노조에서 반대할 경우 전체 합의안에 대한 부결 등을 골자로 하는 규정을 요구할 가능성이 높을 것으로 예상되는바, 이에 대해서는 단호히 거부해야 함.

④ 시설편의제공, 유일교섭단체, Union shop 등 기존 단체협약 중 복수 노조 발생 시 문제가 될 수 있는 조항들을 합리적으로 개정한다.

○ 노조사무실 등 시설편의제공 등 기존 1개의 노조를 전제로 체결한 단체협약 내용에 대해 신규 노조도 동일한 내용을 사용자에게 요구할 경우 사용자의 부담은 가중되고, 대응에 어려움을 겪을 것이 우려되는바, 기존 단체협약 내용을 합리적으로 개정하는 것이 필요함.

- 노조사무실 등 편의제공: '최소한의 규모의 노동조합사무소의 제공' 외에는 원칙적으로 사용자의 노동조합에 대한 편의제공은 부당노동행위에 해당하는바, 합리적 기준을 마련하고 지급수준을 재조정하는 것이 필요

  ※ 특히 복수노조를 대비해 조합사무실을 주요 생산시설 등에서 떨어진 사업장 밖에 두는 조치도 적극 검토해 시행하도록 함.

- 유일교섭단체조항: 다른 노조의 단체교섭권을 박탈한다는 점에서 위헌으로 무효이며, 이를 이유로 다른 노조의 교섭 요구를 거부하는 것은 부당노동행위인바, 삭제가 필요

- 입사와 동시에 특정 노조의 조합원이 된다는 Union shop조항: 근로자의 자유의사와 무관하게 입사와 동시에 노조에 가입한 것으로 간주하는 것은 개별 근로자의 단결권을 침해하는 것으로 Open shop으로 개정하는 것이 필요

- 기존 노조와 진행한다는 노사협의회조항: 복수노조가 생기면 혼란이 우려되는바, 근참법 등 관련법에 따르는 것으로 개정이 필요

- 기존 노조가 참여하는 노사공동위원회 등 각종 위원회조항: 신속한 사측의 의사결정을

저해하고 노사 의견 불일치로 인한 분쟁 가능성이 높아지는 등 폐해가 우려되며, 특히 복수노조 발생 시 신규 노조의 참여 요구로 인해 추가 혼란이 예상되는바, 삭제가 필요
- 취업규칙 등 제 규정 개정 시 노조 동의조항: 사내 규정을 만들고 시행할 권한이 사용자에게 있음에도 불구하고, 이를 어렵게 만들고, 복수노조가 허용된 이후 새로 생긴 노조들까지 동일한 권한을 요구할 가능성이 높다는 점에서 삭제 또는 근기법에 따르는 것으로 개정이 필요

복수노조 설립에 대비해 기존 단협 중 개정이 필요한 사항

· 유일교섭단체조항
· 입사와 동시에 특정 노조의 조합원이 된다는 유니온 숍 조항
· 조합사무실, 게시판 및 회의실 사용 등 편의제공 조항
· 기존 노조와 진행한다는 노사협의회 조항
· 기존 노조가 참여하는 노사공동위원회 등 각종 위원회 조항
· 취업규칙 등 제 규정 개정 시 기존 노조의 동의를 받아야 한다는 조항

○ 또한 복수노조가 생겨 단체교섭을 진행하더라도 기존 노조와 체결했던 단체협약을 기준으로 논의될 가능성이 높은바, 기존 단체협약의 내용을 합리적으로 조정하는 것이 필요함.

⑤ 조합원 이중 가입과 관련한 단체협약의 적용, 조합비 일괄공제(Check-off) 실시 여부 등을 명확히 규정한다.

○ 노조를 조직 또는 가입하는 것은 근로자의 자유이므로 복수노조가 생길 경우 근로자들이 노동조합에 중복으로 가입해 활동하는 상황도 충분히 발생할 수 있음.
- 이중 가입을 억제하고, 그로 인한 혼란을 막기 위해서는 단체협약 적용범위 등을 명확히 정하는 것이 바람직함.

○ 조합비는 노조가 조합원으로부터 직접 징수하는 것이 원칙이나, 다수의 기업에서 단체협약에 조합비 일괄공제(Check-off)에 관한 규정을 두고 매월 급여 지급 시 조합비 명목으로 일괄공제하여 노조에 지급하고 있음.
- 조합비 일괄공제는 사용자의 재량에 속하는 사항으로 그동안 대다수의 사용자들이 기존 노조와의 관계 등을 고려해 조합비 일괄공제를 수용한 예가 많았으나, 복수노조가

허용되면, 새로운 문제가 생길 수 있음.

○ 조합비 일괄공제는 노동조합의 조합운영비에 대한 부담을 덜어 주어 복수노조 허용 이후 노동조합이 난립하게 되는 유인이 될 수 있으며, 조합비 납부 여부가 이중 가입 시 조합원 산정의 기준이 될 수 있다는 점에서 이중 가입으로 인한 처리에 사용자가 어려움을 겪을 수 있음.

○ 따라서 복수노조 시대 노동조합의 난립을 막고, 건전한 노동조합 활동을 사업장 내에 정착시키기 위해서는 조합원 모집 및 조합비 징수는 원칙대로 노조 스스로 하도록 하는 것이 필요함.
- 한편 특정 노조에 대해서만 조합비 일괄공제를 허용하는 것은 부당한 노조 간 차별에 해당하므로, 조합비 일괄공제를 금지할 경우 사업장 내 모든 노조에 대해 적용해야 함.
- 만약 조합비 일괄공제를 허용할 경우에는 반드시 일반 조합원의 개별 동의가 있어야 한다는 내용을 단체협약에 규정하도록 함.

⑥ 교섭창구 단일화 취지에 반하는 일부 노조의 집단행동 등 불법투쟁에 대해서는 법과 원칙에 따라 적극 대응한다.

○ 교섭대표 노조가 주도하지 않는 파업 등 쟁의행위는 명백한 불법이므로, 이에 대해서는 징계, 민사·형사상 책임 등을 적극적으로 묻도록 해야 함.
- 교섭대표 노조는 쟁의행위의 결정 주체가 되며, 쟁의행위가 적법하게 수행될 수 있도록 지도·관리·통제할 책임이 있음.

〈참고 조문〉

노조법 제29조의4(공정대표의무 등) ① 교섭대표 노동조합과 사용자는 교섭창구 단일화 절차에 참여한 노동조합 또는 그 조합원 간에 합리적 이유 없이 차별을 하여서는 아니 된다.

38조(노동조합의 지도와 책임) ③ 노동조합은 쟁의행위가 적법하게 수행될 수 있도록 지도·관리·통제할 책임이 있다.

* 노조법 제29조의5에 따라 "교섭대표노동조합"을 "노동조합"으로 봄.

○ 개별노조의 독자적인 쟁의행위는 불법이므로, 각 노조는 쟁의행위 대신 교섭대표 노조(또는 교섭위원)와 사용자를 비판하는 홍보선전물 배포 및 집회 등 투쟁활동을 전개할

가능성이 높음.

- 만약 교섭 진행 중에 이러한 상황이 발생할 경우에는 교섭대표 노조에 원활한 교섭진행을 위해 책임 있는 역할을 요구하도록 하며, 해당 조합원에 대해서는 징계 절차를 진행함.

- 또한 이러한 투쟁으로 인해 교섭대표 노조의 대표성에 문제가 생길 수 있다면, 교섭 진행을 잠정적으로 중단하는 것도 고려해야 함.

⑦ 근로시간면제제도는 교섭단위분리 여부와 무관하게 해당 사업 또는 사업장 내 전체 조합원 수를 기준으로 한다.

○ 근로시간면제제도는 원칙적으로 하나의 사업에 속해 있는 전체 조합원 수를 기준으로 산정하는바, 사업 또는 사업장 내 모든 노조의 조합원 수를 기준으로 근로시간면제한도 영역을 결정함.

- 예외적으로 하나의 법인 내 사업소 또는 공장별로 근로조건의 결정권이 있고, 인사·노무관리, 회계 등이 독립적으로 운영되는 경우에는 별개로 근로시간면제제도를 적용할 수 있음.

〈참고 조문〉

시행령 제11조의2(근로시간면제한도) 법 제24조의2 제1항에 따른 근로시간면제심의위원회는 같은 조 제2항에 따른 근로시간면제한도를 정할 때 법 제24조 제4항에 따라 사업 또는 사업장의 전체 조합원 수와 해당 업무의 범위 등을 고려하여 시간과 이를 사용할 수 있는 인원으로 정할 수 있다.

○ 실제 각 노조의 근로시간면제한도를 결정함에 있어 조합원 수에 따라 비례적으로 적용할 수 있을 것이며, 합리적 수준에서 교섭대표 노조에 다른 노조보다 많은 면제시간을 부여할 수도 있을 것임.

- 고용부도 근로시간면제한도 적용에 있어 교섭대표 노조에 조합원 수 비례에 의한 한도보다 많이 인정한다 하더라도 그것만을 이유로 지배·개입에 의한 부당노동행위라고 할 수 없다는 입장임[고용부, 사업(사업장) 단위 복수노조 업무매뉴얼, 53면].

⑧ 공정대표의무 위반·부당노동행위 등에 해당되지 않도록 유의한다.

○ 복수노조 발생 이후 노무관리 시 공정대표의무 위반과 부당노동행위가 문제될 수 있는바, 이에 대한 주의를 요함.

− 특히 신규노조가 생긴 후 사업장 내에서 취약한 활동기반을 강화하기 위해 공정대표의무 위반 및 부당노동행위를 이유로 한 법률 투쟁을 전개할 것이 우려됨.

〈참고〉 복수노조 발생 이후 공정대표의무 위반·부당노동행위 해당 유형 예시

> ▶ 특정 노동조합 조합원에 대한 합리적 이유 없는 인사상 불이익 취급
> ▶ 새로운 노동조합을 조직 또는 조직하려고 하거나 다른 노동조합에 가입 또는 가입하려고 한 것을 이유로 정당한 이유 없이 해고 등 불이익 취급을 한 경우
> ▶ 채용 시 특정 노동조합에 가입하지 않거나 특정 노동조합의 조합원이 될 것을 고용조건으로 한 경우
> ▶ 개별교섭에 동의한 이후 해당 노동조합 또는 특정 노동조합과의 교섭을 정당한 이유 없이 거부·해태하는 경우
> ▶ 특정 노동조합의 조직을 방해하거나 조합원들의 탈퇴를 종용하는 경우
> ▶ 다른 노동조합을 통해 특정 노동조합의 조직을 와해시키거나 노동조합활동을 방해하는 경우
> ▶ 특정 노동조합에 대해서는 조합비 일괄공제를 허용하지 않는 경우
> ▶ 복수의 노동조합 간에 합리적 이유 없이 노동조합에 대한 편의제공 등을 차별하는 경우

○ 처우에 정당한 이유(합리적 이유)가 있다면 공정대표의무 위반, 부당노동행위에 해당하지 않는바, 노동조합 및 조합원에 대한 처우 시 합리적·객관적 근거를 갖추는 것이 중요함.

한국노총 복수노조 대응지침

복수노조 시행에 따른 기존 노조의 교섭권 확보를 위한 대응지침

1. 목적

- 한국노총은 금년 3월 초 "2011년 한국노총 공동임단투 지침"에서 복수노조 시행에 대비하여 "교섭권 확보 및 조직강화 지침"을 시달한 바 있으며, 2010년 말과 2011년 5~6월, 두 차례에 걸쳐 복수노조 대비교육을 진행한 바 있음.
- 최근 노동부의 잘못된 행정지도와 창구단일화 제도시행을 이유로 7월 1일 현재 교섭 중인 사업장에서 사측의 일방적 교섭중단, 교섭지연, 노동위원회의 조정신청 반려 등의 문제가 발생하고 있는바, 이에 대한 대응방침을 명확히 하고 기존 노조 교섭권의 안정적 확보를 도모하기 위함.

2. 복수노조 시행에 따른 사례별 대응지침

1) 노조법 부칙 제4조에 따른 "이 법 시행일 당시 교섭 중인 노조의 교섭대표 노조 지위" 관련 법률 다툼의 조속한 해결추진
- 노조법 부칙 제1조(시행일)에서 복수노조 관련 규정의 시행일이 2011년 7월 1일이며, 부칙 제4조(교섭 중인 노동조합에 관한 경과조치)는 "이 법 시행일 당시 단체교섭 중인 노동조합은 이 법에 따른 교섭대표노동조합으로 본다"라고 규정되고 있음에도, 고용노동부는 이 법 시행일이 2010년 1월 1일이므로 금년 7월 1일 현재 교섭 중인 노조는 교섭창구 단일화 절차를 밟아야 한다고 주장하고 있음.
- 이에 회사 측이 7월 1일 복수노조 시행을 이유로 지금까지 진행해 온 교섭을 중단하고 '교섭 요구사실공고' 등 교섭창구 단일화 절차 진행을 요구하고 있음.
- 이 같은 '이 법 시행일 관련' 노동부의 입장은 타임오프제법 시행일 이전 체결된 단체협약 효력을 부정하기 위해서 이 법 시행일을 2010년 1월 1일로 해석한 종전의 입장을 고집하고 있는 것임. 이는 복수노조 시행 이전부터 이미 진행 중인 단체교섭과 기

존 노조의 교섭권 안정을 위하여 "경과조치(경과규정)"를 둔 취지에 반하는 해석상 잘 못이 있는바[아래 <노조법 부칙 제4조 관련 노동부 해석의 문제점> 참조] 한국노총 은 "교섭대표 노조 지위 확인 가처분 소송 등"을 통해서 법률상 다툼을 조속히 해결할 것임.

– 이에 한국노총 산하 회원조합 및 지역본부는 이 같은 문제가 발생한 사업장을 파악하 여 총연맹에 보고하고(첨부 1: 보고양식 참조), 한국노총 중앙법률원은 "교섭대표 노조 지위확인 및 교섭응낙가처분" 소송을 진행하여 법률해석상 다툼을 조속히 마무리할 방침임.

〈노조법 부칙 제4조 관련 고용노동부 해석의 문제점〉

o 노조법 부칙 제4조에 의거한 교섭대표 노조의 지위 확보

– 현행 노조법 부칙 제1조(시행일)에서는 "……제29조 제2항・제3항・제4항, 제29조의2부터 제29조의 5까지, 제41조 제1항 후단, 제42조의6, 제89조 제2호의 개정규정은 2011년 7월 1일부터 시행한다"라 고 복수노조 관련 규정의 시행일이 금년 7월 1일임을 명확히 하고 있으며, 노조법 부칙 제4조(교섭 중인 노동조합에 관한 경과조치)에 따라 "이 법 시행일 당시 단체교섭 중인 노동조합은 이 법에 따른 교섭대표노동조합으로 본다"라고 하여 복수노조 허용이 시행되는 2011년 7월 1일 현재, 교섭 중인 노동조합은 교섭대표 노조로서 간주됨.

– 반면 고용노동부는 아래와 같이 주장하고 있음.

> ・부칙 제4조의 경과규정은 법 개정으로 예상치 못한 소급적 불이익 예방을 위한 것, 즉 이미 종전 법에 따라 교섭하던 노조가 복수노조 법 시행으로 교섭대표 선출 절차를 다시 밟아야 하는 불이 익을 예방하기 위한 것임.
>
> ・노동부는 이 법 시행일이 2010년 1월 1일이므로, 이러한 문제는 생기지 않으며, 부칙 제4조도 적용되지 않는다는 것임.
>
> ・부칙 제4조의 "이 법 시행일"은 개정노조법 전체의 시행일을 의미하는 것이지 개별 조항의 의미 하는 것이 아니며, 개별조항의 시행일을 말하는 것이면 "제○조의 개정 규정 시행일"이라는 표 현을 써야 한다는 것임.

– 그러나 노동부 주장대로 "부칙 제4조의 경과규정이 이 법 시행으로 예상치 못한 소급적 불이익을 예 방하기 위한 것"이라면, 부칙 제4조의 "이 법 시행일"은 이 법 시행에 따라 교섭 중인 노동조합이 교섭창구 단일화 절차를 다시 밟아야 하는 불이익 문제가 생기는 시점을 의미하는 것임.

– 즉, 노조법 부칙 제1조 단서에 따라 복수노조 시행으로 교섭창구 단일화 의무가 발생하는 시점인 2011년 7월 1일로 봐야 함.

- 부칙 제4조의 "이 법 시행일이 2010년 1월 1알"이라는 고용노동부의 입장에 따르면 복수노조 허용 및 교섭창구 단일화 관련한 어떠한 규정도 시행되지 않아 소급적 불이익이 발생할 소지가 전혀 없는 시점에 교섭 중인 노동조합을 위해서 불필요한 경과규정을 둔 것이나 다름없으므로 전혀 논리적 타당성이 없는 주장임.
- 노동부는 "제○조의 개정 규정 시행알"이란 표현을 썼어야 한다고 주장하나 법 시행일 당시 교섭 중인 노사의 교섭안정을 기하려는 부칙 제4조 경과규정 취지로 보아 "이 법 시행알"은 "제○조, 제○조, ……개정규정의 시행"이란 표현을 쓰지 않았다 하더라도 복수노조 관련 규정의 시행일로 해석하는 것이 타당함.
- 노동부의 타임오프제법 시행일 이전 체결된 단체협약 효력을 부정하기 위해서 이 법 시행일을 1월 1일로 해석한 종전의 입장을 고집하는 것으로, 노동부의 잘못된 해석방침으로 현재 교섭 중인 노조의 교섭권을 부정하는 결과, 이로 인해 교섭권 관련 법적 분쟁 야기 등 노사관계 엄청난 혼란만 초래할 것임.
- 따라서 2011년(금년) 7월 1일 이전 실질적인 교섭을 진행하고 있는 노동조합의 경우 교섭대표 노조로서의 지위가 유지되며, 단체협약을 체결한 경우 그 협약의 유효기간이 만료되기까지 교섭대표로서의 지위가 유지된다고 보아야 함.

2) 복수노조 허용 및 창구단일화 제도시행을 이유로 한 사측의 일방적 교섭중단, 교섭지연 의도에 대해선 단호히 대응할 것

- 7월 1일 이전부터 단체교섭을 진행해온 노동조합은 앞서 언급한 바와 같이 노조법 부칙 제4조에 의거 교섭대표 노조의 지위가 확보된 것이며, 지금까지 진행해 온 단체교섭은 복수노조 허용 및 창구단일화 제도 시행과 무관하게 유효함.
- 7월 1일 이전 단체교섭을 시작해서 현재 교섭중인 노동조합은 해당 교섭의 당사자로서 계속 교섭할 권리를 가지며, 지금까지 진행된 교섭도 유효한 것이므로 사측은 이미 진행되어온 교섭에 응할 의무가 있음.
- 사측이 창구단일화 절차 진행을 이유로 고의적으로 교섭중단하거나 교섭연기, 지연 등 교섭기피를 하는 경우, 노동조합은 사측의 이러한 행위는 부당노동행위임을 엄중 경고하고 종전과 같이 교섭을 진행시켜야 할 것이며, 이를 거부할 경우 상급단체에 즉시 이를 신고하고 교섭응낙가처분 등 법률적 조치를 강구해야 할 것임.
- 노동위원회는 복수노조 시행 이전(6월 말경)부터 접수되는 조정신청 사건에 대해서 "복수노조 시행에 따라 창구단일화 절차 진행 후 조정신청을 하도록"하라는 노동부의 행정지도 방침에 따라 조정신청을 반려하고 있음.
- 노동위원회의 조정신청 반려 역시 기존 노사의 합법적 교섭 및 교섭당사자로서의 지위를 부정하는 행위이며, 노동위원회의 직무유기에 해당되므로 한국노총은 이에 대하여 행정소송 등 대응조치를 강구할 것임.

3) 불가피한 경우 창구단일화 절차 진행을 통한 교섭대표 노조 지위 확보방안

- 7월 1일 현재 교섭 중인 산하 조직은 한국노총 지침에 따라 부칙 제4조에 의한 교섭대표 노조의 지위가 확보된 것이며, 한국노총은 부칙 제4조 관련 법률해석상 논란을 소송 등의 절차를 통하여 신속히 해결할 것임.

- 한국노총의 법률지원 및 소송추진 방침에도 불구하고, 위와 같은 사법적 절차를 추진하는 데에는 시간이 소요되는 점을 감안하여 불가피하게 기존 노조가 자체 판단에 따라 창구단일화 절차를 신속히 마무리하여 교섭대표 노조의 지위를 확정하고자 할 경우 다음과 같은 절차를 참고할 것

(* 해당 방침의 예외 조직: 2009년 12월 31일 현재 1사 다수 사업장의 경우 2012년 7월 1일부터 창구단일화 절차 적용되고, 노조법 시행령 제14조의2 제1항에 따라 단체협약 만료일 3개월 이전부터 교섭할 수 있으므로 아직 교섭 요구 가능일이 도래하지 않은 경우는 당장 선제적 창구단일화 절차를 진행할 수 없음)

□ 고려할 사항

- 사측이 기존 노조를 견제하기 위하여 교섭기피, 교섭을 지연하거나 신설 어용노조를 지원하려는 의도가 아닌 기존 노조와의 법적 절차(교섭창구 단일화 절차)를 단순히 신속히 마무리하고자 하는 경우 또는 당장 신설노조가 설립될 가능성이 없고 신설노조가 설립된다 하더라도 기존 노조가 전체 조직대상 근로자의 과반수 대표지위를 유지하는 데 문제가 없는 경우에는 선제적으로 신속히 창구단일화 절차를 진행하여 기존 노조가 교섭대표 노조로서의 지위(2년)를 선제적으로 확보하는 방안도 모색할 수 있음.

□ 교섭 요구 노동조합 확정 절차

- 이에 현재 교섭 중이라 하더라도 기존 노조가 7월 1일 복수노조 시행 직후 교섭 요구를 하여 창구단일화 절차를 개시하고, 사용자가 교섭 요구사실을 공고하는 7일의 기간이 경과하여 교섭에 참여하는 노동조합이 확정 공고되면 그 이후에 신설 복수노조가 설립된다 하더라도 교섭에 참여할 수 없으며 기존노조가 교섭대표 노조로 결정되는 것임.

- 다만 교섭 요구사실을 공고하는 7일간의 기간 내에, 기존노조 조합원의 과반수가 이탈하여 복수노조가 설립되거나 또는 사업(장) 내 비조합원 범위(영업, 사무, 다른 공장 등)에서 신설된 노조가 많은 조합원 수를 확보해 전체 조합원의 과반수가 되는 경우에는, 기존 노조가 교섭대표 노조로 확정되기 어렵게 됨.

<절차 예시>

① 기존 노조가 2011년 7월 1일 직후 교섭을 서면으로 요구함(공문 형식으로 통보)

→교섭 요구서에 포함되어야 할 사항: ⅰ) 노동조합의 명칭, ⅱ) 대표자의 성명, ⅲ) 주된 사무소의 소재지, ⅳ) 교섭 요구일 및 조합원 수

② 사용자는 즉시 7일간 기존노조가 교섭을 요구하였다는 사실과 다른 노동조합이 교섭에 참여하려면 그 기간 내에 교섭을 요구하라는 공고절차를 거치게 됨.

③ 이때 교섭참여노조가 없어 교섭을 요구한 노조가 1개인 경우에는 그 노조가 교섭대표 노조로 결정됨 (노동부 매뉴얼 19쪽).

④ 교섭 요구사실 공고기간이 경과하면 사용자는 5일간 교섭 요구 노동조합을 확정하여 공고함으로써 교섭 요구 노조가 확정됨.

민주노총 복수노조 대응지침

복수노조 시행에 대한 민주노총 대응(2월 22일 2차 중집 결정)

1. 복수노조 대응 조직운영 지침

1) 복수노조 시대를 맞는 민주노총의 기본방향

☞ 노조법 전면 재개정 투쟁을 통한 노동3권의 실질적 확대

☞ 민주적 조직운영과 현장조직력 강화를 통한 자본과 정권의 현장개입력 분쇄

☞ 복수노조시대는 제2의 민주노조건설의 시대, 모든 노동자들에게 민주노조를!

☞ 노동조합운동의 사회연대 강화와 계급성-계급단결 확대

▶ **노조법 전면 재개정 투쟁을 통한 노동3권의 실질적 확대**

- 형식적인 복수노조 허용은 민주노조운동(민주노총)의 와해를 목표로 한 자본과 정권의 목표. 나아가 한국진보세력의 변혁적 지향성과 투쟁력을 무력화함으로써 보수적 사회질서를 구조화하는 것이다.

- 교섭창구 단일화를 전제로 한 복수노조는 노동3권을 근본적으로 부정하는 것으로 '**교섭창구 단일화 제도철폐**'와 '**복수노조자율교섭쟁취**'를 통한 **모든 노동자의 실질적 노동3권 보장투쟁**이 기본방향이다.

▶ **민주적 조직운영과 현장조직력 강화를 통한 자본과 정권의 현장 개입력 분쇄**

- 민주노총 각급 조직들의 주체 상황은 전반적인 조직력, 투쟁력, 지도집행력 약화로 축

약되며, 조합원들의 계급의식과 투쟁의지도 전반적으로 약화되어 있고, 노조집행력 확보를 위한 이전 경쟁구조는 복수노조시대 조직단결의 악재로 작용할 우려가 있다. 이에 따라 다수의 현장은 복수노조로 인해 현장 내 힘의 역관계에서 자본에게 압도당할 수 있다는 위기의식이 상당히 높아져 있고 방어적, 수세적 정서가 더 크게 작동하고 있는 것이 현실이다.

- 따라서 각급 조직의 민주적 운영 기풍을 높여 조직력과 투쟁력을 강화하고, 현장조합원을 중심에 둔 사업기조를 전면 구현하여 자본과 정권의 현장 개입력을 분쇄하는 것이 기본 요구다.

▶ 복수노조시대는 제2의 민주노조건설의 시대, 모든 노동자들에게 민주노조를!

- 복수노조 제도의 본질은 '노동자의 자주적 단결권의 확대'로, 공세적 조직확대 사업은 '복수노조전면허용'을 요구해왔던 민주노조운동의 기본입장과 현행 노조법의 전면재개정을 통해 복수노조시대 계급적 대표성을 확보하기 위한 민주노총의 핵심 과제다. 따라서 민주노총은 가장 대중적이고 힘 있는 슬로건을 내걸고 복수노조시대 능동적인 대대적인 제2의 민주노조건설운동과 민주노조가입운동을 전개해야 한다.
- 이를 위해 '사업장 내 조합원 확대', '비정규직 중소영세 사업장 신규조직화', '어용노조 민주화', '무노조사업장 조직화'에 대한 조직계획 수립을 통해 산별 노조(연맹)와 지역본부의 사업태세를 마련하고 전략조직화사업을 전개하는 것이 매우 중요하다.

▶ 노동조합운동의 사회연대 강화와 계급성 – 계급 단결 확대

- 일각에서는 현재 노동조합 운동을 두고 '정규직 중심'의 민주노조운동의 한계를 지적하고 있다.
  그 대안은 '국민과 함께하는 노동운동'이란 이름으로, 또 때론 '사회연대 노조운동'이란 이름으로, 또는 '사회변혁적 노동운동'이란 과제로 제기되기도 하나 핵심은 **'공장 담벼락 안에 갇힌 노동운동'**에 대한 지적이라 할 수 있다.
- 복수노조 도입과 교섭창구 단일화 강제방안은 노조의 활동을 사업장 담장 안으로 더욱 제한하게 될 것이다. 현행법이 강제하는 문제는 노조법 전면 재개정 투쟁을 통한 투쟁과 함께 앞으로 노조활동이 자기중심적 – 경제주의적 태도를 뛰어 넘어설 것을 요구하고 있다. 복수노조 시대를 계기로 오히려 민주노조운동을 더욱 확장하기 위해, **'노동자의 보편적 권리 확대와 차별 철폐, 평등실현, 노동해방'** 등과 같은 민주노조운동 본연의 과제를 실현하기 위해, '사업장 중심주의'와 '경제주의'를 의식적으로 극복해야 한다.

2) 각급 조직별 중점 과제

➡ 총연맹

• 노동법 전면 재개정 투쟁과 제2의 민주노조 건설운동 전개
 － 전면적 복수노조 시행을 위한 창구단일화제도 철폐 및 자율교섭투쟁 전개
 － 대대적인 제2의 민주노조 건설운동 지원 및 전개

• 복수노조 시행에 따른 조직강화와 조직 내 분쟁 조정기구 및 조정 절차 마련
 － 1사 1노조 원칙에 대한 조직지침 마련을 통한 조직 내 단결력 강화
 － 복수노조 시행에 따른 민주노총 내부의 조직분화에 대한 합리적 대안 마련

• 노동자의 자주적 단결권, 민주노조, 노동존중사회 등에 대한 사회적 캠페인 일상화
 － 민주노조에 대한 대중적 요구를 확산하고 각급 조직의 조직확대사업을 지원
 － 매년 전체 노동자를 대상으로 하는 기획홍보사업 예산 책정
 － 민주노총의 지향과 가치 등 홍보 콘텐츠와 방식의 창의적 개발
 － 법률지원, 상담, 정치활동 거점으로서의 역할 강화

• 복수노조 시대 대대적인 전략조직화 및 노조가입운동 전개
 － 미조직비정규 전략조직화 사업 단계적 확대: 학교비정규직 노조건설 투쟁과 같은 전국
  단위의 미비 조직화
 － 무노조 전략사업장 조직화 사업 총괄지휘: 산별과 지역본부와 결합한 조직확대 전략단
  위 선정: 중장기적 조직화 기조를 수립 및 사회적 민주노조 건설 움직임 확산
 － 비정규직 없는 세상 만들기 대중운동과 결합한 비정규 조직화
 － 청년 실업운동, 청년단체 등과의 연대사업을 통한 노동조합 건설 지원

➡ 지역본부

• 지역본부를 중심으로 하는 가맹산하 지역노조들 간의 지역연대 복원 및 강화
• 노동자의 자주적 단결권, 민주노조, 노동존중 등에 대한 지역사회 캠페인 일상화
• '비정규직 없는 세상 만들기' 사회적 연대사업과 결합한 비정규 조직화
• 지역본부별 미비 상담거점과 체계 확대 강화, 인적, 물적 토대 확대
• 지역공단 미조직 노동자(어용노조 사업장 노동자)에 대한 적극적 조직사업 강화
• 지역 노동자 일반을 대상으로 한 교육 및 서비스 강화

- 지역 내 자주적인 민주노조 건설 추진 단위에 대한 적극적 지원

➡ 산별(노조)연맹

- 산업 내 다양한 직종(군) 노동자 조직화 사업 적극화
- 산업 내 미비 조직화 사업 적극화
- 소규모 유관산별과의 통합을 통한 조직확대 등 산별 자체의 조직전략을 포함한 산별운동 발전전망과 결합한 조직 확대 사업 전개

➡ 사업장 단위 복수노조 대응 조직지침

- 복수노조 시행에 따른 당면 지침
1) 복수노조 시행에 따른 노동조합 집행부 및 조합원 대상 교육사업 진행(3~4월)
2) 민주노총의 '노조법 전면 재개정 투쟁'에 전면 결합
3) 전 조직 7월 이전 실질교섭 확보 및 사측의 부당노동행위 대응 준비
4) 사업장 내 조합원 조직률 유지 확대 및 미조직, 비정규직 가입사업 진행

- 복수노조 시대에 맞는 조직운영 개선 지침
1) 각급 노동조합 조직진단에 따른 조직운영 개선사업 진행
2) 조직 운영의 민주성, 현장성 강화
3) 사업장별 조건에 맞는 민주노조진영의 단결력 강화를 위한 대응책 마련

- 복수노조 시대에 맞는 조직운영 개선 지침
1) 현장 활동가 발굴 육성사업 및 현장 소모임 복원 및 지원
2) 노조간부의 책임성과 역량 강화 사업진행
3) 조합원 교육사업의 강화
4) 선전사업의 강화

- 복수노조 시대에 맞는 조직운영 개선 지침
1) 지역본부를 중심으로 한 산별지역 조직들 간의 지역연대 강화
2) 지역과 함께하는 노동조합의 사회연대 강화
3) 대지자체 제도개선투쟁 및 노동자 정치세력화를 위한 활동

2. 복수노조 대응 2011년 단체교섭 투쟁 지침

1) 임단협 교섭−투쟁 지침

➡ 교섭지침

● 교섭지침

[기조]
− 복수노조에 대한 총연맹의 단협 요구안을 기본으로 제시
− 총연맹의 방침대로 내용과 시기를 일치・집중함.

[시기]
− 임단협 돌입시기: 3월부터 시작
− 임단협 집중시기: 5~6월에 집중
− 전 조직은 최소 7월 이전 실질교섭을 확보

● 교섭지침

[기조]
− 복수노조의 독소조항인 '교섭창구 단일화 제도의 철폐'와 '복수노조자율교섭쟁취' 투쟁은 단위사업장이나 해당 산별연맹의 투쟁만으로는 돌파할 수 없는 민주노총을 중심으로 총 노동 투쟁전선의 구축으로 노조법 전면 재개정 투쟁을 통해 쟁취할 수 있는 사안임을 분명하게 인식한 기초 위에서 투쟁을 전개
− 총연맹 중심의 상반기 총 노동 투쟁전선 구축을 목적의식적, 조직적으로 추진하며 핵심내용은 비정규 저임금 노동자들의 최저임금의 생활임금 쟁취 투쟁과 노조법 전면 재개정 투쟁으로 집중
− 임단협 투쟁 시기집중 실현

[일정]
− 3, 4, 5월은 계기별 투쟁이나 조직의 임단투를 통해 내용과 조직을 정비, 일치시켜 나가고,
− 6월 한 달을 순차적인 투쟁으로부터 시작하여 집중하는 기간으로 선정하며 다음과 같은 구체적인 일정을 전 조직이 확정하며, 집중
: 1차 시기집중 투쟁: 5월 30일~6월 3일

: 6/10 최저임금 생활임금 쟁취 및 노동관련법 재개정(노조법 전면재개정) 투쟁

: 2차 시기집중 투쟁: 6월 23일~6월 29일

: 6/29 최저임금 생활임금 쟁취 및 노동관련법 재개정(노조법 전면재개정) 투쟁

※ 관련한 세부 일정 및 계획은 각 시기별 투쟁지침을 통해 수립

2) 복수노조 관련 2011년 단체교섭 주요 요구

[총칙]

1) 유일교섭단체

- 유일교섭단체 조항은 노동조합의 분열을 방지하고 그 단결을 공고히 함을 목적으로
  체결되는 것으로 복수노조가 시행되면 유일교섭단체 조항 유지가 불가능함. 따라서 기
  존 유일교섭단체 조항의 취지를 살리되, 노동조합이 아닌 노사협의회, 직원협의회, 상
  조회 등과 교섭할 수 없고 효력도 없음을 확인하는 단협 조항으로 변경 필요
- 복수노조 시행 시 타 노조 결성이나 교섭을 봉쇄한다는 자본의 주장은 특정 노조의 배
  타적 교섭권이 아닌 노동조합 일반의 교섭권을 인정하는 요구로 민주노총의 '자율적
  교섭'과 배치되지 않는 내용

제○○조(노동조합 아닌 단체와의 교섭 불가 및 효력 무효) 노동3권의 주체는 노동조합이므로, 회사는
노동조합 이외의 직원협의회, 노사협의회, 동호회, 상조회 등의 단체와 교섭할 수 없으며 그 단체와의
협의나 합의 등은 효력이 없다.

2) 협약의 우선 및 유리조건의 우선

- 협약의 우선 관련 조항은 오랜 기간 관행적으로 단체협약 안에 포함돼 왔을 뿐만 아니
  라, 관련 법규와 판례[1]를 통해서도 이미 근거가 마련돼 있기 때문에 크게 문제될 것이
  없음.
- 단체협약 중 협약에 정한 근로조건 기타 근로자의 대우에 관한 기준에 위반하는 취업
  규칙 또는 근로계약 부분은 무효이고 강행적 효력에 의해 무효로 된 취업규칙이나 근
  로계약 부분 또는 근로계약에 규정되지 않은 내용은 단체협약상의 기준이 적용됨.

---

1) 대법원 1993.1.26, 선고 92다11695; 대법원 1995.2.17, 선고 94다44422 등.

제ㅇㅇ조(협약의 우선) 이 협약에 정한 기준은 근로기준법, 회사의 취업규칙과 제 규정, 여타의 개별적 근로계약에 우선하며, 그중 협약 기준에 미달하거나 상반되는 일체의 사항은 이를 무효로 하고 그 부분은 협약 기준에 따른다.

제ㅇㅇ조(유리의 조건 우선) 산별협약은 모든 사업장에 우선적으로 적용하되, 사업장 단위 협약이 산별협약보다 유리한 경우에는 사업장 단위 협약을 적용한다.

- 산별협약의 적용에 있어 △ 산별협약의 취지가 해당 산업 노동조건의 상향평준화를 꾀하기 위한 최저기준을 정한 것이란 점, △ 사업장 단위 보충협약은 해당 사용자의 지불능력 등을 고려해 다양한 사용자 집단이 합의 가능한 수준에서 체결되는 산별협약을 상회할 수 있도록 하는 것이 보다 합리적이라는 점, △ 산별협약과 사업장 단위 협약 모두가 사용자의 동의와 합의에 따라 이뤄진 협약이라는 점 등이 강조되어야 함. 산별협약의 효력 문제는 근본적으로 산별교섭 법제화[2]를 통해 규율해야 할 문제이나, 법제화 이전 단체협약을 통해 이를 명문화해 사실상 통용토록 하는 것이 매우 중요한 과제임.

3) 조합원 자격과 가입(유니언 숍 조항)

제ㅇㅇ조(조합원의 자격과 가입) 조합가입 대상자는 입사와 동시에 조합원이 된다. 단 조합가입 대상자의 범위는 조합 규약에 따른다.

- 유니언 숍은 근로자를 채용할 때 특정 노동조합의 조합원이 될 것을 고용조건으로 하는 단체협약을 체결하는 것으로 근로자들의 단결을 강제하는 대표적 수단의 하나로 2011.7.1. 이후에는 제1노조에 유니언숍협약이 있더라도, 그 노동조합을 탈퇴하여 새로 노동조합을 조직하거나, 다른 노동조합에 가입하는 것은 가능하며 이 경우에는 유니언숍 협약을 이유로 해고 등 신분상 불이익을 주지 못함.
- 그러나 제1노조에서 탈퇴하여 상당한 기간 내에 다른 노조를 설립하거나 가입하지 않으면, 유니언숍협약이 적용되어 해고가 될 수 있음. 복수노조가 설립되어 있는 경우에도 특정 노조와 유니언숍 협약을 체결하는 것은 법으로 용인되며, 다만 사용자가 유니언숍협약을 체결한 노조의 단결을 원조하고 협약 외 노조를 약체화하려는 의도에 기

---

2) 민주노총은 산별교섭 법제화를 위한 입법의제로 △ 사용자단체 구성 의무화, △ 협약의 산업적 효력 확장 요건 신설, △ 산별협약의 최저기준 명문화 등을 제시하고 있음.

인한 것으로 인정되면 유니언숍협약 체결 자체는 사용자에게 부여된 중립의무를 위반하는 것으로 부당노동행위가 될 수 있음.

4) 협약의 적용범위

> 제ㅇㅇ조(협약의 적용범위) ① 회사는 단체협약의 모든 규정을 조합원에게 동등하게 적용한다.
> ② 회사가 조합과의 단체협약으로 정한 사항과 관련해 타 노조 조합원에게 적용하기 위해 회사의 제 규정과 취업규칙 등 기준을 변경하고자 하는 경우에는 조합의 동의를 얻어야 한다.

- 민주노조는 그간 협약의 적용범위와 관련해 '모든 종업원'을 대상으로 할 것을 단체협약에 명시해 왔고, 2011.7.1. 이후에도 기존 노조만 있을 경우에는 협약의 적용범위와 관련한 기존 조항이 그대로 유지될 수 있으나, 복수노조가 생겨날 경우에는 이와 같은 특정 노조의 일반적 구속력 조항이 효력을 유지하기 어려움.
- 아울러 신설노조의 어용 여부와 무임승차 방지 필요성 등, 각 사업장별 조건에 따라 협약의 적용범위 확장의 문제에 노조가 보다 구체적으로 관여해야 할 필요도 높아짐. 자칫 민주노조의 단체협약이 어용노조의 육성수단으로 악용될 수도 있을 뿐만 아니라, 민주노조의 투쟁과 희생으로 쟁취한 단체협약을 '취업규칙 변경' 등을 통해 경쟁 노조가 무임승차할 수도 있기 때문임. 따라서 기존 '협약의 적용범위 확대'의 정신과 내용은 그대로 살리되, 그 결정 과정에 노조의 동의를 반드시 거치도록 규율해, 회사가 이를 두고 정치적으로 활용할 수 없도록 하는 조항 마련이 필요함.

[조합활동]

1) 조합 간 균등처우 및 입증책임

> 제ㅇㅇ조(조합 간 균등처우 및 입증책임) ① 회사는 합리적 이유 없이 교육과 홍보, 사업장 내 정치사업, 근무시간 내 조합활동, 시설편의 제공 등 이 협약에 명시된 조합 활동 보장에 조합 간 직간접적 차별을 두어서는 아니 된다.
> ② 회사는 차별을 두지 않았다는 사실을 입증해야 하며, 이를 입증하지 못한 경우 차별행위가 있었던 것으로 본다.

- 복수노조 환경에서 사용자는 △ 민주노조를 소수화, △ 집행부 장악을 통한 노조 지배·개입 등 지금까지 사용했던 노조탄압책에 더해, 어용노조를 설립한 후 차별적 지원을 통해 기존의 민주노조를 약화시키고 어용노조를 육성하는 전략을 사용할 가능성이 있음. 보다 구체적으로는 자율 교섭에 동의한 뒤 민주노조와 불성실 교섭을 한 뒤, 단체협약에 체결되지 않았다는 이유로 어용노조에게만 특혜를 주는 방식이 생겨날 수도 있음.
- 따라서 단체협약에 '사용자의 중립의무'를 명확히 규정할 필요가 있음.

2) 조합활동 보장

제ㅇㅇ조(조합활동의 보장) ① 회사는 조합원의 자유로운 조합활동을 보장하고, 어떠한 이유로도 조합운영에 개입해서는 아니 되며, 조합활동을 이유로 어떠한 불이익 처우도 하지 아니한다.
② 회사는 특정노조에 대한 조합원 가입과 탈퇴를 유도해서는 아니 되며, 이를 이유로 어떠한 불이익 처우도 하지 아니한다.

- 기존 조합활동 보장 관련 내용에 '특정노조에 대한 가입과 탈퇴 유도 및 불이익 처우' 관련 내용 추가

[단체교섭]

1) 교섭 요구

제ㅇㅇ조(자율교섭 동의) ① 회사는 2011년 7월 1일 이후 별도의 절차 없이 조합과의 교섭을 보장한다.
② 회사는 이 합의로 조합과의 노조법상 자율교섭에 동의한 것으로 간주한다.

- 자율교섭을 원칙으로 요구하되, 어용노조의 출현 및 사용자의 지배개입으로 단체교섭권이 침해될 위협이 현저한 경우에는 교섭대표 노조의 권한을 갖는 것이 유리할 수 있음.[3)4)]
- 사용자가 자율교섭 허용에 따른 노조 간 차별대우를 통해 무기삼아 민주노조 탄압에

---

3) 노조법 제29조(교섭 및 체결권한) ② 제29조의2에 따라 결정된 교섭대표노동조합(이하 "교섭대표노동조합"이라 한다)의 대표자는 교섭을 요구한 모든 노동조합 또는 조합원을 위하여 사용자와 교섭하고 단체협약을 체결할 권한을 가진다.

4) 노조법 제29조의2(교섭창구 단일화 절차) ③ 제2항에 따른 기한 내에 교섭대표노동조합을 정하지 못하고 제1항 단서에 따른 사용자의 동의를 얻지 못한 경우에는 교섭창구 단일화 절차에 참여한 노동조합의 전체 조합원 과반수로 조직된 노동조합(2개 이상의 노동조합이 위임 또는 연합 등의 방법으로 교섭창구 단일화 절차에 참여한 노동조합 전체 조합원의 과반수가 되는 경우를 포함한다)이 교섭대표노동조합이 된다.

나설 수 있으므로, 자율교섭 시 사용자의 지배개입과 차별에 대해 면밀한 조사와 채증, 그리고 그에 대한 부당노동행위 성립을 강력히 경고해야 함.

- 자율교섭이 보장되지 않고, 앞으로 어용노조가 출연할 경우에는 법이 정한 '교섭창구 단일화 절차'를 피해 가기 어려움. 이때에는 △ 최대한 자율합의 절차를 밟아 일정정도의 권한을 나눠 가지는 방법, △ 이중 가입 등을 활용해 어용노조의 과반 점유를 막아 절대적 권한부여를 막는 방법, △ 공정대표 의무 관련 내용을 세세히 규정해 과반노조의 전횡을 막는 방법 등이 입체적으로 수행돼야 함.

2) 교섭의무

제ㅇㅇ조(교섭의무) ① 단체협약 교섭은 단체협약 교섭을 진행하는 해 **월부터 시작한다.
② 회사는 단체교섭 요구가 있을 때 이에 응해야 하며 정당한 이유 없이 이를 연기할 수 없다.
③ 회사는 부득이한 사정으로 일시를 연기하고자 할 때는 즉시 연기 사유와 함께 연기 일시를 명시하여 통지하여야 한다. 단, 3일 이상 연기할 수 없으며 2회 이상 교섭을 연기할 수 없다.

제ㅇㅇ조(산별교섭 보장) 사용자는 교섭창구 단일화와 관련한 노조법 규정과는 별개로 당해 사업장 노동자가 가입한 산별 노조와의 교섭에 성실히 응하며, 이를 위해 구성된 사용자단체에 참여한다.

- 교섭의무
- 현행 노조법은 '협약 만료 3개월 전'에 교섭을 요구할 수 있도록 하고 있으나, 이에 따른 창구단일화 절차를 모두 진행할 경우, 실제 교섭가능일은 20여 일에 그치게 돼 사용자의 교섭지연 등 악용의 여지가 매우 높음.
- 노동부는 이에 대해 '단협 만료 3개월 도래 이전의 교섭 요구는 평화의무 위반이므로, 사용자는 이에 응하지 않아도 된다'고 해석하고 있으나 비록 '협약 만료 3개월 전'이 도래하기 전이라도 단체협약을 통해 사전에 교섭에 돌입할 수 있도록 규율하는 것이 유리함.

- 산별교섭 보장
- 사용자는 '사업장 단위의 교섭창구 단일화'를 전제로 한 복수노조 허용을 이유로 기존 노조의 과반 여부를 불문하고 산별교섭을 거부하거나 해태할 여지가 높으며, 노동부도 이에 대해 사업장 단위에서 교섭대표 노조의 권한을 갖지 못한 경우 사용자에 산별교섭 요구를 할 수 없는 것으로 해석하고 있음.
- 따라서 사업장 단위에서의 교섭대표 노조 지위 획득과 별개로 산별 노조와의 교섭을 강제할 수 있는 조항 마련이 필요함.

3) 합의서 작성

− 일반적으로 단체협약이 유효하게 성립하려면 단체협약을 체결할 능력이 있는 노동조합과 사용자 또는 사용자단체가 근로관계에 관한 사항에 관하여 유효한 합의에 도달하여야 한다는 실질적 요건 이외에 서면작성 및 그 정당한 당사자 쌍방의 서명날인이라는 형식적 요건을 갖추어야 함.
− 복수노조에 따른 교섭창구 단일화 과정을 거쳤을 경우, 1인의 대표자를 두게 되면 직권조인 등의 문제가 생겨날 여지도 없지 않음. 따라서 복수노조가 공동교섭단을 꾸릴 경우, 합의서 작성과 관련한 노조 간 규율을 별도 약정(예컨대 공동쟁의대책본부 운영규정 등)을 통해 명확히 하는 것이 필요하며, 이와 같은 노조 간 규율(약정)에 따르지 않은 합의서 작성은 원천 무효임을 단체협약에 명시해야 함.
− 복수노조 간 공동쟁의대책위원회 구성 시 운영규정 등에 포함되어야 할 내용은 아래와 같이 예시할 수 있음.

□ **공동쟁의대책위원회(공동교섭단) 운영규정에 포함돼야 할 내용**

① **공동쟁의대책위원회(공동교섭단) 구성 및 운영 관련**
− 교섭대표 노조(공동대표자) 권리행사 절차 및 제한, 불신임 관련 사항
− 소수노조 요구 및 권리행사 관련 사항
− 노조별 확대쟁의대책위원회 구성 및 운영에 관한 사항
− 단체교섭 교섭권 위임이나 교섭위원 참가, 참관 등 교섭방법과 절차
− 단체교섭, 쟁의행위, 조합원 설명 등에 대한 절차와 방법
− 조합원 명부 공유
− 단체협약 조합원 인준 방법
− 공정대표의무의 구체적인 예시와 위반 시 위약금 조항
− 노조 간 분쟁 발생 예방 및 발생 시 조정 방법

② **쟁의행위 관련**
− 쟁의기금 설치 및 사용에 관한 사항
− 쟁의행위 불참 시 위약금, 격차 조항 등
− 쟁의행위 전술결정 및 운영에 관한 사항
− 쟁의행위 공동책임

－시급을 요하는 쟁의행위에 대한 교섭대표 사후 승인제

－필수유지업무 대상자 선정에 관한 사항

③ 기타

－피해자 구제에 관한 사항

－상급단체 집회참가 등 연대활동 보장에 관한 사항

－노동위 구제신청 시 사유와 절차

－기타

제○○조(합의서 작성) ① 단체교섭에서 합의된 모든 사항은 문서로 작성하고, 교섭대표자 날인과 쌍방 교섭위원이 서명하여야 한다.

② 합의서 작성에 대해 교섭창구 단일화 절차에 따른 복수노조 간 별도 약정이 있을 경우, 이 약정에 따르지 않은 합의서 작성은 무효로 한다.

[기타]

1) 보충협약 및 재교섭

제○○조(보충협약 및 재교섭) ① 사회적 경제적 여건의 변화와 법제도 변경 또는 협약에 누락되었거나, 협약의 내용 중 구체화시킬 필요가 있거나, 수정·보충되어야 할 사항에 대하여는, 본 협약의 유효기간 중이라도 보충협약을 체결할 수 있다.

② 보충협약은 본 협약과 동일한 효력을 가지며, 노사 쌍방 중 어느 일방이 보충협약을 위한 교섭을 요구하면 다른 일방은 이에 응하여야 한다.

③ 본 협약의 유효기간 중이라도 노사 쌍방이 동의하였을 때는 본 협약의 일부를 재교섭할 수 있다.

④ 회사가 타 노조와 본 협약에 정한 내용에 상회하는 협약을 체결한 경우 노사는 지체 없이 재교섭을 실시한다.

－①항~③항의 내용은 기존 민주노총 단체협약 요구안에 포함된 내용으로, 이 조항을 명시해두는 이유는 단체협약 체결 후 협약의 준수의무와 함께 평화의무가 부과된다는 구실로 노동조합의 교섭 요구와 그로 인한 쟁의행위를 불법시함으로써 노조를 탄압하려 하는 시도가 있기 때문임.

- 많은 노조가 단체협약에 이 조항을 설치하고 있으나, 일부 보충협약의 원인사유 중 '사회·경제적 여건의 변화와 법제도 변경'을 명시하고 있지 않거나, '본 협약의 범위 내에서 한다'고 되어 있는 경우에는 위와 같이 시정될 필요가 있음.
- ④항의 경우 복수노조 도입과 함께 신설될 필요가 있는 조항임. 만일 회사가 복수노조 간 자율교섭에 동의하고, 이를 빌미로 어용노조에 대한 일방적인 단체협약 양보에 이를 경우 이를 제도적으로 막기 위한 장치가 필요함. 이 경우 위와 같이 '회사가 타 노조와 본 협약이 정한 내용이 상회하는 협약을 체결하는 경우 지체 없이 재교섭을 실시한다'고 규정하거나, 아예 이와 같은 경우 본 협약의 내용을 자동으로 상회시키는 이른바 '엘리베이터 조항'을 별도로 규정하는 것도 추진할 수 있음.

2) 협약갱신

- 현재 대부분의 단체협약에는 단체협약의 효력을 연장[5] 또는 갱신[6]하는 조항이 삽입돼 있음.
- 협약 연장조항의 경우 개악법에도 불구하고 대부분의 경우 효력이 인정될 것으로 보이기 때문에 새로운 단협에도 이를 유지하는 것이 유리함. 협약 갱신조항의 경우 복수노조 허용에도 불구하고 1개의 노조만 있을 경우 그 효력이 이전과 같으므로 이를 유지하는 것이 유리함.
- 그러나 (규모에 상관없이) 다수의 노조가 설립될 경우, 갱신조항의 유형과 교섭 형태에 따라 아래와 같이 적용 여부가 갈릴 것으로 예상됨.

교섭형태 협약의 내용	자율교섭 시	창구단일화 절차 참여 시	창구단일화 절차 불참 시
"본 협약의 갱신은 유효기간 만료 30일전까지 상대방에게 문서로써 의사 표시를 하여야 하되 어느 일방에서도 갱신의 의사표시가 없을 때에는 1년간 자동 갱신되는 것으로 한다."	×	×	△
"단체협약의 유효기간 만료 이후 6개월까지 단체협약이 갱신되지 아니한 경우에는 단체협약이 자동갱신된 것으로 본다."	○	○	○

- 따라서 종전과 같은 형태의 단체협약 연장 및 갱신조항을 새로운 단협에도 그대로 유지하는 것이 전반적으로 유리하며,
- 다만 자동갱신 조항의 경우 개악 노조법을 이유로 사용자가 자동갱신 조항을 의도적으로 쟁점화하거나, 정부가 단체협약 시정명령의 빌미로 삼을 여지도 없지 않음.

---

5) '자동연장' 조항은 단체협약에 그 유효기간이 경과한 후에도 새로운 단체협약이 체결되지 않은 때에는 새로운 단협 체결 때까지 종전 협약의 효력을 존속시킨다는 취지의 조항.

6) '자동갱신' 조항은 교섭당사자가 단체협약 유효기간이 만료됐음에도 일정 기간 동안 교섭을 요구하지 않는 경우 그 단체협약의 동일 유효기간 동안 단체협약을 체결한 것으로 본다는 취지의 조항.

윤찬성

약력
광장노무법인 파트너 노무사
경영학 박사
고용보험심사위원회 공익위원
충북대학교 외래교수
전) 연세대학교 겸임교수
　　하이닉스반도체/오비맥주 노무부서장

주요 논저
『소속노총의 조절효과로 본 노조간부의 파업성향』(한국학술정보, 2007)
「비정규직 노사분규 사례연구: 하이닉스 사내하청 노사분규를 중심으로」(한국콘텐츠학회논문지, 2010)
「노조지도부의 집단주의적 가치관이 파업성향에 미치는 영향에 관한 연구」(인사관리연구, 2008)
「비정규직의 공정성 지각과 조직신뢰 간의 관계에 관한 연구」(산업경제연구, 2008)
「노조간부의 파업성향 결정요인에 관한 연구: 소속노총의 조절효과를 중심으로」(인적자원관리연구, 2007)
「노조간부의 파업성향 결정요인: 소속노총의 조절효과를 중심으로」(충북대학교 박사학위 논문, 2005)
「사용자의 노사관계에 대한 인식연구」(고려대학교 석사학위 논문, 1999)

노동 관련 잡지 게제문
「법과 원칙에 입각한 노사분규 해결방법」(월간 『노동법률』 2011년 12월)
「불법요소 제거가 교섭력의 기초이다」(월간 『노동법률』 2011년 11월)
「창구단일화제도 적극 활용하자」(월간 『노동법률』 2011년 10월)
「관리자는 무엇을 해야 할까」(월간 『노동법률』 2011년 9월)
「직원 알기가 노무관리의 출발이다」(월간 『노동법률』 2011년 8월)
「복수노조시대의 노사관계전략」(월간 『인재경영』 2011년 7월)
「노사관계 원칙을 세우자」(월간 『노동법률』 2011년 7월)
「노조설립예방, 이렇게 하자」(월간 『노동법률』 2011년 6월)
「복수노조 대응전략: 임직원의 마인드(M)를 변화시켜라」(월간 『노동법률』 2011년 5월)
「복수노조 대응전략: 적극적인 노무관리(A) 이렇게 하라」(월간 『노동법률』 2011년 4월)
「복수노조 대응전략: 관리자의 노무관리 역량(O)을 강화시켜라」(월간 『노동법률』 2011년 3월)
「복수노조 대응전략: 노사관계 인프라(I)을 구축하라」(월간 『노동법률』 2011년 2월)
「복수노조 대응전략: 복수노조 이렇게 대처하라 - 강한 노사관계 만들기」(월간 『노동법률』 2011년 1월)
「타임오프제 운영상의 실무쟁점」(월간 『인사관리』 2010년 8월)
「파업기간 중 비조합원의 대체근로 가능여부」(월간 『노동법률』 1996년 1월)
「일괄사표제출과 특정인에 대한 사표수리의 정당성」(월간 『노동법률』 1995년 5월)

윤찬성 공인노무사/경영학박사 담당업무
• 노사전략 수립, 단체교섭 대리 및 노사분규 조정
• 인사제도 컨설팅(보상제도, 평가제도, 직무분석, 조직진단)
• 노사관계 컨설팅(회사 주도의 노사관계 만들기, 노사관계안정 프로젝트)
• 강의(복수노조 대응전략, 관리자의 자세와 역할, 노사갈등과 커뮤니케이션, 리더십, 기타 노동법류 및 노사관계 등)
• 노동사건 대리(산재, 해고, 체당금 등)
• 기업 노동법률 및 노무관리 자문　• 취업규칙 등 각종 제 규정 정비 등

연락처	龍場 광 / 장 / 노 / 무 / 법 / 인　Employee Relations Consulting Firm	사무실: 02-785-0210　핸드폰: 010-8208-8836

복수노조시대의
노사관계전략

초 판 인 쇄 | 2012년 7월 5일
초 판 발 행 | 2012년 7월 5일

지 은 이 | 윤찬성
펴 낸 이 | 채종준
펴 낸 곳 | 한국학술정보㈜
주   소 | 경기도 파주시 문발동 파주출판문화정보산업단지 513-5
전   화 | 031) 908-3181(대표)
팩   스 | 031) 908-3189
홈 페 이 지 | http://ebook.kstudy.com
E-mail | 출판사업부 publish@kstudy.com
등   록 | 제일산-115호(2000. 6. 19)

ISBN   978-89-268-3514-2 03320 (Paper Book)
        978-89-268-3515-9 08320 (e-Book)

내일을여는지식 은 시대와 시대의 지식을 이어 갑니다.